江苏省高等学校重点教材（编号：2021-2-276）

高等职业教育"十四五"系列教材 汽车专业

汽油发动机管理系统
诊断与维修

主　编　郑利锋

副主编　都　萌　陈　新　刘　平

南京大学出版社

图书在版编目（CIP）数据

汽油发动机管理系统诊断与维修 / 郑利锋主编.
南京：南京大学出版社，2024.12. — ISBN 978-7-305-
28444-1

Ⅰ. U472.43

中国国家版本馆 CIP 数据核字第 2024VE3798 号

出版发行　南京大学出版社
社　　址　南京市汉口路 22 号　　　　邮编　210093
书　　名　汽油发动机管理系统诊断与维修
　　　　　QIYOU FADONGJI GUANLI XITONG ZHENDUAN YU WEIXIU
主　　编　郑利锋
责任编辑　吴　华　　　　　　　编辑热线　025-83596997
照　　排　南京开卷文化传媒有限公司
印　　刷　南通印刷总厂有限公司
开　　本　787 mm×1092 mm　1/16 开　　印张 17.75　　字数 443 千
版　　次　2024 年 12 月第 1 版
印　　次　2024 年 12 月第 1 次印刷
ISBN　978-7-305-28444-1
定　　价　58.00 元

网　　址：http://www.njupco.com
官方微博：http://weibo.com/njupco
微信服务号：njuyuexue
销售咨询热线：025-83594756

扫描可免费获取本书教学资源

前　言

随着我国汽车产业的高速发展,汽车产销量长年稳居世界第一,其中燃油汽车仍然占据我国汽车产销量的大部分,发动机作为燃油汽车以及部分混合动力汽车的核心动力部件,在汽车总成中扮演重要角色。发动机管理系统故障是汽车的常见故障之一,需要大量具有这方面专业技能的复合型维修人才。本课程有效支撑人才培养,教材高效支撑课程的实施。

本教材为江苏省"十四五"首批精品在线课程《汽油发动机管理系统检修》配套教材。根据高等职业教育标准,充分考虑职业院校学习者认知规律,有效结合职业教育工作任务式的教学过程编写。具体来说,本教材具有以下几个特点。

(1) 活页式编排,灵活机动,助新技术、新工艺扩充,促"三教改革"

以典型工作任务实施为主线,以活页的形式将任务贯穿起来,设计任务导入(案例)页、知识链接页、扩充资源页、操作指引页、评价标准页、工单记录页等页面,强调在知识的理解与掌握基础上的实践和应用,培养学生掌握一定的理论基础,适用于以学生为中心的教学模式,更多体现在以学生为主体的前提下,加强教材和学习者之间深层次互动,充分体现结构化、形式化、模块化、灵活性、重组性及趣味性诸多符合教学、自主学习、个性化学习的特征。

(2) 双语、配套集成式数字化资源

汽车市场日渐国际化,汽车企业对汽车专业人才提出了更高的要求,汽车专业双语教学成为趋势。本教材就对编写形式进行了创新,采用双语形式编写,以期适应汽车专业双语教学需要;全书信息化资源丰富,易于自我学习。结合活页式教材的特点,系统化编制视频、动画、图片、测试题等数字化教学资源,形成专业化的教学资源池,并能无缝嵌入主流学习平台。在教学实践过程中,根据教学设计,在课前学习、课堂教学、课后复习中与活页式教材配套。

(3) 项目为载体,知识点与工作任务相融合

本教材突破传统教材的编写特点,引入了以职业能力为目标,以项目为载体,消化吸收国际先进的职业资格标准,将国际标准的能力要求、知识需求融入其中,贯彻做中

教、做中学为指导思想的编写思路。教材借鉴以工作任务为驱动的项目化教学模式,基于工作岗位,制定典型工作任务,每个系统就是一个项目,设置对应的工作任务,将任务工作流程"咨询—决策—计划—实施—检验—评估"应用到教学设计中去。

(4)由表及里,"教、学、做"统一

为了便于教学,本教材对传统教材结构进行了调整。全部内容围绕两条主线展开:一条主线是元件—系统总成—拆检,另一条主线是认知—识读—拆画—检修,由易到难,由表及里,达到"教、学、做"的统一。

(5)紧扣国际标准

本教材的编写参考美国汽车 ASE 职业标准,引入国际教学标准,借鉴其实训项目和授课模式,开发基于工作任务的项目内容,形成满足国际化人才培养要求的课程资源,提升教材的国际化应用水平。

(6)多维度评价体系进教材

本教材以教学任务为最小单元,在训练中完成知识的学习、能力的培养,借鉴美国 ASE 和德国 HWK 认证项目的评价标准,融入对应职业能力等级证书考核标准,校企合作开发具备国际竞争力的课程评价标准,采取过程评价与结果评价相结合、专任教师评定与企业兼职教师评定相结合的考核方式,考核过程注重对学生国际化视野、专业国际化知识的掌握能力、跨文化沟通能力和创新能力的考核与评价。

目　录

扫描可见本项目微课

电控发动机技术及管理系统总体认知

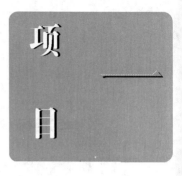

项目一

项目导入

　　在以汽油机和柴油机为动力的现代汽车上，发动机管理系统（EMS：Engine Management System）以其低排放、低油耗、高功率等优点而获得迅速发展。通过电子控制系统对发动机喷油、点火、空燃比、废气排放等进行优化控制，使发动机工作在最佳工况，达到提高性能、安全、节能、降低废气排放的目的（如图1-1）。汽车发动机管理系统主要具备：燃油喷射控制、点火控制、怠速控制、尾气排放控制、进气控制、增压控制、失效保护、后备系统、诊断系统等功能。随着网络、集成控制技术的广泛应用，EMS系统通过CAN总线与其他控制系统，如安全系统、底盘系统以及空调、防盗、音响等系统实现网络互联，实现信息共享并实施集成优化统一控制。

图1-1　电控发动机总成

Fig.1-1　Electronic control engine assembly

1

任务1 电控发动机技术概览

学习目标

- 了解电控发动机技术发展现状；
- 能理解发动机各技术配置的功能；
- 能结合具体车型准确识别发动机相应技术配置部件；
- 树立正确的发展观。

知识链接

　　发动机附件的智能化控制可以使发动机获得更佳排放性能，也有助于减少燃油消耗。为满足欧Ⅲ排放法规，发动机配置了闭环多点燃油喷射系统、紧耦合三元催化转换器及加热型氧传感器、油箱蒸发排放控制、怠速控制、爆震控制，同时增加满足车载诊断（EOBD）要求的催化器老化、发动机失火、氧传感器老化和蒸发控制系统等功能；为满足欧Ⅳ排放法规，增加了可变气门正时（VVT）、可变气门升程（VVL）和废气再循环（EGR）控制系统；为满足欧Ⅴ排放法规，应用进气涡轮增压、缸内直喷等技术；为满足欧Ⅵ排放法规，应用了双喷射技术、智能热管理技术、350 bar汽油喷射技术、变排量机油泵技术等。

　　1. 燃油喷射技术

　　2005年，丰田汽车推出了世界上第一套D-4S燃油双喷射技术。燃油双喷射技术就是发动机同时配置了歧管喷射和缸内直喷技术，如图1-2所示为丰田水平对置发动机FA20配置的D-4S技术。D-4S能通过发动机ECM根据发动机目前的工况来决定使用歧管喷射还是缸内直喷，让发动机有着最佳的工作状态。在低负荷低转速时，使用缸内直喷以达到最好的燃油经济性，高负荷高转速时同时使用缸内直喷和歧管喷射，让发动机有足够的喷油量。

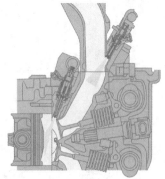

图1-2　D-4S技术（丰田FA20）
Fig.1-2　D-4S(Toyota FA20)

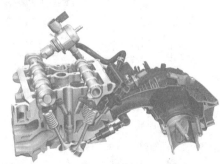

图1-3　混合喷射技术（大众迈腾B8L CUGA）
Fig.1-3　TSI and SRE(VW Magotan B8L CUGA)

大众汽车在第三代 EA888 发动机上采用了 TSI＋SRE 混合喷射技术,即缸内直喷(TSI)和歧管喷射(SRE)技术,如图 1－3 所示。发动机根据实际工况,选取合适的喷射模式,更好地兼顾高效率和低排放。SRE 进气歧管喷射将汽油喷入进气道,汽油与空气在进气道混合后再进入气缸,让燃油有充分的雾化时间并与空气混合,有利于充分燃烧,减少颗粒物、二氧化碳排放。缸内直喷直接将燃油喷入气缸内与进气混合,喷油压力可以达到200 bar,能精确控制瞬时喷油量,同时确保在短时间内油液充分雾化,进而更充分燃烧,提升性能。

为获得更加精准的流量匹配和多次喷射能力,使得燃油能在缸内形成最佳的混合气,提高燃油效率和降低 PM 排放,目前国内外汽油发动机已普遍采用 350 bar 缸内直喷系统,如图 1－4 所示。通过排气凸轮轴上的一个四联凸轮来驱动的高压燃油泵可实现 350 bar 的燃油压力。新型高压喷油器 HDEV6 减小了油滴尺寸,使得雾化效果更好,在低负荷和多次喷射时可以精确计量最小喷油量,在全负荷和额定功率时的喷油时间更短,从而可优化混合气形成。该系统可以在一个发动机工作循环中实现最多 5 次喷射,同时结合精确的短时脉冲控制可以极大地提高喷射的精度,从而大幅降低 PM 颗粒物的排放,满足最新的欧 6d 和国 6b 的排放法规要求。

图 1－4　350 Bar 燃油喷射技术(宝马 B48 发动机)
Fig.1－4　350 Bar fuel injection system(BMW B48)

2. 涡轮增压技术

涡轮增压是利用发动机排气的能量驱动涡轮进而带动与其同轴的泵轮,压缩新鲜空气。为了适应不同的发动机工况,为应对涡轮增压的低速喘振以及负载突增时的增压器响应迟滞问题,涡轮增压引入了单涡轮双涡管技术(如图 1－5 左图所示)、双级涡轮增压、机械-涡轮双增压等技术。为了应对涡轮增压超速保护问题,涡轮增压引入了废气旁通阀、可变界面涡轮增压器(VTG:Variable Turbine Geometry)等技术,如图 1－5 右图所示,VTG 技术同时也有助于克服涡轮增压低转速时的迟滞问题。

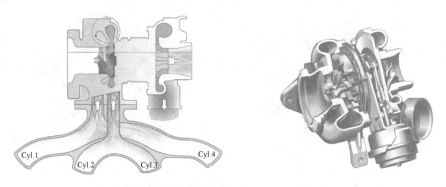

图 1－5　单涡轮双涡管技术及 VTG 技术
Fig.1－5　Turbocharging technology

为了消除增压技术在燃油经济性、排放以及瞬态响应性能上仍存在不足之处,电动辅助涡轮增压技术利用电动机的良好瞬态响应性能及扭矩特性提升发动机低速负载变动时的涡轮增压器乃至发动机的瞬态响应性能,如图 1-6 所示,使得发动机的转矩输出在更宽的转速范围内保持较高的水平,并尽可能避免瞬态过程中的排放恶化,同时该技术可以通过能量回收机制优化涡轮增压超速保护,实现更低的等效燃油消耗率。

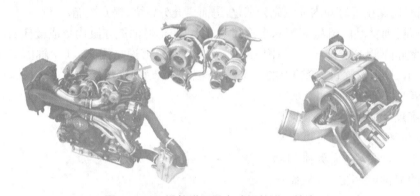

图 1-6 双涡轮增压及电动涡轮增压技术

Fig.1-6 Twin power turbo and electric turbocharging technology

3. 发动机智能热管理技术

发动机智能热管理就是依据发动机工况的不同来调整冷却通路的流向和流量,从而让发动机尽可能地工作在最佳温度区间。发动机启动时,为了让发动机快速升温,快速暖机,这个时候尽量使冷却液不流动。当发动机在中低转速,中低负荷工作时,温度能够稳定在较高温度,从而降低机油"黏度",减少摩擦功损失,而在发动机高负荷运转时,控制冷却液处于较低的温度区间,以提供更好的散热性能,防止发动机高温区域过热,并能够降低爆震倾向。

大众汽车在第三代 EA888 发动机上推出了创新型发动机热能管理系统,如图 1-7 所示,其冷却回路在使用节温器控制大、小循环的基础上全新开发出运用电控旋转阀组件的创新型热量管理系统。该系统是针对发动机和变速器的一项智能冷起动和暖机程序,它可实现全可变发动机温度调节,对冷却液液流进行目标控制。

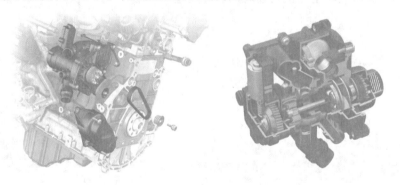

图 1-7 发动机智能热管理系统(大众迈腾 B8L CUGA)

Fig.1-7 ITM(VW Magotan B8L CUGA)

4. 可变进气控制技术

随着越来越严格的排放法规和动力需求的提高,传统的固定气门交叠角、气门升程的配气机构,已经无法满足车辆对发动机的性能需要。在气门交叠角控制方面以丰田公司开发的 VVT 技术为代表。在气门升程控制方面,分为升程全可控和阶段可控两种,全程可控技术比较有代表性的是宝马公司的 Valvetronic 技术以及日产公司的 VVEL 技术,而阶段可控有代表性的就是本田公司的 VTEC 技术,Audi 推出的 AVS 气门升程阶段可控技术也属于这一类,目前该系统已经应用在多款大众与奥迪车型上。

AVS 技术在负责控制排气门的凸轮轴上具备两组不同角度的凸轮和负责改变升程的螺旋沟槽套筒,如图 1 - 8 所示。螺旋沟槽套筒由电磁驱动器加以控制,以切换使用两组不同凸轮,改变进气门的开启升程。在发动机高负载的情况下,AVS 系统将凸轮向右推动 7 mm,使角度较大的凸轮得以推动气门顶杆,在此情况下,气门升程可达到 11 mm,以提供燃烧室最佳的进气流量和进气流速,实现更加强劲的动力输出。在发动机低负载的情况,为了追求发动机节油性能,AVS 系统将凸轮推至左侧,以较小的凸轮推动气门顶杆,此时气门升程可在 2 mm 至 5.7 mm 之间进行调整。由于采用不对称的进气升程设计,空气以螺旋方式进入燃烧室,再搭配特殊外廓的燃烧室和活塞头设计,可让气缸内的油气混合状态进一步优化。AVS 系统可以在 700 至 4 000 rpm 转速之间工作,特别是以中转速域进行定速巡航时,AVS 系统的节油效果最为明显。

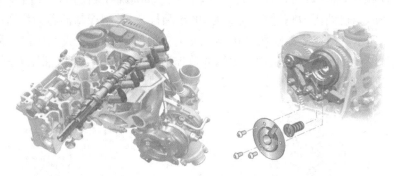

图 1 - 8　AVS 技术(大众迈腾 B8L CUGA)
Fig.1 - 8　Adjustable valve system(VW Magotan B8L CUGA)

5. 离心式曲轴箱排气装置和通风系统

大众迈腾 B8L/CUGA 发动机配备离心式曲轴箱排气装置和通风系统。如图 1 - 9 所示,旁通气体通过粗粒机油分离器输送,大滴机油通过粗粒机油分离器中的挡板分离,然后通过回流油道流回油底壳中,经过大致清洁的旁通气体经过气缸体内和气缸盖内的通道被导入微细机油分离器中,气体通过曲轴箱内的通道流至气缸盖罩内的微细机油分离器,气体会先经过一个旁通阀,再进入一个气旋分离器。旁通气体在气旋分离器内以高达 16 000 rpm 的速度旋转,从而将最为精细的油滴分离掉。分离掉的油滴通过气缸体内的回流通道流回油底壳。在回流通道的末端是油底壳内的单向阀,防止在压力不理想或横向加速度较强的情况下,油液通过回流通道被吸回机油分离器中。清洁的旁通气体从气旋分离器后方经过单级压力调节阀被输送入进气歧管或涡轮增压器中。

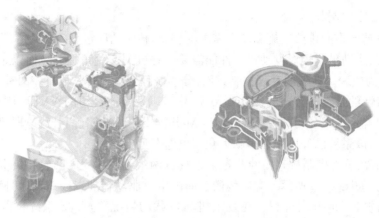

图 1 – 9 曲轴箱排气装置和通风系统（大众迈腾 B8L CUGA）
Fig.1 – 9 PCV（VW Magotan B8L CUGA）

6. 可切换活塞冷却技术

为了减少活塞顶部和头部的热负荷，在大功率发动机中，通常采用油冷活塞技术，常用的活塞冷却方式有自由射流冷却法、振荡冷却法、强制冷却法。大众迈腾 B8L/CUGA 发动机配备可切换式活塞冷却喷嘴技术，属于一种可控制的活塞强制冷却方式。发动机并不是在每个运行范围中都需要对活塞顶进行冷却，活塞冷却喷嘴控制阀 N522 由发动机控制模块根据图谱驱动，当机油压力超过 0.9 bar 时，电磁阀打开，控制冷却油路为活塞冷却喷嘴供油，如图 1 – 10 所示。活塞冷却喷嘴的切换可发生在油路的高压段或低压段。另外一个机油压力开关 F447 检测另一条油道中的油压并监控活塞冷却的情况，机油压力开关在 0.3～0.6 bar 的油压下关闭。

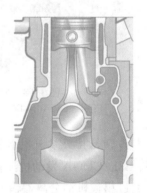

图 1 – 10 可切换活塞冷却喷嘴技术（大众迈腾 B8L CUGA）
Fig.1 – 10 Switchable piston cooling nozzle（VW Magotan B8L CUGA）

7. VC-Turbo 技术

VC-Turbo 可变压缩比涡轮增压技术是日产发动机的创新技术，如图 1 – 11 所示。通过驱动连杆的上下移动实现压缩比的自由切换。当车辆低速行驶时，发动机处于中低转速，这时电机会驱动连杆下移，曲轴上移，做功行程上升，发动机压缩比最高可调节至 14∶1，以保证燃油经济性。当发动机高负荷运转最时，连杆上移，曲轴下移，最低可实现 8∶1 的压缩比，这时动力输出更充沛，而更低的压缩比可以保护涡轮增压发动机。

高压缩比状态 14:1　　　　　　　　　低压缩比状态 8:1

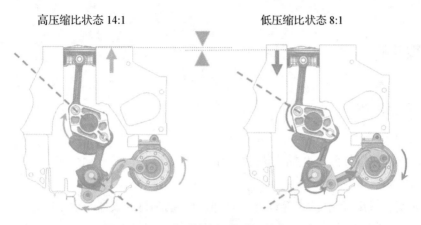

图 1 - 11　可变压缩比涡轮增压技术（日产）
Fig.1 - 11　VC-TURBO（Nissan）

8. 变排量机油泵技术

传统的定排量机油泵，发动机转速低时机油排量小，容易造成润滑不足，在发动机转速高时机油排量过高，造成动力浪费。可变排量机油泵技术根据油压与摩擦需求优化机油排量，如图 1 - 12 所示，大众 EA888/CUGA 发动机采用的可变排量机油泵通过非驱动齿轮的轴向移动来调节油泵齿轮的供油量，从而实现机油压力的调节。与传统机油泵相比，这种按需调控的供油方式可降低机油泵的平均驱动功率，降低机油泵对动力的损耗，提升发动机的燃油经济性。

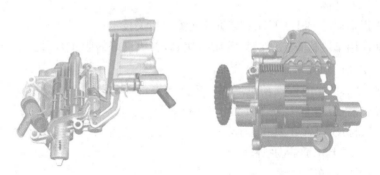

图 1 - 12　可变排量机油泵技术（大众迈腾 B8L CUGA）
Fig.1 - 12　Variable delivery pump（VW Magotan B8L CUGA）

以上发动机技术革新的实现都离不开由发动机 ECM 控制的发动机管理系统（EMS），随着发动机智能化控制程度的不断提高，ECM 作为发动机管理系统的核心，其功能也逐渐增多，控制精度日益提高。

任务实施

一、实施方案

1. 质量要求

参照厂家的质量标准要求(车辆维修手册)。

2. 注意事项

- 遵守实训室规章制度,未经许可,不得擅自移动和拆卸仪器与设备;
- 注意安全和设备完好性;
- 在教师允许和监控下,起动发动机,需保证设备周围的人员安全,防止意外发生;
- 未关闭点火开关或者断开蓄电池负极时,严禁拔下各元件接口,以免损坏元件及模块;
- 避免元件、工具设备掉落及损坏。

3. 组织方式

以工作小组为单位,合理分工,识别大众迈腾 B8L/CUGA 发动机技术配置。作业时间为 30 分钟。

4. 作业准备

(1) 技术要求与标准:

- 能熟练识别迈腾 B8L CUGA 发动机配置的相关技术;
- 能正确使用车辆检查"五件套"等防护用品,养成良好的职业习惯;
- 工具及零部件归置整齐,安放合理。

(2) 场地设施:汽车电控发动机理实一体化教室;

(3) 设备设施:迈腾 B8L 整车 4 台,举升机;

(4) 工具器材:SATA 工具一套;

(5) 资料:迈腾 B8L 产品手册;

(6) 耗材:干净抹布等。

二、操作步骤

1. 车辆铭牌查找

(1) 查找目标车辆铭牌位置,并拍照留存;

(2) 对铭牌信息进行观察,并获取车辆对应发动机型号,与相应的维修手册匹配;

(3) 结合维修手册对发动机配置的技术进行查阅。

2. 发动机技术配置识别

(1) 结合产品手册查找目标车辆所配备的发动机技术;

(2) 对所配置的技术组件进行观摩了解;

(3) 查阅资料,对所配置的技术进行全面了解,并能完整描述其功能。

任务评价

一、知识巩固

1. 判断题

（1）双喷射技术就是燃油喷射系统同时配置了歧管喷射和缸内直喷技术。　　（　）

（2）涡轮增压是利用发动机排气的能量驱动涡轮进而带动与其同轴的泵轮，压缩新鲜空气。　　（　）

（3）日产的 VC-TURBO 技术是通过驱动连杆的上下移动实现压缩比的自由切换。

（　）

（4）发动机智能热管理就是依据发动机工况的不同，来调整冷却通路的流向和流量，从而让发动机尽可能地工作在最佳温度区间。　　（　）

（5）可变排量机油泵的主要功能是可以提升发动机的燃油经济性。　　（　）

2. 填空题

（1）为适应不同的发动机工况，应对涡轮增压的低速喘振以及负载突增时的增压器响应迟滞问题，涡轮增压引入了单涡轮双涡管技术、_____、_____等技术。

（2）曲轴箱排气装置和通风系统主要包括气缸体内的粗粒机油分离器、_____、微细机油分离器上连接有_____。

二、技能测评

表 1-1　电控发动机技术认知技能评价表
Tab.1-1　Skills assessment for engine technology

序号	内容	分值	得分
1	能正确查找车辆铭牌	10	
2	能对车辆铭牌信息进行全面解读	20	
3	能正确查阅产品手册了解发动机技术配置	20	
4	能随车查找并识别发动机技术配置相关系统及装置	30	
5	检查复位	20	
总分		100	

任务 2　发动机管理系统总体架构认知

学习目标

- ⊙ 能了解发动机管理系统基本架构；
- ⊙ 能理解发动机管理系统的控制功能；
- ⊙ 能结合具体车型准确识别汽油发动机管理系统各元件的安装位置；
- ⊙ 树立正确的劳动观，锤炼工匠精神。

知识链接

一、发动机管理系统功能

发动机管理系统（EMS：Engine Management System）是在发动机电子点火和电控汽油喷射系统的基础上发展起来的集电子喷射、排放控制、点火、起动、防盗、诊断等功能于一体的集成电路系统，其能实现对发动机的精确控制，改善发动机各项性能指标。

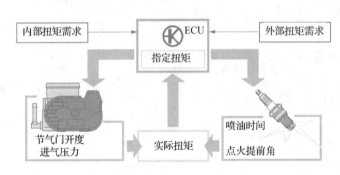

图 1 - 13　发动机管理系统扭矩控制
Fig.1 - 13　Torque control of EMS

如图 1 - 13 所示，EMS 采用各种传感器，把发动机吸入空气量、冷却水温度、发动机转速与加减速等状况转换成电信号，送入控制器。控制器将这些信息与储存信息比较，精确计算后输出控制信号。EMS 不仅可以精确控制燃油供给量，以取代传统的化油器，而且可以控制点火提前角和怠速空气流量等，提高发动机性能。

以大众汽车 Motronic 发动机管理系统为例，其功能主要有如下几个方面：

- ⊙ 起动控制

在起动过程中，要采取特殊计算方法来控制充气量、喷油量和点火正时。

- ⊙ 电子节气门控制

进气量电子控制称为电子节气门控制。加速踏板不再以机械方式直接与节气门连接。

- ⊙ 暖机和三元催化器的加热

控制发动机在低温起动后，气缸充气量、燃油喷射量和电子点火时刻都被调整以补偿发动机更高的扭矩要求，该过程继续进行直到升到适当的温度认定值。

○ 加速、减速和倒拖断油控制

喷射到进气歧管中的燃油有一部分不会及时到达气缸参加接下来的燃烧过程。

○ 怠速控制

怠速时,发动机不提供扭矩给飞轮。为保证发动机在尽可能低的怠速下稳定运行,怠速控制系统必须维持产生的扭矩与发动机"功率消耗"之间的平衡。

○ 闭环控制

三元催化器和氧传感器的闭环控制是降低废气中有害物质浓度的有效方法。三元催化器可降低碳氢,一氧化碳和氮氧化物达98%或更多,把它们转化为水、二氧化碳和氮气。

○ 可变气门正时控制系统

进气门和排气门专门对发动机气体充量交换过程进行控制,控制参数为气门开启相位、气门开启持续角度和气门升程。

○ 可变进气管长度控制

为了获得最佳的气体容积效率,进气管长度应与发动机转速相匹配。

○ 蒸发排放控制

由于外部辐射热量和回油热量传递等原因,油箱内的燃油被加热,会形成燃油蒸汽。

○ 车载故障诊断

车载诊断子系统(OBD)是指集成在发动机管理系统中,能够监测影响废气排放的故障零部件以及发动机主要功能状态的诊断系统。

二、发动机管理系统基本架构及元件组成

发动机管理系统是由微处理器、各种传感器、执行器组成,通过传感器检测各种工作状态和参数,然后由微处理器经过计算、分析、判断后发出指令给各执行器完成各种动作,使发动机在各种工作状况下都能以最佳状态工作(如图1-14)。

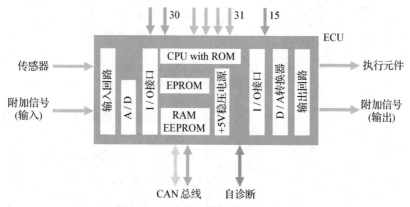

图1-14 发动机管理系统基本架构
Fig.1-14 Basic structure of EMS

传感器(Sensor):主要包括空气流量传感器、进气压力传感器、进气温度传感器、节气门位置传感器、加速踏板位置传感器、冷却液温度传感器、发动机转速/曲轴位置传感器、凸轮轴位置传感器、爆震传感器、氧传感器等。

执行器(Actuator):主要包括喷油器、点火线圈以及各种执行电机、电磁阀等。

控制模块(ECM:Electronic Control Module):通过采集各种传感器输入信号,根据控制算法进行运算,给执行器输出控制信号并进行功率放大,同时检测系统元件信号状态,出现故障时报警。

三、典型发动机管理系统

1. 大众朗逸 CSRA 1.6L 4V MPI 发动机管理系统

MQB 是大众集团的横置发动机模块化平台。它取代了之前的 PQ25、PQ35 和 PQ46 平台,该平台在大众、奥迪、斯柯达和西雅特等品牌中得到极为广泛的应用,生产从 A00、A0、A 到 B 四个级别的车型。MQB 平台的研发借鉴了大众集团多个平台的研发成果,例如奥迪的 MLB 纵置发动机模块化平台和保时捷 MSB 模块化标准平台,MQB 平台的推出也成为横置发动机车型研发制造模式的转折点。MQB 将大量的汽车零部件实现标准化,令它们可以在不同品牌和不同级别的车型中实现共享。这一技术的应用极大地降低车型的开发费用、周期以及生产环节的制造成本。另一方面,MQB 平台的应用也改变了传统的汽车生产线理念。在新平台的帮助下,大众和奥迪只需要区分 MQB 和 MLB 两个不同产品线即可,这极大地增强了大众在整车生产方面的灵活性和生产线柔性。即便是奥迪 TT 和高尔夫这样两款外观、性能差异明显的车型,也可以在模块化平台技术的帮助下,轻易地实现共线生产。大众 EA211 发动机是替代 EA111 发动机并在其基础上开发的,其技术配置及参数如图 1-15 和图 1-16 所示。

- ★ 功率:81 kW/6 000 rpm
- ★ 扭矩:160 N·m/3 800 rpm
- ★ 排量:1 598 cm³
- ★ 冲程/缸径:86.9/76.5 mm
- ★ 缸心距:82 mm
- ★ 压缩比:11:1
- ★ 混合气形成:多点喷射
- ★ 发动机质量:ca.89 kg(EA111 105 kg)

图 1-15 大众朗逸 CSRA 发动机
Fig.1-15 VW Lavida CSRA

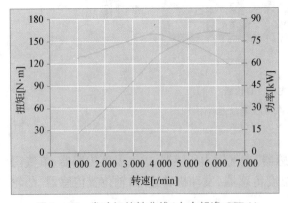

EA211 的油耗及二氧化碳排放要比 EA111 降低 10% 到 20%;发动机重量降低至多 30%;通过紧凑性结构,缩短整车前悬架长度;达到 EU6 排放标准;通过模块化结构,实现全球范围内的生产,并统一大众汽车集团范围内其他发动机的安装位置。大众 EA211 CSRA 发动机管理系统如图 1-17 所示。

图 1-16 发动机特性曲线(大众朗逸 CSRA)
Fig.1-16 Characteristic of engine(VW Lavida CSRA)

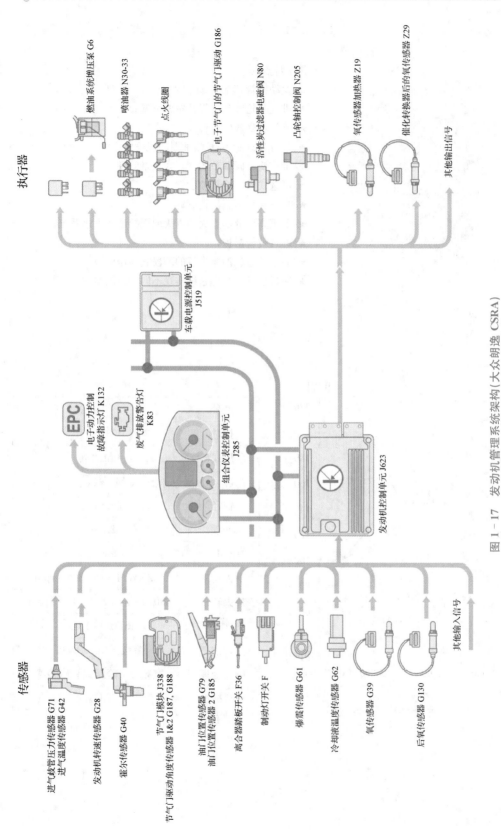

图 1 - 17　发动机管理系统架构(大众朗逸 CSRA)
Fig.1 - 17　System architecture of EMS (VW Lavida CSRA)

执行器

燃油系统增压泵 G6
喷油器 N30-33
点火线圈
电子节气门的节气门驱动 G186
活性炭过滤器电磁阀 N80
凸轮轴控制阀 N205
氧传感器加热器 Z19
催化转换器后的氧传感器 Z29
其他输出信号

车载电源控制单元 J519

EPC
电子动力控制
故障指示灯 K132
废气排放警告灯 K83

组合仪表控制单元 J285

发动机控制单元 J623

传感器

进气歧管压力传感器 G71
进气温度传感器 G42
发动机转速传感器 G28
霍尔传感器 G40
节气门驱动角度传感器 1&2 G187, G188
节气门模块 J338
油门位置传感器 G79
油门位置传感器 2 G185
离合器踏板开关 F36
制动灯开关 F
爆震传感器 G61
冷却液温度传感器 G62
氧传感器 G39
后氧传感器 G130
其他输入信号

13

2. 大众迈腾 EA888 Gen.3 CUG 发动机管理系统(如图 1–19)

技术特点:

★ 发动机管理系统 SIMOS 18.1;

★ 进气凸轮轴和排气凸轮轴可调;

★ 电子可变气门行程;

★ 带有 TSI 和 SRE 喷油器的双喷射系统;

★ 带有旋转阀调节的创新式热量管理;

★ 可选式活塞冷却喷嘴;

★ 自适应氧传感器控制;

★ 采用高压分配点火的点火曲面控制式点火系统;

★ 进气歧管翻板;

★ 通过外齿轮油泵进行的两段式油压调节;

★ 通过发动机管理系统实现不同功率版本。

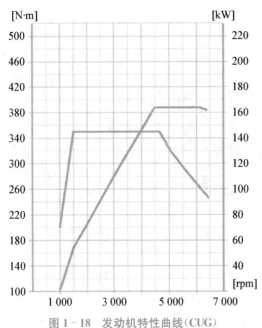

图 1–18　发动机特性曲线(CUG)

Fig.1–18　Characteristic of engine(CUG)

型号	CUG
排量	1 984 毫升
形式	4 缸直列
气门数	4(每缸)
缸径	82.5 mm
冲程	92.8 mm
压缩比	9.6∶1
最大功率	162 kW/4 500—6 200 rpm
最大转矩	350 N·m/1 500—4 400 rpm
管理系统	SIMOS 18.1
燃油	超级无铅 RON98
废气处理	宽频带＋阶跃式氧传感器
排放标准	EU6

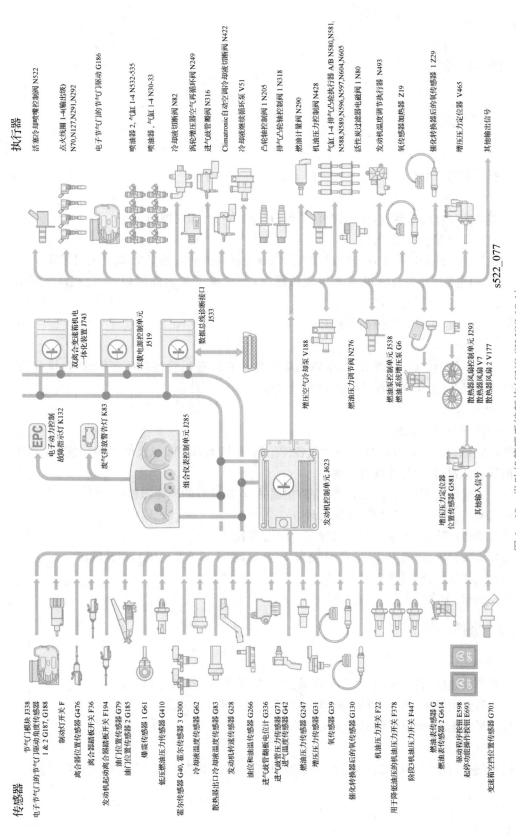

图 1 - 19　发动机管理系统架构（CUG SIMOS 18.1）

Fig.1 - 19　System architecture of EMS(CUG SIMOS 18.1)

s522_077

传感器

节气门模块 J338
电子节气门的节气门驱动角传感器
1 & 2 G187, G188

制动开关 F

离合器位置传感器 G476
离合器踏板开关 F36
发动机起动离合器踏板传感器 F194
油门位置传感器 2 G185
油门位置传感器 1 G61
爆震传感器 1 G61
低压燃油压力传感器 G410

霍尔传感器 G40, 霍尔传感器 3 G300
冷却液温度传感器 G62
散热器出口冷却液温度传感器 G83
发动机转速传感器 G28
油温和油压传感器 G266
进气凸轮轴板电位计 G336
进气管压力传感器 G71
进气温度传感器 G42
氧传感器
催化转换器后的氧传感器 G130

燃油压力传感器 G247
机油压力传感器 G31
冷却液传感器 G39
用于降低油压的机油压力开关 F22
机油压力开关 F378
阶段3机油压力开关 F447

燃油表传感器 G
燃油表传感器 2 G614
驱动程序控制 E598
起停功能操作按钮 E693

变速箱空档位置传感器 G701

执行器

活塞冷却喷嘴控制阀 N522

点火线圈 1-4(输出级)
N70,N127,N291,N292

电子节气门的节气门驱动 G186

喷油器 2, 气缸 1-4 N532-535
喷油器 1-4 N30-33
冷却液切断阀 N82
涡轮增压器空气再循环阀 N249
进气管翻板阀 N316
Climatronic 自动空调冷却液切断阀 N422
冷却液继续循环泵 V51
凸轮轴控制阀 1 N205
排气凸轮轴控制阀 1 N318
燃油计量阀 N290
机油压力控制阀 N428
气缸 1-4 排气凸轮执行器 A/B N580,N581,
N588,N589,N596,N597,N604,N605
活性炭过滤器电磁阀 1 N80
发动机温度调节执行器 Z19
氧传感器加热器 N493
催化转换器后的氧传感器 1 Z29
增压压力定位器 V465

其他输出信号

EPC
电子动力控制
故障指示灯 K132
废气排放警告灯 K83

双离合变速箱机电
一体化装置 J743
车载电源控制单元
J519
数据总线诊断接口
J533

组合仪表控制单元 J285

发动机控制单元 J623

增压空气冷却泵 V188

增压压力调节阀 N276

燃油泵控制单元 J538
燃油系统增压泵 G6

散热器风扇控制单元 J293
散热器风扇 V7
散热器风扇 2 V177

增压压力定位器
位置传感器 G581

其他输入信号

任务实施

一、实施方案

1. 质量要求

参照厂家的质量标准要求(车辆维修手册)。

2. 注意事项

- 遵守实训室规章制度,未经许可,不得擅自移动和拆卸仪器与设备;
- 注意安全和设备完好性;
- 在教师允许和监控下,起动发动机,需保证设备周围的人员安全,防止意外发生;
- 未关闭点火开关或者断开蓄电池负极时,严禁拔下各元件接口,以免损坏元件及模块;
- 避免元件、工具设备掉落及损坏。

3. 组织方式

以工作小组为单位,合理分工,识别大众迈腾 B8L 发动机管理系统各传感器、执行器、ECM 的安装位置及外观。作业时间为 30 分钟。

4. 作业准备

(1)技术要求与标准:

- 能熟练识别大众迈腾 B8L 发动机各传感器、执行器、ECM 以及电源、继电器盒、保险丝盒的安装位置,并对其外观进行观察;
- 能正确使用车辆检查"五件套"等防护用品,养成良好的职业习惯;
- 工具及零部件归置整齐,安放合理。

(2)场地设施:汽车电控发动机理实一体化教室;

(3)设备设施:迈腾 B8L 380TSI 整车 4 台(配置 CUGA 发动机),举升机;

(4)工具器材:SATA 工具一套;

(5)耗材:干净抹布等。

二、操作步骤

1. 车辆准备

(1)车辆止推,打开车门,铺设车内保护套,拉开发动机舱盖手柄;

(2)打开引擎盖,铺好发动机舱防护套,拆下发动机装饰罩盖;

(3)举升车辆,拆下车辆底部发动机护板。

2. 传感器识别

(1)结合该型号发动机管理系统传感器的配置情况,如表 1-2 所示,找出各传感器;

表 1－2　发动机管理系统传感器配置情况（大众迈腾 B8L/CUGA）
Tab. 1－2　Sensor configuration of EMS（VW Magotan B8L/CUGA）

序号	传感器	元件外观	代号	安装位置
1	进气歧管压力传感器		G71	集成安装于进气歧管上方
2	进气温度传感器		G42	
3	电子节气门驱动角度传感器		G187 G188	电子节气门控制部件内部
4	油门位置传感器		G79 G185	油门踏板根部
5	冷却液温度传感器		G62 G83	气缸盖后端盖 散热器出水口处
6	氧传感器		G39（前） G130（后）	排气管路三元催化器前后
7	爆震传感器		G61	进气侧气缸体上
8	发动机转速传感器		G28	进气侧曲轴后端缸体
9	霍尔传感器 （凸轮轴位置）		G40 G300	气缸盖后端（与进排气凸轮轴对应） 气缸盖后端（与进排气凸轮轴对应）
10	增压压力传感器		G31	节气门控制部件前的进气总管
11	高压燃油压力传感器		G247	高压燃油分配管
12	低压燃油压力传感器		G410	低压燃油分配管
13	机油油位和油温传感器		G266	油底壳底部
14	进气歧管翻板电位计		G336	进气歧管
15	燃油表传感器		G614	油箱内部燃油泵总成内

（2）观察各传感器的安装位置、外观特点以及线路连接情况；

（3）关闭点火开关，进行各传感器插接器的插拔练习。

3. ECM 识别

（1）结合该车型发动机管理系统 ECM 配置情况，找出发动机控制模块（如图 1-20）；

图 1-20　ECM 安装位置（大众迈腾 B8L）
Fig.1-20　Position of ECM（VW Magotan B8L）

（2）观察发动机控制模块的安装位置、外观特点以及线束连接情况；

（3）断开蓄电池负极，进行 ECM 插接器的插拔练习，并观察其端子针脚情况（如图 1-21）。

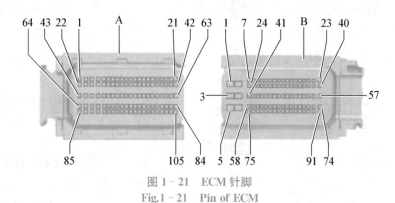

图 1-21　ECM 针脚
Fig.1-21　Pin of ECM

4. 执行器识别

（1）结合该型号发动机管理系统所配置的执行器的情况，识别各执行器的安装位置，并观察其外观、安装及线束连接方式（见表 1-3）；

表 1-3　执行器配置情况（大众迈腾 B8L/CUGA）
Tab. 1-3　Actuator configuration of EMS（VW Magotan B8L/CUGA）

序号	执行器	元件外观	代号	安装位置
1	点火线圈		N70/N127/ N291/N292	气缸盖上方
2	喷油器		低压：N532—535 高压：N30—33	低压燃油分配管上 高压油轨上

序号	执行器	元件外观	代号	安装位置
3	燃油泵控制单元 燃油泵		J538 G6	后排右侧坐垫下方 油箱内置
4	燃油压力调节阀		N276	高压油泵上方
5	电子节气门驱动装置		G186	进气歧管下方与进气 总管接口处
6	进气歧管瓣阀		N316	进气歧管侧面
7	碳罐电磁阀		N80	进气歧管上方的 支架上
8	氧传感器加热器		Z19 Z29	氧传感器内部
9	涡轮增压器空气 再循环阀		N249	涡轮增压器 总成上方
10	增压压力定位器		V465	涡轮增压器 总成下方
11	冷却液继续循环泵		V51	发动机进气 侧缸体侧面
12	冷却液切断阀		N82	发动机进气 侧缸体侧面
13	发动机温度调节 伺服元件		N493	发动机进气 侧缸体侧面
14	凸轮轴控制阀 （正时控制）		N205（进气） N318（排气）	凸轮轴前端
15	排气凸轮轴执行器 （气门升程）		N580/581 N588/589 N596/597 N604/605	气缸盖上方排气 凸轮轴侧
16	活塞冷却嘴控制阀		N522	机油滤清器下方
17	机油压力控制阀		N428	机油泵总成上

（2）观察各执行器的安装位置、外观特点以及线路连接情况；

（3）关闭点火钥匙，进行各执行器插接器的插拔练习。

5. 故障诊断口查找与组合仪表指示灯观察

（1）结合车型电路图，找出发动机故障诊断口安装位置（如图1-22）；

Pin 2- J1850 Bus+
Pin 4- Chassis Ground
Pin 5- Signal Ground
Pin 6- CAN High(J-2284)
Pin 7- ISO 9141-2 K Line
Pin 10- J1850 Bus
Pin 14- CAN Low(J-2284)
Pin 15- ISO 9141-2 L Line
Pin 16- Battery Power

图1-22 诊断接口位置

Fig.1-22 Position of OBD interface

（2）组合仪表指示灯观察（如图1-23）。

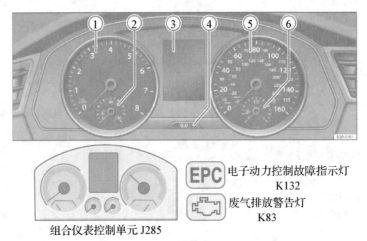

EPC 电子动力控制故障指示灯 K132

废气排放警告灯 K83

组合仪表控制单元 J285

图1-23 仪表故障指示灯（大众迈腾 B8L）

Fig.1-23 Malfunction indicator lamp （VW Magotan B8L）

①—转速表 Tachometer；②—水温表 Coolant temperature gauge；③—多功能显示屏 Multifunctional instrument display；④—行驶里程复位按钮 Trip reset；⑤—车速表 Speedometer；⑥—燃油表 Fuel gauge。

6. 电源、继电器盒、保险丝盒识别

（1）在车型维修手册中找出目标车型电源、继电器盒、保险丝盒等电路辅件的安装位置说明；

（2）根据图示安装位置，结合车辆实际位置，匹配各元件的位置（如图1-24至图1-27）；

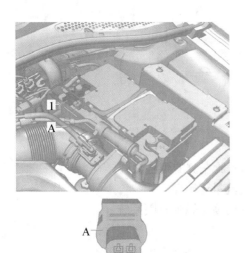

图 1 - 24 蓄电池及电池管理系统安装位置
Fig.1 - 24 Position of battery and BMS

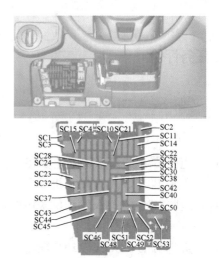

图 1 - 25 C 区保险丝安装位置
Fig.1 - 25 Position of SC

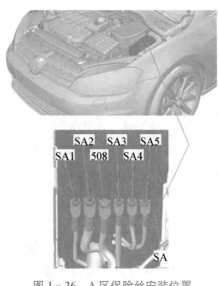

图 1 - 26 A 区保险丝安装位置
Fig.1 - 26 Position of SA

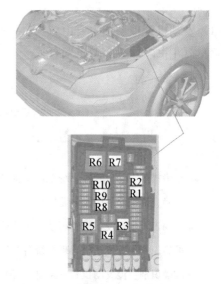

图 1 - 27 B 区保险丝和继电器安装位置
Fig.1 - 27 Position of SB and relay

（3）在规范条件下训练更换蓄电池，插拔对应保险丝、继电器等元件。

7. 任务拓展

结合大众车系元件查找的经验，针对日系、美系或者其他德系车型发动机管理系统的组成部件进行查找与识别。

任务评价

一、知识巩固

1. 判断题

(1) 迈腾 B8L 的 C 区保险丝安装在发动机舱左侧的配电盒内。　　　　(　　)

(2) 迈腾 B8L CUGA 发动机配置有空气流量传感器。　　　　(　　)

(3) 迈腾 B8L CUGA 发动机采用的是缸内高压燃油直喷系统。　　　　(　　)

2. 单选题

(1) 迈腾 B8L CUGA 发动机配备了(　　)个冷却液温度传感器。

A. 1　　　　　　B. 2　　　　　　C. 3　　　　　　D. 4

(2) 迈腾 B8L CUGA 发动机配备了(　　)个凸轮轴位置传感器。

A. 1　　　　　　B. 2　　　　　　C. 3　　　　　　D. 4

3. 填空题

(1) 发动机管理系统主要由_____、_____和_____组成。

(2) 汽车电路信号类型主要有_____、_____。

二、技能测评

表 1－4　发动机管理系统总体架构技能评价表

Tab. 1－4　Skills assessment for EMS

序号	内容	分值	得分
1	能正确描述发动机管理系统总体架构及功能	10	
2	能准确查询维修手册及电路	10	
3	能准确识别主流发动机管理系统各传感器	20	
4	能准确识别主流发动机管理系统各执行器	20	
5	能准确识别主流发动机管理系统 ECM	10	
6	能准确识别主流发动机管理系统保险丝、继电器等辅助元件	10	
7	能规范拆装各组件插接器及本体	10	
8	检查复位	10	
总分		100	

扫描可见本项目微课

传感器诊断与维修

项目 二

项目导入

　　传感器是指能感受规定的物理量,并按一定规律转换成电信号的器件或装置,是把非电量转换成电量的装置。按照应用系统可分为:发动机控制系统传感器、底盘控制系统传感器、车身控制系统传感器、导航系统传感器等。发动机控制系统传感器作为发动机管理系统的输入元件,其工作机理主要是利用磁电效应、霍尔效应、压电效应、光电效应、热电效应等原理将发动机运行中各工况的信息,如转速、位置、各种介质的温度、负荷工况等转化成电信号输送给发动机ECM,进行分析处理。常见的发动机管理系统传感器主要有:进气压力传感器、空气流量传感器、节气门位置传感器、曲轴位置传感器、凸轮轴位置传感器、氧传感器、进气温度传感器、冷却液温度传感器、爆震传感器、油门踏板位置传感器等。

　　本项目以汽油发动机管理系统配置的主要传感器为载体,结合具体车型,以典型故障案例为导入,在对传感器的安装位置及功用、结构与原理充分认知的基础之上,结合电路分析,对其进行规范化的检测、分析与诊断(如图2-1)。

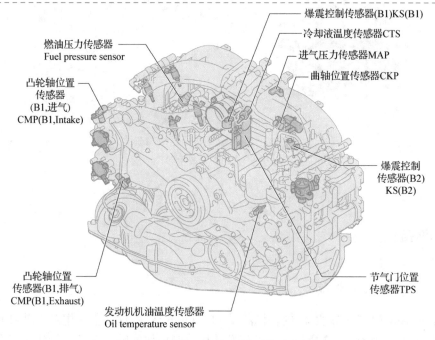

燃油压力传感器
Fuel pressure sensor

凸轮轴位置
传感器
(B1,进气)
CMP(B1,Intake)

爆震控制传感器(B1)KS(B1)

冷却液温度传感器CTS

进气压力传感器MAP

曲轴位置传感器CKP

爆震控制
传感器(B2)
KS(B2)

凸轮轴位置
传感器(B1,排气)
CMP(B1,Exhaust)

发动机机油温度传感器
Oil temperature sensor

节气门位置
传感器TPS

图2-1　发动机管理系统传感器配置(丰田86 FA20)
Fig.2-1　Sensors of EMS(Toyota 86 FA20)

任务 1　空气流量传感器诊断与维修

学习目标

- 能识别电控汽油发动机空气流量传感器的安装位置；
- 掌握空气流量传感器的结构；
- 理解空气流量传感器的工作原理；
- 能准确分析空气流量传感器的工作电路；
- 能熟练运用工具仪器对空气流量传感器进行检测、分析与诊断；
- 树立正确的劳动观，注重质量意识，锤炼工匠精神。

故障案例

一辆迈腾 B8L 轿车，故障现象：加速无力，仪表板上 EPC 报警。主要故障码显示如图 2-2 所示。请通过检测进一步明确故障点，并提出解决方案。

图 2-2　空气流量传感器故障码
Fig.2-2　DTC of MAF

知识链接

一、功用及失效影响

为了使 1 kg 燃料充分燃烧，内燃机需要 14.7 kg 的空气，这种空气相对于燃料的比例称之为理论空燃比，如图 2-3 所示。为了使发动机控制模块能够在各种运行状态下设定正确的空燃比,需要关于进气的准确信息。在理想状态时,空燃比的λ值为1,废气中的有害物质才可能被三元催化转化器全部清除。在浓混合气(λ<1)时,废气中含有过多一氧化碳(CO)和未燃烧的碳氢化合物(HC)。在稀混合气(λ>1)时,废气中含有过多的氮氧化物(NO$_x$)。准确测量吸入空气质量可将空燃比控制在λ=1的范围内,并降低和清除废气中所含的有害物质。另外,通过对吸入空气质量的准确探测,优化空气和燃料的混合比例,简化三元催化转化器对废气中有害成分的处理过程。

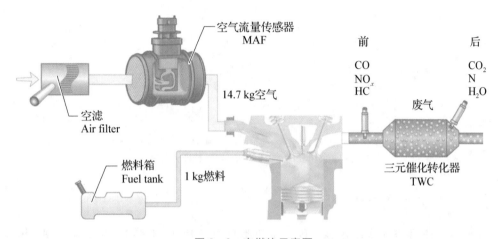

图 2-3 空燃比示意图

Fig.2-3 Schematic diagram of air-fuel ratio

空气流量传感器(MAF:Mass Air Flow Sensor)也称为空气流量计,主要用于检测发动机的进气量,并将其转化成电信号输送给发动机控制模块,是电控发动机的重要传感器之一。发动机控制模块根据空气流量传感器的信号来计算充气系数(容积效率),根据充气系数,再结合λ值和点火时刻,控制模块就可以计算出发动机的扭矩。在汽油发动机上,这些信号用于计算与负荷有关的参数,如点火时刻、喷射时刻、喷油量和活性炭过滤装置控制。在柴油发动机上,这些信号用于控制废气回流量和喷射时间。

若空气流量传感器或线路出现故障,发动机控制模块一般会使用一个预设的信号进行替代,但同时由于无法获取精确的进气量信号,发动机将不能正常地进行喷油量的控制,将造成混合气过浓或过稀,使发动机运转不正常,具体的故障现象主要有:起动困难、怠速不良、加速无力、油耗和排放性能变差等。

二、安装位置及外观

空气流量传感器通常安装在空气滤清器与节气门体之间的进气管路中。如图 2-4 所示,为通用雪佛兰科鲁兹 LDE 1.6L 发动机的空气流量传感器的安装位置。有些发动机中,空气流量传感器可以安装在空气滤清器上,也可与节气门体一体化安装。

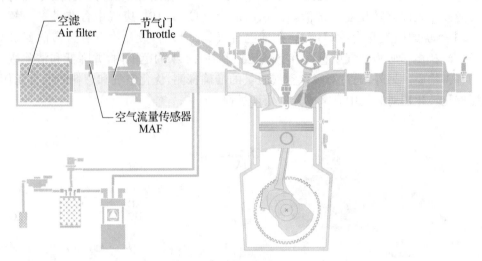

图 2-4　空气流量传感器安装位置（雪佛兰科鲁兹 LDE 1.6L）
Fig.2-4　Position of MAF（Chevrolet CRUZ LDE 1.6L）

三、结构及工作原理

汽车空气流量传感器在发展过程中主要类型有叶片式、卡门旋涡式、量芯式、热线式和热膜式。叶片式、卡门旋涡式以及量芯式空气流量传感器只能检测空气的体积流量，还需要对进气温度及大气压力进行修正，目前已被淘汰。热线式和热膜式空气流量传感器属于质量流量式传感器。热线式空气流量传感器由于无运动部件，不但工作可靠，而且响应快，缺点是在流速分布不均时误差较大。热膜式空气流量传感器的工作原理与热线式空气流量传感器类似，但元件的可靠性高，误差小，性能更好，目前在汽车上广泛使用。

1. 热线式空气流量传感器（Hot-wire Air-mass Meter）

根据热线的安装位置不同，热线式空气流量传感器有热丝主流式和热丝旁通式两种结构形式，其中热丝主流式应用较广，主要由感知空气流量的铂金属热丝电阻（热丝）、根据进气温度进行修正的温度补偿电阻（冷丝）、控制热线电流并产生输出信号的控制电路板、取样管、壳体等组成，如图 2-5 所示。热丝主流式空气流量传感器将热线电阻安装在主进气道中。取样管置于主空气通道中，两端有金属防护网，用以防止杂质进入。取样管由 2 个塑料护套和 1 个热线支承环构成，1 根直径约为 0.07 mm 的铂金属热丝电阻作为发热元件布置在热线支承环内。

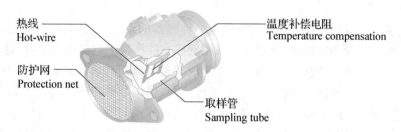

图 2-5　热线式空气流量传感器结构
Fig.2-5　Structure of hot-wire air flow meter

　　热线电阻R_H和温度补偿电阻R_X均置于空气通道中的取气管内,与电桥电阻R_B、取样电阻R_A共同构成惠斯顿电桥电路,如图 2-6 所示。基于惠斯顿电桥电路的特性,当沿着对角线的电阻值相等($R_X \cdot R_A = R_H \cdot R_B$)时,$A$ 点和 B 点的电位相等。当空气流经 R_H 时,使热线温度降低,电阻值降低导致 A 点、B 点产生电位差,电桥失去平衡。运算放大器检测到电位差并且增加 R_H 电流。这样 R_H 温度上升使阻值增大,直到 A 点和 B 点的电位相等。当电桥电流增大时,取样电阻 R_A 两端的电压 U_A 也相应变化,该电压信号作为热线式空气流量传感器的输出电压信号送往 ECM。由热线式空气流量传感器的工作原理可知,其输出特性随着发动机进气量的增大,输出的信号电压升高。

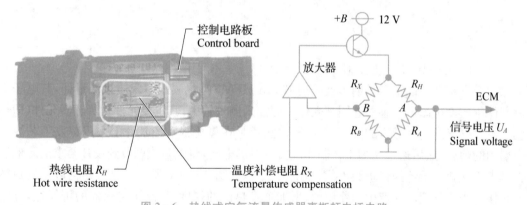

图 2-6　热线式空气流量传感器惠斯顿电桥电路
Fig.2-6　Structure and wheatstone bridge circuit of hot-wire air flow meter

　　放大器的作用是将大气温度和热线电阻的温度进行比较,然后通过三极管进行调节,使热线电阻的温度保持高于大气温度 100 ℃(由车型而定)的目标。在此系统中,由于使用了温度补偿电阻 R_X,热线电阻 R_H 的温度可持续地保持在比进气温度更高的恒定温度上(一般为 100 ℃,由车型而定)。即使进气温度变化,也能将进气的质量精确地测量出,所以 ECM 就没有必要为了进气温度进行燃油喷射时间的校正。

　　热线式空气流量传感器工作过程中,热丝长时间暴露在进气中,会因空气中灰尘附着其上而影响测量精度,因此,其通常配备有自洁功能。发动机转速超过 1 500 r/min 时,ECM 接到熄火信号后,控制自洁系统电路接通,将热线加热到 1 000 ℃以上并保持约 1 s,使热线上的粉尘烧掉,另外提高热线的保持温度,一般控制在 200 ℃以上。

2. 热膜式空气流量传感器(Hot-film air-mass meter)

热膜式空气流量传感器是热线式空气流量传感器的改进产品,其结构及工作原理与热线式空气流量传感器基本相同,区别在于采用低成本的厚膜工艺将热线电阻、温度补偿电阻及精密电阻镀在一块陶瓷基片上,用以取代热线式空气流量传感器中的热线,如图2-7所示。热膜式空气质量流量传感器依据托马斯理论"气体的放热量或吸热量与该气体的质量流量成正比",利用加热电路对传感器探头加热,气体流动时带走一部分热量使探头的温度改变,从而测得气体的质量。热膜式空气流量传感器测量精度高、响应速度快、进气阻力小,而且可靠、耐用,不会因沾附污物而影响测量精度。

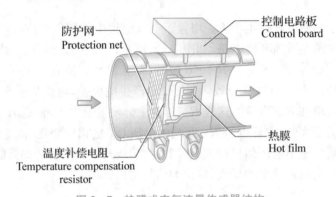

图 2-7　热膜式空气流量传感器结构
Fig.2-7　Structure of hot-film air-mass meter

(1) Bosch HFM5 热膜式空气质量流量计

大众汽车公司的很多早期车型采用 Bosch HFM5 型热膜式空气质量流量计,其电子检测元件集成度很高。传感器连同其壳体一起插入测量管中,其主要元件是传感器元件(即热膜)和信号处理混合电路,如图2-8所示。热膜是在氧化铝陶瓷基片上采用蒸发工艺淀积金属铂的薄膜,然后通过光刻工艺制作成梳状图形电阻,将电阻值调节到设计要求的阻值后在其表面覆盖一层绝缘保护膜,再引出电极引线,如图2-9(a)所示。这种结构可使发热体不直接承受空气流动所产生的作用力,增加了发热体的强度,提高了传感器的可靠性,分流测量槽的形状可使空气无涡流地流过测量室,并经出口流回到测量管,在强烈的进气脉动气流下还能改善测量性能。

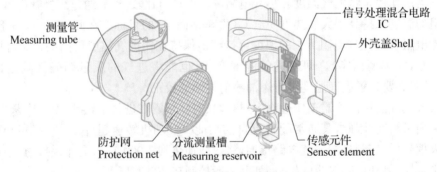

图 2-8　HFM5 空气质量流量计结构
Fig.2-8　Structure of HFM5

在传感器工作时,当有空气流过测量管时,部分空气质量流量从分流测量槽上方的空气进口进入,再从分流测量槽下方的空气出口流回到测量管,如图 2‑9(a)所示。在测量过程中,若无气流通过,加热区域两侧温度梯度呈对称分布,两个测量点温度一致;当气流单向流过时,由于气流通过中心的加热区时被加热,从而与两侧热膜的热交换情况不同,使流量传感器中的两个传感元件测量点温度发生不同变化,产生温差,温度差随着流量增大而增大,温度差的大小和正负反映了空气质量流的流量和方向,如图 2‑9(b)所示。内置的信号处理混合电路相应地将温差转化为一个模拟电压信号输出,电压信号输出特性如图 2‑10 所示,随着发动机进气量的增大,其输出的信号电压升高。

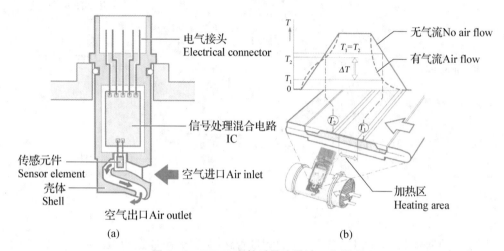

图 2‑9　HFM5 空气质量流量计工作原理

Fig.2‑9　Principle of HFM5

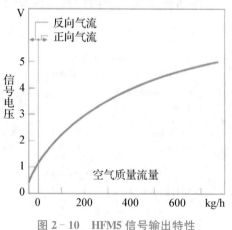

图 2‑10　HFM5 信号输出特性

Fig.2‑10　Characteristic of HFM5

（2）Bosch HFM6 热膜式空气质量流量计

　　随着车辆排放标准的持续完善,需要具有更高测量精度的部件。为了符合法规和标准的要求,仅将燃烧后产生的废气转化是不够的,必须通过有效的燃烧尽可能减少废气的排放。此外,现代的发动机将会利用相同的或更少的燃料提供越来越高的动力。为了满足这些要求,在采取某些其他措施的同时,通过更高精度的空气流量传感器精确检测发动机进气同样至关重要。

HFM6 空气质量流量计主要由具有带回流识别功能的微型机械式传感器元件,具有数字信号处理功能的传感器电子单元、数字接口等部件组成,如图 2-11 所示。内部集成数字处理电路使传感器输出更加精确。与 HFM5 相比,HFM6 的信号可以通过数字接口传递给发动机控制模块,进行更加准确、稳定的分析。以前发动机控制模块接收到的是一个模拟信号,随着元器件的老化,过渡电阻会使信号失真。

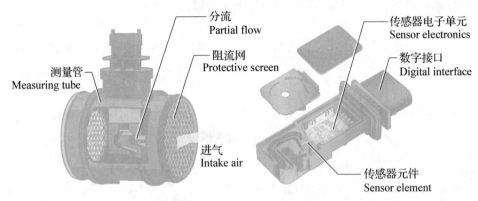

图 2-11　HFM6 空气质量流量计结构
Fig.2-11　Structure of HFM6

与以往的型号 HFM5 相比,HFM6 的测量管路(又称旁路通道)在流动性方面进行了优化,如图 2-12 所示。通过阻流边的构造使其后产生负压,在这个负压的作用下,空气分流被吸入旁路通道,以进行空气质量测量,惯性较大的污粒跟不上这种快速的运动,通过分离孔被重新导入进气气流中,这样测量结果不会因污粒而失真,传感器元件也不会因其而损坏。

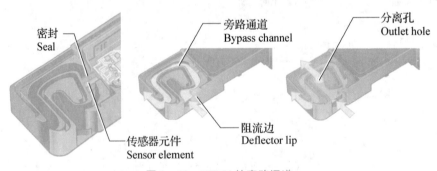

图 2-12　HFM6 的旁路通道
Fig.2-12　Bypass channel of HFM6

如图 2-13 所示,在传感器元件上,连接热敏电阻(温度传感器)R_1、R_2 和热电阻(加热元件)的基板由玻璃膜片组成。之所以使用玻璃,是因为它的导热性极差,这可以防止热量从热电阻由膜片传给传感器,如果传给传感器将导致测量误差。当进气经过旁通管中硅片传感器元件上的与温度相关的电阻 R_1(热电阻前)、热电阻、与温度相关的电阻 R_2

（热电阻后），由于进气接触热电阻时温度升高，因此，进气流经 R_2 时的温度高于其流经 R_1 时的温度。根据流经硅片传感器的进气速率，在各温度传感器的进气温度差不同，传感器桥接电路检测温度差，传感器电子单元将其转化为脉冲信号并将其输出至 ECM。当 R_1 检测的温度高于 R_2 检测的温度时，判定进气回流。该传感器一般集成了进气温度传感器。

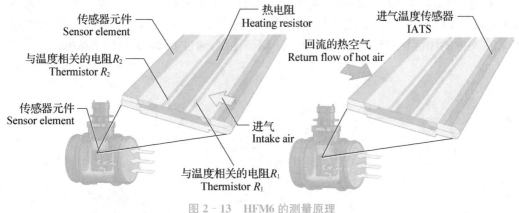

图 2－13　HFM6 的测量原理

Fig.2－13　Principle of HFM6

HFM6 向发动机控制模块传递一个包含被测空气质量的数字信号（频率），如图 2－14 所示。发动机控制模块通过周期长度来识别测得的空气质量。由于数字信号相对于模拟线路连接来说，对干扰不敏感，因此，HFM6 传感器相对于 HFM5 传感器来说可以通过数字接口传递给发动机控制模块更精准、稳定的信号。

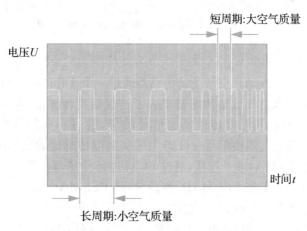

图 2－14　HFM6 空气流量计信号输出特性

Fig.2－14　Characteristic of HFM6

四、工作电路

1. 大众迈腾 B8L/DBFA 空气流量传感器工作电路

大众迈腾 B8L/DBFA 空气流量传感器 G70 的工作电路如图 2 - 15 所示,传感器通过一个 4 芯插接器与 ECM 连接。T4dl/1 为信号端子,通过一根绿色 0.35 平方导线与 ECM 的 T91/17 端子相连,由 ECM 提供 12 V 电压;T4dl/2 为电源端子,通过一根 0.35 平方的黄灰双色导线与 ECM 的 T91/34 端子相连,由 ECM 提供 5 V 电压;T4dl/3 为搭铁端子,通过一根 0.35 平方的棕色导线与 ECM 的 T91/51 端子连接,通过 ECM 进行传感器搭铁。

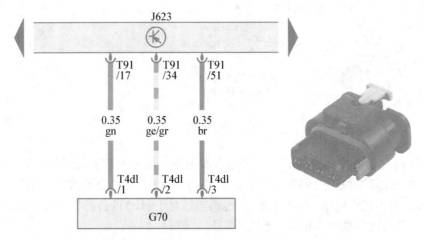

图 2 - 15 空气流量计工作电路(大众迈腾 B8L DBFA)

Fig.2 - 15 Circuit of MAF(VW Magotan B8L DBFA)

2. 丰田 1ZR-FE 发动机空气流量传感器工作电路

丰田卡罗拉 1ZR-FE 发动机空气流量传感器通过一个 5 芯插接器与 ECM 连接,插接器在电路中的编号为 B2,该空气流量传感器集成了进气温度传感器,其工作电路如图 2 - 16 所示。1(THA)端子为进气温度传感器的信号端子,通过一根粉色导线与 ECM 的 B65 (THA)端子连接,反馈进气温度信号;2(E2)为进气温度传感器的接地端子,通过一根棕色导线与 ECM 的 B88(ETHA)端子连接,通过 ECM 进行传感器搭铁;3(+B)为空气流量传感器的加热电源端子,BAT 经 EFI MAIN 保险丝,经 EFI MAIN RELAY 的触点,再经 EFI NO.1 保险丝到达传感器 3(+B)端子,提供 12 V 电源;4(E2G)为空气流量传感器的接地端子,通过一根浅绿色导线与 ECM 的 B116(E2G)端子连接,通过 ECM 进行传感器搭铁;5(VG)为空气流量传感器的信号端子,通过一根灰色导线与 ECM 的 B118(VG)端子连接,向 ECM 反馈进气量信号。

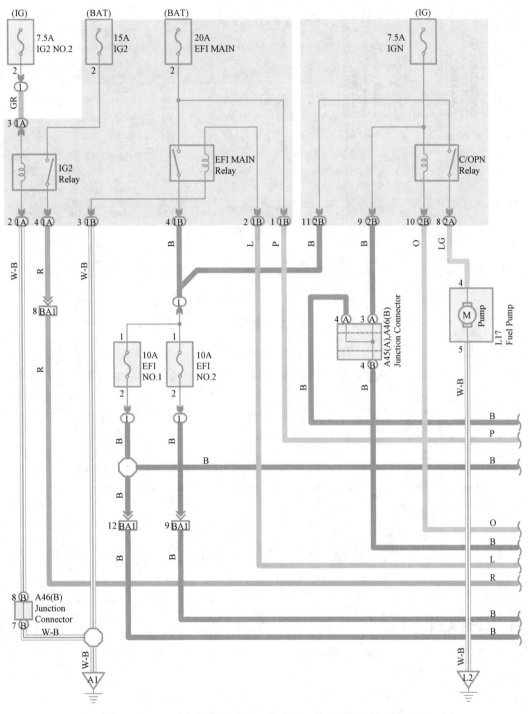

图 2 - 16 - 1　空气流量传感器工作电路- 1（丰田卡罗拉 1ZR-FE）
Fig. 2 - 16 - 1　Circuit of MAF - 1（Toyota Corolla 1ZR-FE）

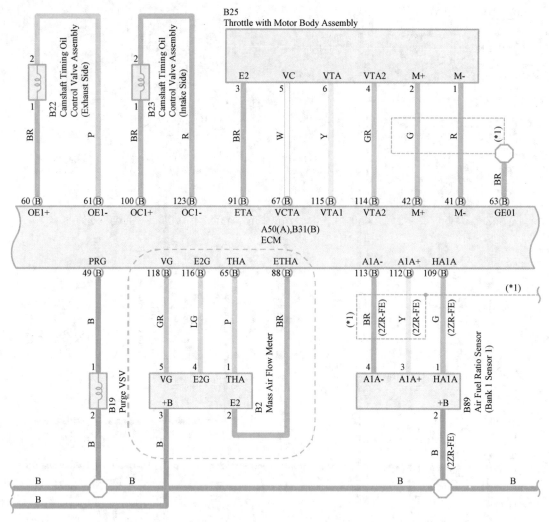

图 2‒16‒2　空气流量传感器工作电路‒2(丰田卡罗拉 1ZR-FE)
Fig.2‒16‒2　Circuit of MAF‒2(Toyota Corolla 1ZR-FE)

 **任务实施**

一、实施方案

1. 质量要求

参照厂家的质量标准要求(车辆维修手册)。

2. 注意事项

⊙ 遵守实训室规章制度,未经许可,不得擅自移动和拆卸仪器与设备;

⊙ 注意安全和设备完好性;

◎ 在教师允许和监控下,起动发动机,需保证设备周围的人员安全,防止意外发生;

◎ 未关闭点火开关或者断开蓄电池负极时,严禁拔下各元件接口,以免损坏元件及模块;

◎ 避免元件、工具设备掉落及损坏。

3. 组织方式

以工作小组为单位,合理分工,针对大众迈腾 B8L DBFA 发动机上的空气流量传感器进行诊断与维修。要求按照企业岗位操作规范进行作业,作业时间为 25 分钟。

4. 作业准备

（1）技术要求与标准:

表 2-1　空气流量传感器技术要求与标准
Tab. 2-1　Technical requirements and standards of MAF

检测内容	端子号	测量条件	参考标准值
数据流	——	发动机怠速工况	3.3 g/s
信号	T4dl/1	起动发动机	波形
电源电压	T4dl/2	点火开关 ON	5 V
搭铁	T4dl/3	点火开关 OFF/断开插接器	小于 1 Ω

（2）设备器材:万用表、诊断仪、示波器、常用工具;

（3）场地设施:汽车电控发动机理实一体化教室;

（4）设备台架:大众迈腾 B8L 整车,配备 DBFA 发动机;

（5）耗材:干净抹布。

二、操作步骤

1. 读取数据流

（1）点火开关 OFF,连接诊断仪;

（2）起动发动机,操作诊断仪,选择空气流量数据流菜单项,读取诊断仪上的检测值,记录并与技术标准进行比对,若数值不符,则进一步进行线路及元件的检测与诊断。

2. 检测信号电压

（1）点火开关 OFF,断开空气流量计插接器,用背插针将 T4dl/1 端子引出,并验证导通情况,恢复插接器连接;

（2）将示波器测量探头与引出探针连接,并做好接地连接,打开并调整示波器,测量空气流量传感器信号波形,将实测波形与标准波形(如图 2-14)比对,否则进一步检测传感器其他参数。

3. 检测电源电压

（1）点火开关 OFF,脱开空气流量传感器插接器;

（2）点火开关 ON,将万用表调至直流电压(V)挡,测量传感器插接器线束侧的 T4dl/1 端子和搭铁之间的电压,如图 2-17 所示,应为 5 V,否则进一步检测传感器 T4dl/2 端子与 ECM 之间的连接线束。

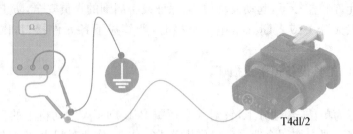

图 2-17　检测空气流量传感器电源电压(大众迈腾 B8L DBFA)

Fig.2-17　**Test the power supply voltage of MAF(VW Magotan B8L DBFA)**

4. 检测搭铁回路

(1) 点火开关 OFF,断开蓄电池负极桩头,脱开空气流量传感器插接器;

(2) 将万用表调至欧姆(Ω)挡,测量传感器线束侧插接器的 T4dl/3 端子和搭铁之间的电阻,如图 2-18 所示,应小于 1 Ω,否则进一步检测传感器 T4dl/3 端子与 ECM 之间的连接线路。

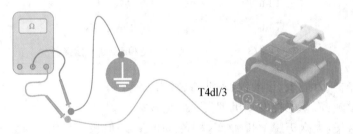

图 2-18　检测空气流量传感器搭铁回路(大众迈腾 B8L DBFA)

Fig.2-18　**Test the Ground of MAF(VW Magotan B8L DBFA)**

5. 检测线束

(1) 点火开关 OFF,断开蓄电池负极桩头,静置 2 min 以上,断开传感器和 ECM 插接器;

(2) 将万用表调至欧姆(Ω)挡,测量下表中端子之间线束的电阻。若不符,则修理或者更换线束。

检测内容	端子号	测量条件	参考标准值
传感器线束	T4dl/1 - T91/17	点火开关 OFF 断开蓄电池负极桩头 脱开传感器及 ECM 插接器	小于 1 Ω
	T4dl/2 - T91/34		
	T4dl/3 - T91/51		

6. 检查复位

安装空气流量传感器连接器,安装 ECM 插接器,安装蓄电池负极桩头。使用解码器读取故障码,检查车辆故障是否消失。设备复位,工位清洁。

任务评价

一、知识巩固

1. 判断题

（1）丰田卡罗拉空气流量传感器安装在进气温度传感器中。　　　　　　（　　）

（2）丰田卡罗拉所采用的空气流量计是热线式空气流量计。　　　　　　（　　）

（3）用万用表测端子 VG 与端子 E2G 之间的电压时,用吹风机向传感器热线吹风,测出电压值,风速越高,电压越小。　　　　　　　　　　　　　　　　　（　　）

2. 单选题

（1）关于空气流量计的输出特性描述不正确的是（　　）。

A. 空气流量计的输出范围是 1～2.16 V

B. 空气流量计的输出电压随着负荷和转速的增大而减小

C. 发动机怠速时的输出电压为 1.3 V

D. 发动机怠速时的进气质量流量为 2.0～4.0 g/s

（2）针对丰田发动机的空气流量计,读取动态数据流,显示空气流量为"大于或等于 271.0 g/s",则可判断出（　　）。

A. 电源电路断路

B. VG 电路断路或短路

C. E2G 电路断路

D. 空气流量计正常

（3）针对 HMF6 空气流量计,通过哪个零件识别回流的空气?（　　）

A. 通过与温度相关的电阻 R_2

B. 通过热电阻

C. 通过进气温度传感器 G42

D. 通过与温度相关的电阻 R_1

3. 识图题

请结合空气流量传感器的结构及工作原理,写出下图中各组件的名称。

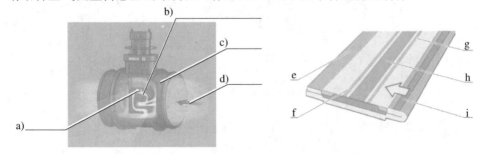

二、技能测评

表 2‑2　空气流量传感器检修技能评价表
Tab. 2‑2　Skills assessment for MAF

序号	内容	分值	得分
1	能正确选用工具进行相关数据的测量	10	
2	能检测空气流量传感器故障码及数据流	20	
3	能检测空气流量传感器各参数	60	
4	检查复位	10	
总分		100	

任务 2 进气温度传感器诊断与维修

学习目标

- 能识别各发动机进气温度传感器的安装位置；
- 掌握进气温度传感器的结构；
- 理解进气温度传感器的工作原理；
- 能准确分析进气温度传感器的工作电路；
- 能熟练运用工具仪器对进气温度传感器进行检测、分析与诊断；
- 树立正确的劳动观,注重质量意识,锤炼工匠精神。

故障案例

　　一辆迈腾 B8L 轿车,故障现象:发动机起动困难,尾气排放超标,冒黑烟。故障码检测显示:"进气温度电路高电平输入偶尔发生",如图 2－19 所示。请通过检测进一步明确故障点,并提出解决方案。

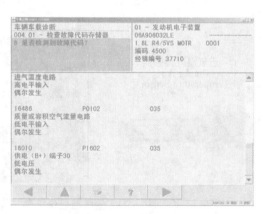

图 2－19 进气温度传感器故障码
Fig.2－19 DTC of IATS

知识链接

1. 功用及失效影响

进气温度传感器(IATS:Intake Air Temperature Sensor)负责测量进入发动机内气体

的温度,转化成电信号反馈给 ECM,ECM 根据进气温度对喷油量及点火正时进行修正,以获得最佳的空燃比和燃烧状况,如图 2-20 所示。

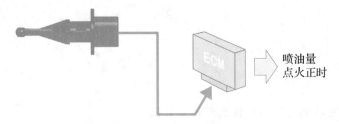

图 2-20　进气温度传感器功用
Fig.2-20　Function of IATS

进气温度传感器搭铁线接触不良,数据流会显示异常低温,低温空气密度高,会加大喷油脉宽,造成混合汽过浓;若传感器短路,数据流会显示异常高温,高温空气密度低,会减少喷油脉宽,造成混合气过稀;若传感器断路或搭铁不良会造成混合气过稀。混合气过浓、过稀均会导致发动机起动困难、怠速不稳、尾气排放超标,同时发动机故障灯也会点亮。

2.安装位置及外观

进气温度传感器可以是独立安装或者与其他传感器集成安装。如图 2-21 所示,进气温度传感器独立安装于空气滤清器总成的谐振腔上。有些发动机的进气温度传感器也会独立安装在进气总管上,但更多的是与空气流量传感器或者进气压力传感器集成安装。

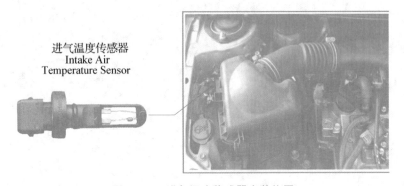

进气温度传感器
Intake Air
Temperature Sensor

图 2-21　进气温度传感器安装位置
Fig.2-21　Position of IATS

以大众 EA111 1.4T 发动机为例,其在进气歧管上及涡轮增压器后的压力管上分别与压力传感器 G71 和 G31 集成安装有进气温度传感器 G42 和 G299,如图 2-22 所示。G42除了向 ECM 提供燃油喷射及点火正时修正信号外,同时与 G299 的进气温度信号进行比对,利用增压空气冷却器前后的温差来控制增压中冷的冷却液循环泵的工作。如果冷却器前后的空气温差小于 8 ℃,则冷却液循环泵就会被激活;如果温度差小于 2 ℃,则说明循环泵失效,警报灯会亮起。

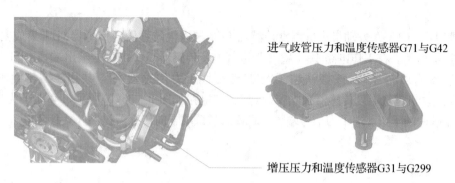

进气歧管压力和温度传感器G71与G42

增压压力和温度传感器G31与G299

图2-22　进气温度传感器安装位置（大众 EA111 1.4T）
Fig.2-22　Position of IATS(VW EA111 1.4T)

3. 结构及工作原理

进气温度传感器主要由塑料外壳、防水插座、垫圈、热敏电阻等组成，如图2-23所示。采用负温度系数的热敏电阻作为检测元件，为准确测量进气温度，常用塑料外壳加以保护，以防安装部位的温度影响传感器的工作精度。

热敏电阻
Thermistor
壳体
Shell
电极
Terminal

图2-23　进气温度传感器结构
Fig.2-23　Structure of IATS

进气温度传感器工作时，当温度升高，电阻阻值减小，当温度降低，电阻阻值增大，随着电路中电阻的变化，导致电压的变化，从而产生不同的电压信号，热敏电阻的阻值随空气温度的升高而降低，呈指数关系，如图2-24所示。在冷车时，进气温度传感器的信号与发动机水温传感器信号基本相同，在热车时，其信号电压大约是水温传感器的2～3倍。

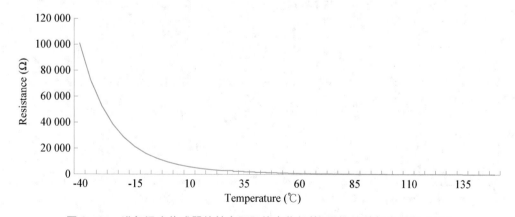

图2-24　进气温度传感器热敏电阻阻值变化规律（雪佛兰科鲁兹 LDE 1.6L）
Fig.2-24　Resistance characteristic of thermistor(Chevrolet CRUZ LDE 1.6L)

4. 工作电路

迈腾 B8L/CUGA 发动机进气温度传感器 G42 与进气歧管压力传感器 G71 集成安装,如图 2-25(a)所示。在工作电路中,T4q/2 为进气温度传感器 G42 的信号输出端,T4q/1 为进气温度传感器 G42 搭铁端,该搭铁端子与进气歧管压力传感器 G71 共用。雪佛兰科鲁兹 LDE1.6L发动机进气温度传感器独立安装,其工作电路如图 2-25(b)所示,1#端子为进气温度传感器搭铁端子,2#端子为信号端子,ECM通过该端子向传感器提供 5 V 参考电压。

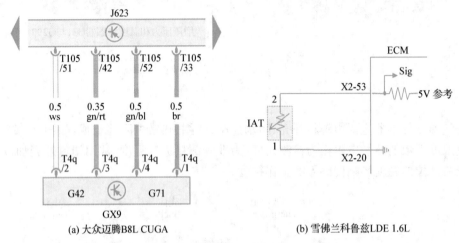

图 2-25　进气温度传感器工作电路

Fig.2-25　Circuit of IATS

丰田卡罗拉 1ZR-FE 发动机配置的进气温度传感器与空气流量传感器集成安装,通过一个 5 芯插接器与 ECM 连接,插接器在电路中的编号为 B2,如图 2-26 所示的 1(THA)为进气温度传感器信号端子,2(E2)为搭铁端子。

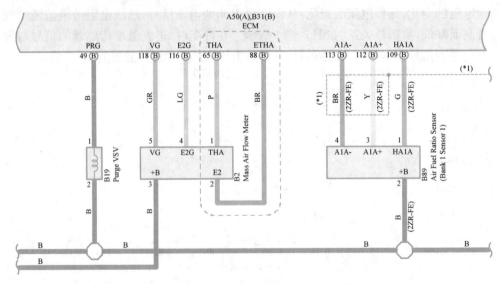

图 2-26　进气温度传感器工作电路(丰田卡罗拉 1ZR-FE)

Fig.2-26　Circuit of IATS(Toyota Corolla 1ZR-FE)

 任务实施

一、实施方案

1. 质量要求

参照厂家的质量标准要求(车辆维修手册)。

2. 注意事项

- 遵守实训室规章制度,未经许可,不得擅自移动和拆卸仪器与设备;
- 注意安全和设备完好性;
- 在教师允许和监控下,起动发动机,需保证设备周围的人员安全,防止意外发生;
- 未关闭点火开关或者断开蓄电池负极时,严禁拔下各元件接口,以免损坏元件及模块;
- 避免元件、工具设备掉落及损坏。

3. 组织方式

以工作小组为单位,合理分工,对迈腾 B8L/CUGA 发动机配置的进气温度传感器进行诊断与维修。要求按照企业岗位操作规范进行作业,作业时间为 20 分钟。

4. 作业准备

(1)技术要求与标准:

表 2-3 进气温度传感器技术要求与标准
Tab. 2-3 Technical requirements and standards of IATS

检测内容	端子号	测量条件	参考标准值
进气温度数据流	——	连接解码器 起动发动机	进气温度(℃)
信号电压	T4q/2-搭铁	20 ℃	1.6 V
参考电压	T4q/2-搭铁	点火开关 ON	4.8 V 左右
搭铁回路	T4q/1-搭铁	点火开关 OFF 断开蓄电池负极桩头	小于 1 Ω
热敏电阻阻值	元件端 T4q/2 - T4q/1	20 ℃	2.3 kΩ 左右

(2)设备器材:万用表、诊断仪、示波器、常用工具;
(3)场地设施:汽车电控发动机理实一体化教室;
(4)车辆台架:迈腾 B8L 轿车一辆,配置 CUGA 发动机;
(5)耗材:干净抹布。

二、操作步骤

1. 读取数据流

(1)点火开关 OFF,连解码器;

（2）起动发动机，操作解码器，选择进气温度数据流菜单选项；

（3）读取进气温度数据流，观察其随发动机转速与负荷变化的规律，记录并分析。

2. 检测信号电压

（1）点火开关 OFF，断开进气温度传感器插接器，用背插针将插接器线束侧 T4q/2 端子引出，验证导通情况，并恢复插接器连接；

（2）将万用表置于直流电压（V）挡，起动发动机，检测引出端子的对地电压，即为进气温度传感器的信号电压；

（3）改变发动机转速及负荷，观察传感器信号电压变化情况，若与标准不符，则进一步检测传感器其他参数以确定具体故障点。

3. 检测参考电压

（1）点火开关 OFF，断开进气温度传感器插接器；

（2）点火开关 ON，万用表调至直流电压（V）挡，测量传感器插接器线束侧 T4q/2 端子的对地电压，测量值应为 4.7 V 左右，如图 2-27 所示。若检测结果不符，则进一步测量相应端子之间的线束。

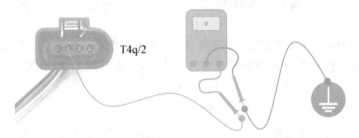

图 2-27 检测进气温度传感器参考电压（大众迈腾 B8L CUGA）
Fig.2-27 Test the working voltage of IATS（VW Magotan B8L CUGA）

4. 检测搭铁回路

（1）点火开关 OFF，脱开蓄电池负极桩头，断开进气温度传感器插接器；

（2）将万用表调至欧姆（Ω）挡，测量传感器插接器的 T4q/1 端子的对地电阻，正常值应小于 1 Ω，若不符，则进一步检测相应端子之间的线束。

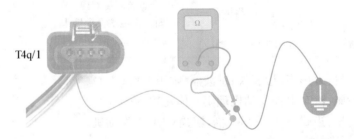

图 2-28 检测进气温度传感器搭铁回路（大众迈腾 B8L CUGA）
Fig.2-28 Test the ground loop of IATS（VW Magotan B8L CUGA）

5. 检测线束

（1）点火开关 OFF，脱开蓄电池负极桩头，静置 2 min 以上，断开进气温度传感器 G42

以及 ECM 的 T105 插接器；

（2）将万用表调至欧姆（Ω）挡，检测下表所列线束电阻，如图 2-29 所示。标准阻值应小于 1 Ω，结果如不符合，则修理或者更换线束。

检测内容	端子号	测量条件	参考标准值
传感器线束	T4q/1 - T105/33	点火开关 OFF 断开蓄电池负极桩头 断开两端插接器	小于 1 Ω
	T4q/2 - T105/51		

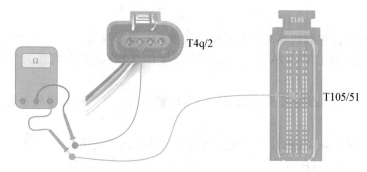

图 2-29 检测进气温度传感器与 ECM 之间线束
Fig.2-29 Test the wire between the IATS and ECM

6. 检测热敏电阻

（1）点火开关 OFF，脱开进气温度传感器插接器；

（2）将万用表调至欧姆（Ω）挡，测量插接器元件侧 T4q/4 与 T4q/1 之间的阻值，如图 2-30 所示，20 ℃时，阻值约为 2.3 kΩ。温度越高阻值越小，温度越低阻值越高。若阻值不符，则说明元件损坏，需更换元件。

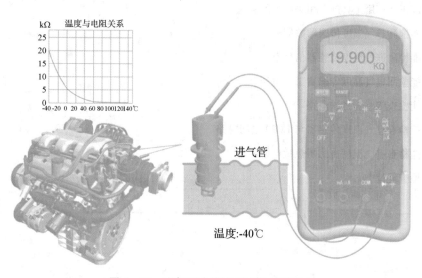

图 2-30 进气温度传感器热敏电阻测量
Fig.2-30 Test the thermistor of IATS

7. 检查复位

安装进气温度传感器连接器,安装 ECM 插接器,安装蓄电池负极桩头。使用解码器读取故障码,检查车辆故障是否消失。设备复位,工位清洁。

任务评价

一、知识巩固

1. 判断题

(1) 进气温度传感器的热敏电阻阻值随温度的升高而变大。 ( )

(2) 大众迈腾 B8L/CUGA 发动机的进气温度传感器与进气歧管压力传感器集成安装。
( )

(3) 丰田卡罗拉 1ZR-FE 发动机进气温度传感器与空气流量计集成安装。 ( )

2. 单选题

(1) 大众迈腾 B8L CUGA 发动机进气温度传感器连接线束共有导线( )根。

A. 3 B. 1 C. 2 D. 4

(2) 进气温度传感器的英文缩写是( )。

A. TPS B. MAFS C. ECTS D. IATS

二、技能测评

表 2-4 进气温度传感器检修技能评价表
Tab. 2-4 Skills assessment for IATS

序号	内容	分值	得分
1	能正确选用工具进行相关数据的测量	10	
2	能检测进气温度传感器数据流	10	
3	能检测进气温度传感器信号电压	10	
4	能检测进气温度传感器工作电压	10	
5	能检查传感器搭铁电路	10	
6	能检查进气温度传感器与 ECM 之间电路	30	
7	能检查进气温度传感器热敏电阻阻值	10	
8	检查复位	10	
	总分	100	

任务 3　进气歧管压力传感器诊断与维修

 学习目标

- 能识别各发动机进气歧管压力传感器的安装位置；
- 掌握进气歧管压力传感器的结构；
- 理解进气歧管压力传感器的工作原理；
- 能准确分析进气歧管压力传感器的工作电路；
- 能熟练运用工具仪器对进气歧管压力传感器进行检测、分析与诊断；
- 树立正确的劳动观，注重质量意识，锤炼工匠精神。

故障案例

一辆迈腾 B8L 轿车，故障现象：发动机怠速抖动、急加速进气回火。如图 2 - 31 所示，主要故障码显示为："进气歧管绝对压力（MAP）传感器 - G71 断路/对地短路"。请对车辆进行进一步检查，明确故障点，并提出解决方案。

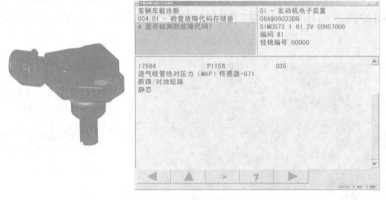

图 2 - 31　进气歧管压力传感器故障码
Fig.2 - 31　DTC of MAP

知识链接

1. 功用及失效影响

进气歧管压力传感器（MAP：Manifold Absolute Pressure Sensor）检测节气门后将进气

管内的进气压力,通过压敏元件转换成电信号,传递给发动机 ECM,作为负荷信号为计算基本喷油量和确定基本点火提前角提供依据,如图 2-32 所示。进气压力越大,进气量越多,喷油越多,点火提前角越小。有些车型上也可与空气流量传感器共用,提高检测精度。

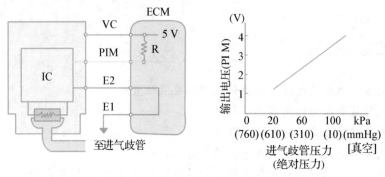

图 2-32　进气歧管压力传感器功用
Fig.2-32　Function of MAP

如果进气歧管压力传感器工作不良,发动机会出现起动困难、怠速抖动、加速无力、油耗增大、排放超标等故障现象。

2. 安装位置及外观

大众 EA111/1.4T 发动机的进气歧管压力传感器 G71 安装在进气歧管的上方,与进气温度传感器 G42 集成安装,如图 2-33 所示。另外由于是增压发动机,还配备有增压压力传感器 G31,其安装在节气门接口处的压力管上,与增压空气温度传感器 G299 集成安装。G31 与 G71 结构原理相同,但功能侧重不同,G31 主要用于修正增压压力,作为控制增压中冷器冷却液循环泵的依据,若 G31 失效,则增压压力控制变成开环控制,发动机动力下降。

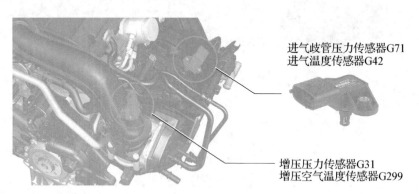

进气歧管压力传感器G71
进气温度传感器G42

增压压力传感器G31
增压空气温度传感器G299

图 2-33　进气歧管压力传感器安装位置(EA111 1.4T)
Fig.2-33　Position of MAP(EA111 1.4T)

大众迈腾 B8L/CUGA 发动机配置的进气歧管压力传感器 G71 安装在进气歧管的上方,增压压力传感器 G31 安装在增压中冷器出口处的压力管上,如图 2-34 所示。

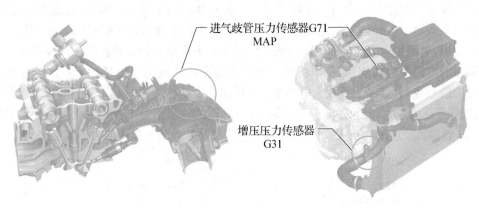

图 2 - 34 进气歧管压力传感器安装位置(大众迈腾 B8L CUGA)
Fig.2 - 34 Position of MAP(VW Magotan B8L CUGA)

雪佛兰科鲁兹 LDE 1.6L 发动机进气系统同时配备了进气歧管压力传感器与空气流量传感器,其进气歧管压力传感器安装在进气歧管的上方。大众 EA211 1.6L MPI 发动机的进气歧管压力传感器安装在进气歧管的内侧,如图 2 - 35 所示。

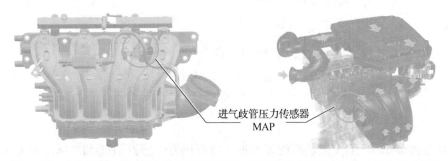

图 2 - 35 进气歧管压力传感器安装位置(雪佛兰科鲁兹 LDE 1.6L/EA211 1.6L MPI)
Fig.2 - 35 Position of MAP(Chevrolet CRUZ LDE 1.6L/EA211 1.6L MPI)

3. 结构及工作原理

目前汽车上广泛使用的进气歧管压力传感器为半导体压敏电阻式,其主要由半导体应变片(硅芯片)、真空室、混合集成电路板(IC 电路)等组成,如图 2 - 36 所示。

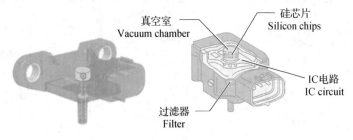

图 2 - 36 进气歧管压力传感器结构
Fig.2 - 36 Structure of MAP

　　半导体应变片是在一个膜片上用半导体工艺制作的四个等值电阻,连接成惠斯顿电桥,如图2-37所示。半导体电阻电桥应变片放置在一个真空室内,在进气压力的作用下,应变片产生变形,电阻随着变形量而成比例变化,电桥失去平衡,歧管中绝对压力的变化就会与压电晶体的电阻变化成比例,从而将进气压力的变化转换成电阻电桥输出电压的变化。电桥输出的信号较弱,需经集成放大电路放大后输出。发动机工作时,节气门开度越大,进气量越大,进气管压力越大,硅膜片变形量也越大,传感器的输出信号电压也越大。输出信号电压与进气歧管内真空度的大小成反比(负特性),与进气歧管内绝对压力的大小成正比(正特性)。

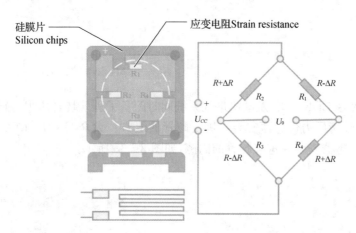

图2-37　进气歧管压力传感器惠斯顿电桥电路

Fig.2-37　Wheatstone bridge circuit of MAP

4. 工作电路

　　大众迈腾 B8L/CUGA 发动机配置的进气歧管压力传感器 G71 和增压压力传感器 G31 的工作电路如图2-38所示。进气歧管压力传感器 G71 与进气温度传感器 G42 集成安装,

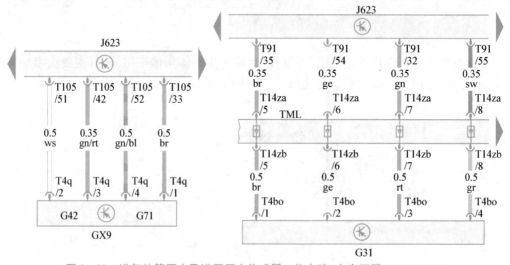

图2-38　进气歧管压力及增压压力传感器工作电路(大众迈腾 B8L CUGA)

Fig.2-38　Circuit of MAP and boost pressure sensor（VW Magotan B8L CUGA）

在工作电路中的总成代号为 GX9,通过一个四芯插接器与 ECM 连接,T4q/1 为 G71 的搭铁端子,T4q/3 为 G71 的工作电压端子,由 ECM 提供 5 V 电压,T4q/4 为 G71 的信号输出端,T4q/2 为进气温度传感器 G42 的信号输出端,与 G71 共用搭铁端子。增压压力传感器 G31 同样集成了温度传感器,通过转接头 TML 与 ECM 连接,T4bo/1 为 G31 与增压温度传感器搭铁端子,T4bo/2 为增压气体温度信号端子,T4bo/3 为 G31 的工作电压端子,T4bo/4 为 G31 的信号输出端子。

任务实施

一、实施方案

1. 质量要求
参照厂家的质量标准要求(车辆维修手册)。

2. 注意事项
- 遵守实训室规章制度,未经许可,不得擅自移动和拆卸仪器与设备;
- 注意安全和设备完好性;
- 在教师允许和监控下,起动发动机,需保证设备周围的人员安全,防止意外发生;
- 未关闭点火开关或者断开蓄电池负极时,严禁拔下各元件接口,以免损坏元件及模块;
- 避免元件、工具设备掉落及损坏。

3. 组织方式
以工作小组为单位,合理分工,针对迈腾 B8L/CUGA 发动机上的进气歧管压力传感器进行诊断与维修。要求按照企业岗位操作规范进行作业,作业时间为 20 分钟。

4. 作业准备
(1) 技术要求与标准:

表 2-5　进气歧管压力传感器技术要求与标准
Tab. 2-5　Technical requirements and standards of MAP

检测内容	端子号	测量条件	参考标准值
进气压力数据流	——	急速	33 kPa(0.75 V 原始电压)
		2 000 r/min	25 kPa(0.65 V 原始电压)
信号输出电压	T4q/4-搭铁	点火开关 ON	1.78 V
		急速	0.8 V
工作电压	T4q/3-搭铁	点火开关 ON	5 V
传感器搭铁	T4q/1-搭铁	点火开关 OFF	小于 1 Ω

(2) 设备器材:万用表、诊断仪、示波器、常用工具;

(3) 场地设施:汽车电控发动机理实一体化教室;

（4）设备台架：迈腾 B8L 整车,配置 CUGA 型号发动机;

（5）耗材：干净抹布。

二、操作步骤

1. 读取数据流

（1）点火开关 OFF,将解码器连接诊断口;

（2）起动发动机,操作解码器至数据流读取界面,选择进气压力数据流菜单项;

（3）读取对应转速下进气压力的数据流,记录并与标准进行比对。

2. 检测信号电压

（1）断开进气歧管压力传感器连接器,用背插针将 T4q/4 端子引出,并检查导通情况;

（2）插上连接器,将万用表置于直流电压挡,起动发动机,检测 T4q/4 端子对地电压,即为信号电压。

3. 检测工作电压

（1）点火开关 OFF,断开进气歧管压力传感器插接器;

（2）点火开关 ON,万用表调至直流电压(V)挡,测量传感器插接器线束侧 T4q/3 端子与搭铁之间的电压,如图 2-39 所示,正常值应为 5 V,否则进一步检测传感器端子与 ECM 之间的线束。

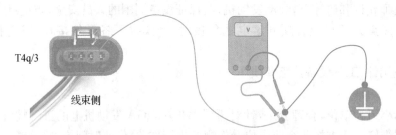

图 2-39　检测进气歧管压力传感器工作电压(大众迈腾 B8L CUGA)
Fig.2-39　Test the working voltage of MAP(VW Magotan B8L CUGA)

4. 检测搭铁回路

（1）点火开关 OFF,脱开蓄电池负极桩头,脱开进气歧管压力传感器插接器;

（2）万用表调至欧姆(Ω)挡,测量传感器线束侧插接器 T4q/1 端子的对地电阻,如图 2-40 所示。阻值应小于 1 Ω,否则进一步检测线束。

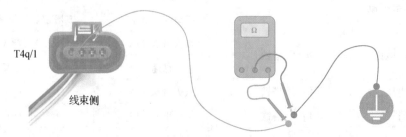

图 2-40　检测进气歧管压力传感器搭铁电路(大众迈腾 B8L CUGA)
Fig.2-40　Test the ground circuit of MAP(VW Magotan B8L CUGA)

5. 检测线束

（1）点火开关 OFF，断开蓄电池负极桩头，静置 2 min 以上，分别断开进气歧管压力传感器和 ECM 的 T105 插接器；

（2）将万用表调至欧姆（Ω）挡，根据下表所列分别检测传感器与 ECM 之间线束的电阻，如图 2－41 所示。检查结果如不符合，则修理或者更换线束。

检测内容	端子号	测量条件	参考标准值
传感器与 ECM 之间线束	T4q/1 - T105/33	点火开关 OFF 断开蓄电池负极 断开两端插接器	小于 1 Ω
	T4q/3 - T105/42		
	T4q/4 - T105/52		

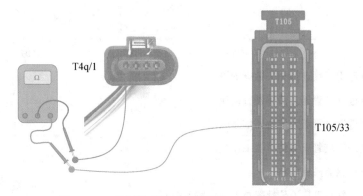

图 2－41　检测歧管压力传感器与 ECM 之间线束

Fig.2－41　Test the wire between the MAP and ECM

6. 检查复位

安装进气歧管压力传感器、ECM 插接器、蓄电池负极桩头。使用解码器读取故障码，检查车辆故障是否消失。仪器设备复位、工位清洁。

任务评价

一、知识巩固

1. 判断题

（1）大众迈腾 B8L CUBA 发动机进气歧管压力传感器集成有进气温度传感器。

（　　）

（2）装有进气压力传感器的发动机就不需要安装空气流量计。（　　）

（3）进气歧管压力传感器故障后，发动机将无法起动。（　　）

2. 单选题

（1）关于进气歧管压力传感器的输出特性描述不正确的是（　　）。

A. 进气歧管压力传感器的输出范围是 0.2～4.9 V

B. 进气歧管压力传感器的输出电压随着负荷和转速的增大而减小

C. 发动机怠速时的输出电压为 1.3 V

D. 发动机怠速时进气歧管压力传感器数据流为 370 kPa

（2）信号电压具有随进气歧管绝对压力的增大呈线性增大的特性，即从怠速工况下节气门全闭时的 1～1.5 V 变化至节气门全开时的（　　）V。

A. 4.5～4　　　　　B. 4.5～5　　　　　C. 4.5～7　　　　　D. 4.5～6

（3）进气歧管压力传感器的控制电路比较简单，一般有（　　）根导线与 ECM 相连接。

A. 1　　　　　　　 B. 2　　　　　　　 C. 3　　　　　　　 D. 4

二、技能测评

表 2-6　进气歧管压力传感器检修技能评价

Tab. 2-6　Skills assessment for MAP

序号	内容	分值	得分
1	能正确选用工具进行相关数据的测量	10	
2	能检测进气歧管压力传感器数据流	20	
3	能检测进气歧管压力传感器信号电压	20	
4	能检测进气歧管压力传感器工作电压	10	
5	能检查传感器搭铁电路	10	
6	能检查进气歧管压力传感器与 ECM 之间线束	20	
7	检查复位	10	
总分		100	

任务 4　节气门位置传感器诊断与维修

学习目标

- 能识别各发动机节气门位置传感器的安装位置；
- 掌握节气门位置传感器的结构；
- 理解节气门位置传感器的工作原理；
- 能准确分析节气门位置传感器的工作电路；
- 能熟练运用工具仪器对节气门位置传感器进行检测、分析与诊断；
- 树立正确的劳动观，注重质量意识，锤炼工匠精神。

故障案例

　　一辆迈腾 B8L 轿车，故障现象：发动机怠速、加速不良、仪表板上 EPC 报警。主要故障码显示为："节气门位置传感器 1 – G187 信号太高"（如图 2 – 42）。请通过检测进一步明确故障点，并提出解决方案。

图 2 – 42　节气门位置传感器故障码
Fig.2 – 42　DTC of TPS

知识链接

一、功用及失效影响

　　节气门位置传感器（TPS：Throttle Position Sensor）是汽车发动机管理系统中最重要的

传感器之一,主要用于检测节气门的开度变化,将其转换成电信号输入发动机控制模块,发动机控制模块根据该信号判定发动机的运转工况,再根据这些工况信息修正喷油量和点火正时。

当节气门位置传感器失效时,发动机会进入保护模式,汽车会出现怠速运转不正常(如怠速过高或过低、怠速熄火)或发动机加速不正常(如加速时发动机发抖、加速反应迟滞)等情况,也可能会导致发动机在运转中出现间歇性抖动等现象,发动机转速限制,油耗增加。

二、安装位置及外观

早期车型的节气门位置传感器采用独立安装的方式,通常安装在节气门转轴的一端,如图 2‑43 所示。

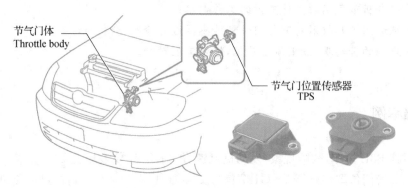

图 2‑43 节气门位置传感器安装位置
Fig.2‑43 Position of TPS

目前大部分发动机的节气门位置传感器与节气门控制单元集成安装,如图 2‑44 所示。

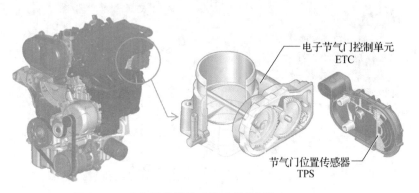

图 2‑44 节气门位置传感器安装位置(EA211 CSRA)
Fig.2‑44 Position of TPS(EA211 CSRA)

三、结构及工作原理

节气门位置传感器根据测量原理的不同可分为触点开关式、滑动变阻式、霍尔式以及电涡流式。触点开关式和滑动变阻式是接触式传感器,霍尔式和电涡流式是非接触式传感器。现在常见的电子节气门控制系统为实现更好的工作可靠性,通常采用属于非接触式传感器的霍尔式或者电涡流式节气门位置传感器。

1. 触点开关式节气门位置传感器

触点开关式节气门位置传感器主要由凸轮、节气门轴、可移动触点及两个固定触点(怠速触点和全开负荷触点)组成,如图2-45所示。

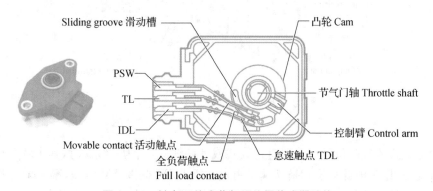

图2-45　触点开关式节气门位置传感器结构

Fig.2-45　Structure of contact switch throttle position sensor

其工作模式如下所示:

(1) 怠速工况(节气门关闭时)

可移动端子(TL)与怠速触点(IDL)闭合,输出一个低平信号"0"且全开负荷触点(PSW)断开,输出一个高平信号"1"至发动机控制模块(ECM)。此时ECM检测车速传感器为零时,便控制喷油器增加油量,以保证车辆在怠速下不熄火,若检测车速传感器不为零的情况下,ECM控制喷油器停止喷油,车辆处于减速状态。

(2) 加速工况(节气门逐渐增大时)

可移动端子(TL)与怠速(IDL)、全开负荷触点(PSW)不接触。此时的怠速触点与全开负荷触点输出两个高电平信号"1",ECM收到两个高电平信号,判断发动机处于部分负载状况,再根据其他传感器的信号计算正确的喷油量。

(3) 大负荷工况(节气门开启接近80%)

此时可移动端子(TL)与全开负荷触点(PSW)闭合,输出一个低平信号"0",怠速触点(IDL)处于断开状态,输出一个高平信号"1",ECM判定车辆处于大负荷状态下,控制喷油量增加。

2. 滑动变阻式节气门位置传感器

滑动变阻式节气门位置传感器,又称为线性输出式节气门位置传感器、可变电阻式节气门位置传感器或者电位计式节气门位置传感器,由两个滑动触点线性电位计组成,且由ECM提供相同的工作电压,如图2-46所示。当节气门位置(转角)发生变化时,电位器阻值也随之线性地改变,由此产生相应的电压信号输入ECM,该电压信号反映节气门开度大小和变化速率。这两个位置传感器的信号曲线是相反的,节气门开度变化时,一个电压由低向高变化,另一个则由高向低变化。

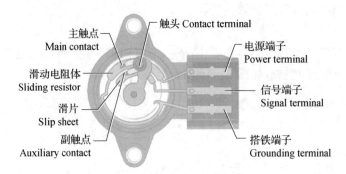

图 2-46　滑动变阻式节气门位置传感器结构
Fig.2-46　Structure of sliding resistance TPS

　　滑动变阻式节气门位置传感器有三线式或者四线式,当为三线式时,其中两个针脚处于电阻的两端,并作为电源端子和搭铁端子由发动机 ECM 提供 5 V 电压,第三个针脚连接于滑动触点。节气门轴与触点(或称触头)联动,节气门转动时,滑动触点可在电阻上移动,引起滑动触点电位的变化,利用电阻的变化将节气门位置信号转换成电压值。因为这个电压呈线性变化,所以也称为线性输出式节气门位置传感器。根据这个线性电压值,ECM 可感知节气门的开度,使 ECM 进行喷油量修正。

3. 霍尔式节气门位置传感器

　　霍尔式节气门位置传感器主要由霍尔元件和磁铁组成,其中磁铁安装在节气门轴上,并可以绕霍尔元件转动。2016 款丰田凯美瑞混合动力车型(发动机型号 6AR-FSE)采用了非接触双霍尔式节气门位置传感器,其结构如图 2-47 所示。

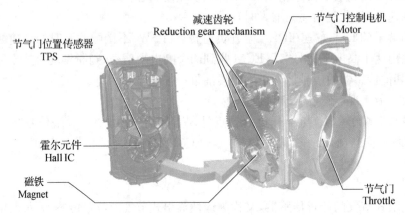

图 2-47　霍尔式节气门位置传感器结构(丰田 6AR-FSE)
Fig.2-47　Structure of hall type throttle position sensor(Toyota 6AR-FSE)

　　当节气门开度变化时,磁铁随之转动,与霍尔元件之间的相对位置发生改变,引起磁通量的变化,霍尔集成电路将磁通量产生的变化转换为电信号,输出至 ECM,其控制电路及信号输出特性如图 2-48 所示。该类型传感器有 VTA1 和 VTA2 两个传感器信号电路,VTA1 用来检测节气门开度,VTA2 用来检测 VTA1 的故障。传感器信号电压与节气门开度成比例,在 0~5 V 之间变化,并且传送到 ECM。节气门关闭时,传感器输出电压降低;节气门打开时,传感器输出电压升高。ECM 根据这些信号计算节气门开度,并控制节气门执行器来响应驾驶员输入。这些信号同时也用来计算空燃比修正值、功率提升修正值和燃油切断控制。

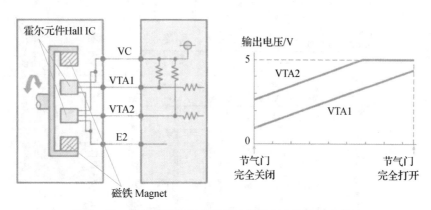

图 2‑48 霍尔式节气门位置传感器控制电路及输出特性

Fig.2‑48 Control circuit and output characteristics of hall throttle position sensor

4. 电涡流式节气门位置传感器

电涡流式节气门位置传感器是一种非接触式传感器,主要由信号转子、印制电路板(PCB)、控制单元等组成,在印制电路板上共有 3 组印刷线圈,其中 1 组是励磁线圈、2 组是感应线圈,如图 2‑49 所示。当励磁线圈通入交流电流时,两个感应线圈内部也会感应出交流电压,同时也会在节气门转轴一端的金属信号转子上感应出电流,称之为涡流,涡流也会产生磁场,称之为次级磁场。当节气门转动时,金属转子遮挡感应线圈的面积发生改变,导致感应线圈内部感应出的电压发生变化,根据两个感应线圈感应出的电压的变化关系,就能得出节气门的转角位置。

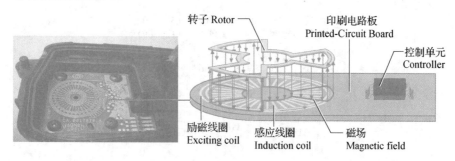

图 2‑49 电涡流式节气门位置传感器结构及原理

Fig.2‑49 Structure of thick film resistance throttle position sensor

四、工作电路

1. 丰田卡罗拉1ZR‑FE发动机节气门位置传感器工作电路

丰田卡罗拉 1ZR‑FE 发动机节气门位置传感器集成在节气门体总成内,工作电路如图 2‑50 所示。总成插头为编号 B25 的六芯插头。1(M一)和 2(M+)为节气门驱动电机控制端子,6(VTA)和4(VTA2)为节气门位置传感器信号端子,分别与ECM的115(VTA1)和114(VTA2)端子连接,5(VC)是传感器工作电压端子,由ECM的67(VCTA)端子提供5 V工作电压,3(E2)为节气门位置传感器搭铁端子,与ECM的91(ETA)端子相连接地。

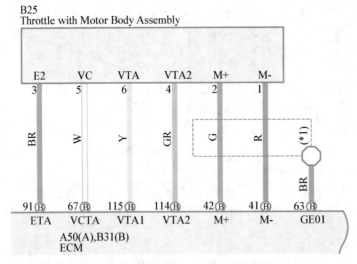

图2‑50　节气门位置传感器工作电路(卡罗拉 1ZR-FE)

Fig.2‑50　Circuit of TPS(Corolla 1ZR-FE)

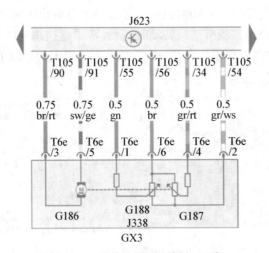

图2‑51　节气门位置传感器工作电路(迈腾 B8L DKX)

Fig.2‑51　Circuit of TPS(Magotan B8L DKX)

2. 大众迈腾 B8L/DKX 发动机节气门位置传感器工作电路

大众迈腾 B8L/DKX 发动机节气门控制部件 GX3,通过一个 6 芯插头与 ECM 相连,其工作电路如图 2‑51 所示。节气门控制单元 GX3 是由电控油门操纵机构的节气门驱动装置角度传感器 1(G187)、传感器 2(G188)和电控油门操纵机构的节气门驱动装置(G186)等3部分组成,G187 和 G188 这 2 个传感器是由发动机控制单元 J623 的 T105/54 端子直接供电,同时由发动机控制单元 J623 的 T105/56 端子搭铁形成回路,G187 和 G188 这 2 个传感器同时通过 T6e/1、T6e/4 分别将准确信号输送给发动机控制单元 J623,只有在 2 个传感器同时给发动机控制单元 J623 提供准确信号时,节气门翻板才会工作。

任务实施

一、实施方案

1. 质量要求

参照厂家的质量标准要求(车辆维修手册)。

2. 注意事项

◎ 遵守实训室规章制度,未经许可,不得擅自移动和拆卸仪器与设备;

◎ 注意安全和设备完好性;

◎ 在教师允许和监控下,起动发动机,需保证设备周围的人员安全,防止意外发生;

◎ 未关闭点火开关或者断开蓄电池负极时,严禁拔下各元件接口,以免损坏元件及模块;

◎ 避免元件、工具设备掉落及损坏。

3. 组织方式

以工作小组为单位,合理分工,针对大众迈腾 B8L/DKX 发动机上的节气门位置传感器进行诊断与维修。要求按照企业岗位操作规范进行作业,作业时间为 30 分钟。

4. 作业准备

(1) 技术要求与标准:

表 2-7 节气门位置传感器技术要求与标准
Tab. 2-7 Technical requirements and standards of TPS

检测内容	端子号	测量条件	参考标准值
信号输出电压	T6e/1(G188)	背插针引出 点火开关 ON 踩加速踏板	4.2~0.8 V
	T6e/4(G187)		0.9~4.4 V
工作电压	T6e/2	插接器脱开 点火开关 ON	5 V
传感器搭铁	T6e/6	点火开关 OFF 插接器、蓄电池负极桩头脱开	小于 1 Ω

(2) 设备器材:万用表、诊断仪、示波器、常用工具;

(3) 场地设施:汽车电控发动机理实一体化教室;

(4) 设备设施:迈腾 B8L 整车,配置 DKX 发动机;

(5) 耗材:干净抹布。

二、操作步骤

1. 读取传感器数据流

（1）点火开关 OFF，连接诊断仪；

（2）点火开关 ON，操作诊断仪，选择节气门开度数据流菜单项，踩踏油门踏板，读取诊断仪上的检测值，记录并与标准参数进行比对，若不符，则进一步检测传感器，确定故障点。

2. 检测信号电压

（1）点火开关 OFF，断开节气门位置传感器插接器，分别用背插针将 T6e/1、T6e/4 端子引出，并验证导通情况；

（2）恢复插接器连接，点火开关 ON，将万用表调至直流电压挡，分别检测 T6e/1、T6e/4 端子的对地电压，即为两组节气门位置传感器的信号电压，踩踏油门踏板，观察节气门位置传感器的信号变化情况并记录。

3. 检测工作电压

（1）点火开关 OFF，断开节气门位置传感器插头；

（2）点火开关 ON，将万用表调至直流电压（V）挡，测量插接器线束侧的 T6e/2 端子和搭铁之间的电压，如图 2-52 所示，正常值应为 5 V，否则进一步检测 T6e/2 端子与 ECM 对应端子之间的线束。

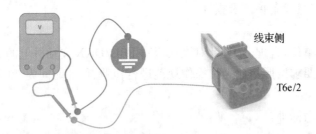

图 2-52　检测节气门位置传感器工作电压（大众迈腾 B8L DKX）

Fig.2-52　**Test the working voltage of TPS(VW Magotan B8L DKX)**

4. 检测搭铁回路

（1）点火开关 OFF，断开蓄电池负极桩头，脱开节气门位置传感器插接器；

（2）将万用表调至欧姆（Ω）挡，测量线束侧插接器 T6e/6 端子对地电阻，如图 2-53 所示。

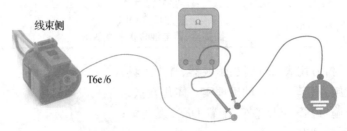

图 2-53　检测节气门位置传感器搭铁（大众迈腾 B8L DKX）

Fig.2-53　**Test the ground circuit of TPS(VW Magotan B8L DKX)**

5. 检测线束

（1）点火开关 OFF，脱开蓄电池负极桩头，静置 2 min 以上，分别断开节气门位置传感器以及 ECM 的 T105 插接器；

（2）万用表调至欧姆（Ω）挡，根据以下所列端子情况，检测对应线束的电阻，如图 2-54 所示，阻值应小于 1 Ω。检查结果如不符合，则修理或者更换线束。

检测内容	端子号	测量条件	参考标准值
传感器线束	T6e/1 - T105/55	点火开关 OFF 断开蓄电池负极接线柱 断开两端插接器	小于 1 Ω
	T6e/4 - T105/34		
	T6e/2 - T105/54		
	T6e/6 - T105/56		

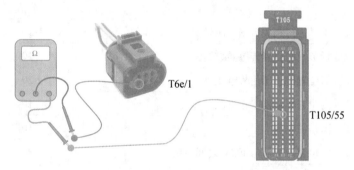

图 2-54　检测节气门位置传感器与 ECM 之间线束
Fig.2-54　Test the wire between the TPS and ECM

6. 检查复位

安装节气门位置传感器连接器，安装 ECM 插接器，安装蓄电池负极接线柱。使用解码器读取故障码，检查车辆故障是否消失。设备复位，工位清洁。

任务评价

一、知识巩固

1. 判断题

（1）厚膜电阻式节气门位置传感器其厚膜电阻阻值可以用万用表直接测得。　　（　　）

（2）节气门位置传感器可以是 3 线式的，也可以是 4 线式的。　　　　　　（　　）

（3）拆下传感器连接器及 ECM 连接器，用万用表电阻挡测量 T6e/6 与 T105/56 端子之间的电阻，应小于 1 Ω。　　　　　　　　　　　　　　　　　　　　　　（　　）

2. 单选题

（1）检查标准节气门开度百分比时，换挡杆应在（　　）位置。

A. P 挡　　　　　　B. N 挡　　　　　　C. D 挡　　　　　　D. R 挡

（2）在检测节气门位置传感器的操作步骤中描述错误的是（　　）。

A. 在拆卸空气滤清器盖之前要先排放发动机冷却液

B. 在安装新的节气门体之前要先对新的节气门体进行检查

C. 在拆卸节气门体后，不需要用遮挡物遮挡安装口

D. 车上系统复检主要是检查节气门位置传感器和进行动作测试

二、技能测评

表 2 - 8　节气门位置传感器检修技能评价表

Tab. 2 - 8　Skills assessment for TPS

序号	内容	分值	得分
1	能正确选用工具进行相关数据的测量	10	
2	能读取并分析节气门位置传感器数据流	10	
3	能检测节气门位置传感器信号电压	20	
4	能检测节气门位置传感器工作电压	10	
5	能检查传感器搭铁电路	10	
6	能检查节气门位置传感器与 ECM 之间电路	30	
7	检查复位	10	
总分		100	

任务5　加速踏板位置传感器诊断与维修

学习目标

- 能识别各发动机加速踏板位置传感器的安装位置；
- 掌握加速踏板位置传感器的结构；
- 理解加速踏板位置传感器的工作原理；
- 能准确分析加速踏板位置传感器的工作电路；
- 能熟练运用工具仪器对加速踏板位置传感器进行检测、分析与诊断；
- 树立正确的劳动观，注重质量意识，锤炼工匠精神。

故障案例

　　一辆大众迈腾 B8L 轿车，客户反映车辆在加速过程中无力，主要故障码显示："加速踏板位置传感器 2 - G185 信号太低""加速踏板位置传感器 C 电路不可靠信号"，如图 2 - 55 所示。请通过系统及元件的检测进一步明确故障点，并提出解决方案。

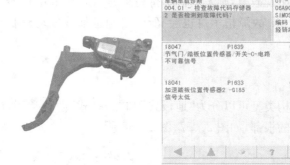

图 2 - 55　加速踏板位置传感器故障码

Fig.2 - 55　DTC of APS

知识链接

一、功用及失效影响

　　加速踏板位置传感器（APS：Accelerator Pedal Position Sensor）负责将加速踏板踩下的

量(角度)转换成电压信号,传送至发动机控制模块,如图 2‐56 所示。在发动机起动时,当驾驶员不踩油门或者轻踩时,节气门在预设程序的控制下开启到一个固定位置,发动机控制模块根据此信号进行起动控制。在发动机运行时,随时监测加速踏板的位置,当监测到加速踏板高度位置有变化,会瞬间将此信息传输给 ECM,ECM 对该信息和其他系统传来的数据信息进行运算处理,进行驾驶员期望的扭矩需求计算,计算出一个控制信号,进而控制伺服电机驱动节气门执行机构,执行怠速、加速、减速、中断喷射、临时转速、巡航控制等操作。

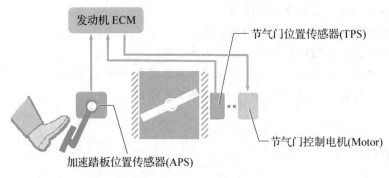

图 2‐56　加速踏板位置传感器功用
Fig.2‐56　Function of APS

　　为了确保工作的可靠性,传感器具有不同输出特性的两个输出信号。以大众车型为例,当一个传感器信号失真或中断,若处于怠速工况,则维持怠速工况;如果是负荷工况,则转速上升缓慢。若两个传感器同时出现故障,则发动机维持高怠速(1 500 rpm)运转。同时系统会有故障记忆,同时仪表上的 EPC 故障指示灯也会亮起,定速巡航或发动机制动辅助控制功能也将会失效。

二、安装位置及外观

　　汽车配备的加速踏板按结构类型可以分为"地板式"和"悬挂式"两种类型,加速踏板位置传感器通常安装在加速踏板的根部,如图 2‐57、图 2‐58 所示。

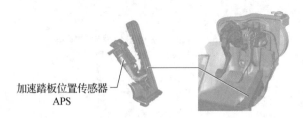

图 2‐57　加速踏板及其位置传感器安装位置(地板式)
Fig.2‐57　Position of APS(Floor mount)

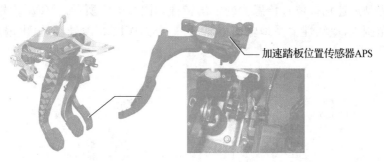

图 2-58　加速踏板及其位置传感器安装位置（悬挂式）
Fig.2-58　Position of APS（Firewall mount）

　　悬挂式加速踏板由于转轴位于支架顶端，下部结构相对要简单，因此，这也使得踩踏方式更轻巧，而且在设计上将踏板支架做成铁棍，可以节约成本。相对于地板式踏板而言，悬挂式油门踏板由于只能给前脚掌提供支点，因此，长时间驾驶驾驶员会更易感觉疲劳。

　　地板式踏板由于转轴位于踏板底部，因此，脚掌可以全部踩上去，而踏板本身也就是一个支点，小腿和脚踝能更轻松地控制踏板，相应地提升了脚下控制踏板的精度，减少了疲劳感。

三、结构及工作原理

　　加速踏板位置传感器的结构、工作原理、控制电路等与节气门位置传感器类似，目前广泛使用的加速踏板位置传感器主要有滑动变阻式、霍尔式和电涡流式三种类型，其中后两种因为工作可靠，目前被广泛使用。

1. 滑动变阻式加速踏板位置传感器

　　滑动变阻式加速踏板位置传感器，又称为电位计型，其结构与原理与可变电阻式节气门位置传感器基本相同，如图 2-59 所示。传感器以分压电路原理工作，ECM 供给传感器电路 5 V 电压，电子油门踏板通过转轴与传感器内部的滑动变阻器的电刷连接，加速踏板的位置改变时，电刷与接地端的电压发生改变，ECM 将该电压转变成加速踏板的位置信号。加速踏板位置传感器同时输出两组信号给 ECM，是一种冗余设计，保证输出信号的可靠性。

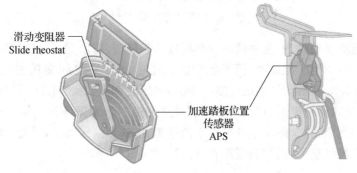

滑动变阻器
Slide rheostat

加速踏板位置
传感器
APS

图 2-59　加速踏板位置传感器结构（滑动变阻式）
Fig.2-59　Structure of APS（Sliding resistance type）

可变电阻型加速踏板位置传感器的输出特性如图2-60所示。VPA信号能在加速踏板踩下全程范围内,呈线性关系地输出电压;另一个为VPA2信号,能输出偏离VPA信号的偏置电压。

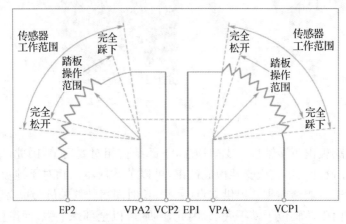

图2-60 加速踏板位置传感器工作原理(滑动变阻式)

Fig.2-60 Principle of APS(Sliding resistance type)

2. 霍尔式加速踏板位置传感器

霍尔式加速踏板位置传感器主要由两个霍尔元件与两个磁铁组成,如图2-61所示,属于非接触式传感器,结构上与霍尔式节气门位置传感器类似。

图2-61 加速踏板位置传感器结构(霍尔式)

Fig.2-61 Structure of APS(Hall type)

当加速踏板被踩动时,永久磁铁随着踏板轴一起旋转,霍尔元件与磁铁的角度发生了改变,依据霍尔效应,产生了根据加速踏板开度比例在0~5V之间变化的电压信号输入给ECM。当ECM监测到两信号电压的差值(或两电压之和)与标准不符,即判定该传感器有故障,立即启动失效保护模式,按"未踩踏板"来进行控制。为保证其信号的可靠性,两个电位器的控制电路完全独立,即采用各自独立的电源、搭铁和信号端子,因此,加速踏板位置传感器通常有6个接线端子,其控制电路和输出特性如图2-62所示。

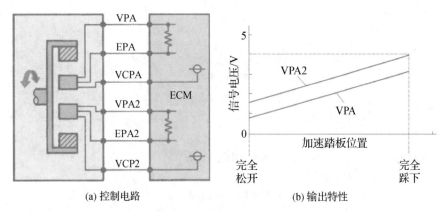

(a) 控制电路　　　　　　　　(b) 输出特性

图 2 - 62　加速踏板位置传感器控制电路及信号输出特性（霍尔式）
Fig. 2 - 62　Output characteristics of APS（Hall type）

3. 电涡流式加速踏板位置传感器

大众汽车的部分车型采用了一种电涡流式加速踏板位置传感器，结构如图 2 - 63 所示。该传感器内部基于冗余设计的理念配置了 G79 和 G185 两套浮动型位置传感器，主体结构主要由加速踏板、机械部件、薄金属盘、PCB 印制电路板等组成，作为感应式传感器以非接触方式工作，这种浮动传感器无摩擦，寿命长，整体式结构不需要进行强制低速挡基本设定。

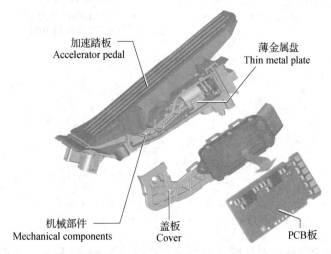

图 2 - 63　加速踏板位置传感器结构（电涡流式）
Fig. 2 - 63　Structure of APS（Eddy-current type）

PCB 印制电路板上有一个励磁线圈、接收线圈和信号处理电路。励磁线圈产生磁场，当加速踏板被踩下时，金属薄片被带着在励磁线圈产生的磁场中做直线运动，所造成的磁场变化在接收线圈中感应出电压，感应电压经过信号处理器整流处理，以直流电压的形式传输给 ECM，金属片在不同位置时接收线圈内产生的感应电压不同，所以最终整流输出的电压也不同，如图 2 - 64 所示。

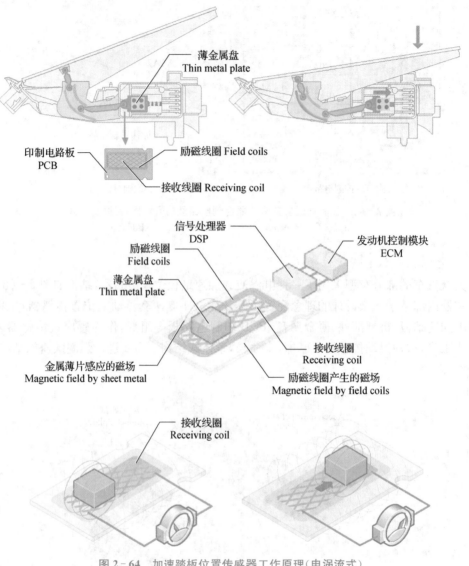

图 2‐64 加速踏板位置传感器工作原理（电涡流式）

Fig.2‐64 Principle of APS（Eddy-current type）

大众车系的加速踏板位置传感器信号输出特性如图 2‐65 所示。当更换加速踏板总成或者位置传感器时，部分车型需要进行强制降挡自适应。以大众车型为例，将诊断工具 VAS5052 连接到诊断座上，起动发动机，进入发动机电控系统，选择功能"基本设置"。显示区 1 显示加速踏板位置传感器 1（G79）的开度百分比，规定值为 79%～94%；显示区 2 显示加速踏板位置传感器 2（G185）的开度百分比，规定值为 79%～94%；显示区 3 显示加速踏板位置，应显示"Kick down"；显示区 4 显示自适应状态，可能显示"ADPi.o.""ERROR" "ADP fault"等。自适应完成应显示"ADPi.o."，表示要求"操纵强制降挡功能"，立即踩下加速踏板，一直踩过强制降挡作用点，并保持该状态至少 2 s。

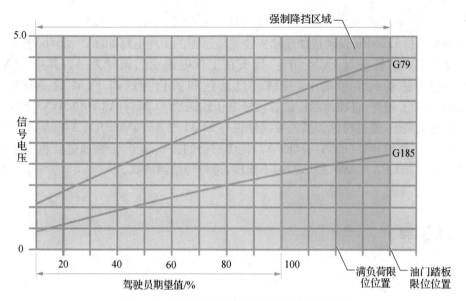

图 2-65　加速踏板位置传感器信号输出特性
Fig.2-65　Output characteristics of APS

四、工作电路

1. 大众迈腾 B8L/CUGA 发动机加速踏板位置传感器工作电路

大众迈腾 B8L/CUGA 发动机配置的加速踏板位置传感器 GX2 通过一个 6 芯插头 T6bf 与 ECM 相连,其工作电路如图 2-66(a)所示。加速踏板位置传感器 GX2 是由传感器 1(G79)、传感器 2(G185)组成。T6bf/4、T6bf/6 分别是 G79 和 G185 的信号端子,传感器将 信号输送给发动机控制模块 J623 的 T91/52 和 T91/69 端子;T6bf/2、T6bf/1 分别是 G79 和 G185 的工作电压端子,由 ECM 对应端子提供 5 V 工作电压;T6bf/3、T6bf/5 分别是 G79 和 G185 的搭铁端子,通过 ECM 进行搭铁。

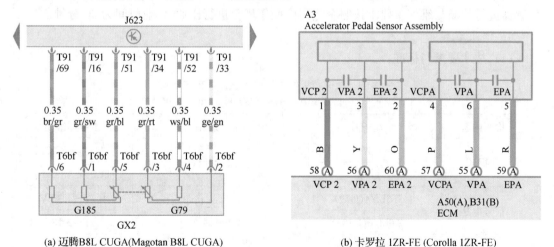

(a) 迈腾B8L CUGA(Magotan B8L CUGA)　　　　(b) 卡罗拉 1ZR-FE (Corolla 1ZR-FE)

图 2-66　加速踏板位置传感器工作电路
Fig.2-66　Circuit of APS

2. 丰田卡罗拉1ZR-FE发动机加速踏板位置传感器的工作电路

丰田卡罗拉1ZR-FE发动机加速踏板位置传感器的工作电路如图2-66(b)所示。该传感器通过一个6芯插头与ECM相连,插头在工作电路中的编号为A3,其中6(VPA)、3(VPA2)是传感器的信号端子,分别通过蓝色和黄色导线与ECM的A55(VPA)、A56(VPA2)端子相连,将加速踏板位置信号电压输送给ECM;4(VCPA)、1(VCP2)是传感器的工作电压端子,通过粉色和黑色导线分别与ECM的A57(VCPA)、A58(VCP2)端子相连,提供5 V工作电压;5(EPA)、2(EPA2)是传感器的搭铁端子,分别通过红色和橙色导线与ECM的A59(EPA)、A60(EPA2)端子连接,进行传感器搭铁。

 **任务实施**

一、实施方案

1. 质量要求

参照厂家的质量标准要求(车辆维修手册)。

2. 注意事项

◎ 遵守实训室规章制度,未经许可,不得擅自移动和拆卸仪器与设备;

◎ 注意安全和设备完好性;

◎ 在教师允许和监控下,起动发动机,需保证设备周围的人员安全,防止意外发生;

◎ 未关闭点火开关或者断开蓄电池负极时,严禁拔下各元件接口,以免损坏元件及模块;

◎ 避免元件、工具设备掉落及损坏。

3. 组织方式

以工作小组为单位,合理分工,针对大众迈腾B8L/CUGA发动机配置的加速踏板位置传感器进行诊断与维修。要求按照企业岗位操作规范进行作业,作业时间为20分钟。

4. 作业准备

(1)技术要求与标准:

表2-9 加速踏板位置传感器技术要求与标准
Tab. 2-9 Technical requirements and standards of APS

检测内容	端子号	测量条件	参考标准值
数据流	G79	连接诊断仪	14.5%~85.9%
	G185		14.5%~85.9%
信号电压	T6bf/4(G79)	点火开关ON 插接器连接	0.77~4.33 V
	T6bf/6(G185)		0.41~2.18 V
工作电压	T6bf/2(G79)	点火开关ON	5 V
	T6bf/1(G185)		

检测内容	端子号	测量条件	参考标准值
搭铁	T6bf/3(G79)	点火开关 OFF 蓄电池负极桩头脱开	小于 1 Ω
	T6bf/5(G185)		

（2）设备器材：万用表、诊断仪、示波器、常用工具；

（3）场地设施：汽车电控发动机理实一体化教室；

（4）设备设施：迈腾 B8L 整车，配备 CUGA 发动机；

（5）耗材：干净抹布，泡沫清洗剂等。

二、操作步骤

1. 读取数据流

（1）点火开关 OFF，连接解码器，点火开关 ON，操作解码器至数据流读取界面；

（2）踩加速踏板，观察对应数据流变化情况；

（3）读取解码器上的数据流，记录并与技术标准进行比对，若不符则进一步检测参数。

2. 检测信号

（1）断开加速踏板位置传感器插接器，分别用背插针将 T6bf/4、T6bf/6 端子引出，并验证导通情况，恢复连接器连接；

（2）点火开关 ON，将万用表调至直流电压（V）挡，分别检测 T6bf/4、T6bf/6 端子的对地电压，即为信号电压，并踩加速踏板，观察信号变化情况。

3. 检测工作电压

（1）点火开关 OFF，断开加速踏板位置传感器插接器；

（2）点火开关 ON，万用表调至直流电压（V）挡，分别测量传感器插接器线束侧的 T6bf/1、T6bf/2 端子和搭铁之间的电压，如图 2-67 所示，应为 5 V，否则进一步检测传感器 T6bf/1、T6bf/2 端子与对应 ECM 端子之间的线束。

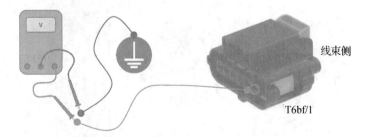

图 2-67　检测加速踏板位置传感器工作电压（大众迈腾 B8L CUGA）

Fig.2-67　Test the working voltage of APS(VW Magotan B8L CUGA)

4. 检测搭铁回路

（1）点火开关 OFF，断开加速踏板位置传感器插接器；

（2）将万用表调至欧姆（Ω）挡，分别测量传感器插接器线束侧 T6bf/3、T6bf/5 端子对地电阻，如图 2-68 所示，应小于 1 Ω，否则进一步检测相应端子之间的线束。

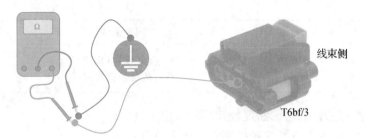

图2‑68　检测加速踏板位置传感器搭铁回路（大众迈腾 B8L CUGA）
Fig.2‑68　Test the ground circuit of APS(VW Magotan B8L CUGA)

5. 检测线束

（1）点火开关 OFF,断开蓄电池负极,车辆静置 2 min 以上,断开加速踏板位置传感器以及 ECM 的 T91 插接器;

（2）万用表调至欧姆(Ω)挡,检测以下端子之间的电阻,如图 2‑69 所示,记录并与标准数据进行比对。

检测内容	端子号	测量条件	参考标准值
加速踏板位置传感器与 ECM 之间线束	T91/69 ‑ T6bf/6	点火开关 OFF 蓄电池负极桩头脱开 传感器及 ECM 插接器脱开	小于 1 Ω
	T91/16 ‑ T6bf/1		
	T91/51 ‑ T6bf/5		
	T91/34 ‑ T6bf/3		
	T91/52 ‑ T6bf/4		
	T91/33 ‑ T6bf/2		

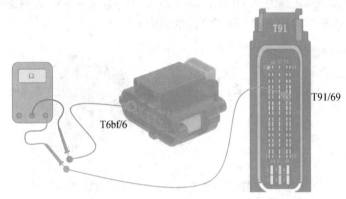

图2‑69　检测节加速踏板位置传感器与 ECM 之间线束
Fig.2‑69　Test the wire between the APS and ECM

6. 检查复位

安装油门踏板位置传感器连接器,安装 ECM 插接器,安装蓄电池负极接线柱。使用解码器读取故障码,检查车辆故障是否消失。设备复位,工位清洁。

任务评价

一、知识巩固

1. 判断题

(1) G185 传感器,在踩下加速踏板条件下,踏板位置规定状态为 0.5～1.1 V。　　(　　)

(2) 传感器电压值测量时,将点火开关置于 ON 挡,测量线束侧插头 2♯、3♯端子与搭铁之间电压值为 0 V。　　(　　)

2. 单选题

(1) 在车上检查加速踏板位置时,需要使用(　　)。

A. 油压表　　　　B. 电流表　　　　C. 压力表　　　　D. 解码器

(2) G185 加速踏板位置传感器的信号电压,在松开加速踏板时为(　　)。

A. 0.5～1.1 V　　　　　　　　　B. 1.2～1.8 V

C. 1.9～2.5 V　　　　　　　　　D. 2.6～3.4 V

(3) G79 加速踏板位置传感器的信号电压,在松开加速踏板时为(　　)。

A. 0.1～0.4 V　　　　　　　　　B. 0.5～0.8 V

C. 0.9～1.1 V　　　　　　　　　D. 1.2～2.0 V

二、技能测评

表 2-10　加速踏板位置传感器检修技能评价表
Tab. 2-10　Skills assessment for APS

序号	内容	分值	得分
1	能正确选用工具进行相关数据的测量	10	
2	能检测加速踏板位置传感器数据流	20	
3	能检测加速踏板位置传感器信号电压	20	
4	能检测加速踏板位置传感器工作电压	20	
5	能检查加速踏板位置传感器与 ECM 之间线束	20	
6	检查复位	10	
总分		100	

任务6　冷却液温度传感器诊断与维修

学习目标

- 能识别各发动机冷却液温度传感器的安装位置；
- 掌握冷却液温度传感器的结构；
- 理解冷却液温度传感器的工作原理；
- 能准确分析冷却液温度传感器的工作电路；
- 能熟练运用工具仪器对冷却液温度传感器进行检测、分析与诊断；
- 树立正确的劳动观，注重质量意识，锤炼工匠精神。

故障案例

一辆大众迈腾 B8L 轿车，故障现象：发动机怠速偏高，冷却风扇常转，油耗增大。读取的故障码显示："发动机冷却液温度传感器 1 - 信号过大"，如图 2 - 70 所示。请通过检测进一步明确故障点，并提出解决方案。

图 2 - 70　冷却液温度传感器故障码
Fig.2 - 70　DTC of ECTS

一、功用及失效影响

冷却液温度传感器（ECTS：Engine Coolant Temperature Sensor）是将发动机冷却液温度信号转化成电信号，输送给 ECM 控制的重要参考信号。以大众迈腾 B8L/CUGA 发动机为例，其配置了冷却液温度传感器 G62 和散热器出水口处的冷却液温度传感器 G83。G62

的主要作用是将冷却液温度信号传递送给 ECM,ECM 根据该信号对基本喷油量、点火提前角、发动机怠速、尾气排放等控制进行修正。散热器出水口处的冷却液温度传感器 G83 的作用是与 G62 的信号进行比对,控制冷却风扇的转速。

若冷却液温度传感器 G62 信号中断,发动机将以 G83 的信号来代替。如果散热器出口处的冷却液温度传感器 G83 的信号中断,那么散热器风扇将持续维持高速挡运转。冷却液温度的特征值存储于发动机控制模块中,实际的冷却液温度值通过循环系统中两个不同的点识别,并且传输给发动机控制模块一个电压信号。

二、安装位置及外观

为准确测量冷却液温度,冷却液温度传感器需与冷却液直接接触,其通常安装在发动机冷却循环的回路中,为便于安装及检修,常见于发动机汽缸盖以及散热器的连接管路上。以大众迈腾 B8L/CUGA 发动机为例,其配置有两个冷却液温度传感器 G62 和 G83,如图 2-71所示。冷却液温度传感器 G62 通过螺栓安装在发动机汽缸盖的后端,采用一个 2 芯插头连接线束。该传感器安装在气缸盖中最热的位置,它可准确地记录温度变化。冷却液温度传感器 G83 安装于散热器出水口的连接塑料管路上,同样也是采用一个 2 芯插头与线束连接。

G62

G83

图 2-71　冷却液温度传感器安装位置(G62/G83)
Fig.2-71　Position of ECTS(G62/G83)

三、结构及工作原理

冷却液温度传感器主要由热敏元件、壳体、连接器等组成,如图 2-72 所示。其中热敏元件为负温度系数的热敏电阻(NTC)。冷却液温度越高,电阻值越小;冷却液温度越低,电阻值越大。冷却液温度变化时,ECM 通过信号端子测得的分压值随之变化,ECM 根据分压值来判断冷却液温度,ECM 收到该温度信号后对喷油时间和点火时间进行修正。

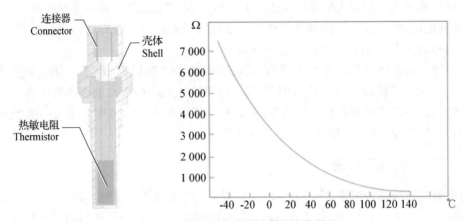

图 2－72　冷却液温度传感器结构及原理

Fig.2－72　Structure and principle of ECTS

四、工作电路

1. 大众迈腾 B8L/CUGA 发动机冷却液温度传感器 G62 与 G83 工作电路

冷却液温度传感器 G62 的工作电路如图 2－73 所示。传感器通过一个两芯插头 T2ao 与 ECM 连接，T2ao/1 为搭铁端子，通过 ECM 形成搭铁回路，T2ao/2 为信号端子。传感器内部的热敏电阻与 ECM 内部的上拉电阻 R 形成一个串联电路，ECM 给该串联电路施加一个 5 V 的总电压，ECM 通过测得的热敏电阻两端的分压值来确定冷却液温度传感器的信号电压。

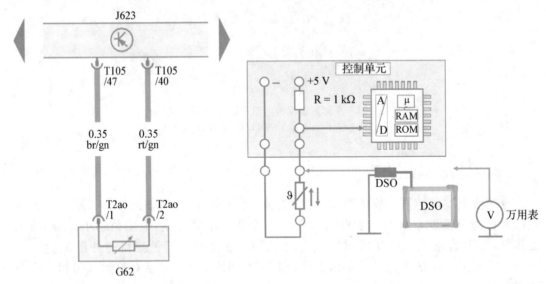

图 2－73　冷却液温度传感器 G62 工作电路（大众迈腾 B8L CUGA）

Fig.2－73　Circuit of ECTS-G62（Magotan B8L CUGA）

散热器出口处冷却液温度传感器 G83 的工作电路与 G62 类似，如图 2－74 所示。传感器通过一个两芯插头 T2ma 与 ECM 连接。T2ma/1 为信号端子，与 ECM（J623）的 T91/49 端子通过黑色导线连接。T2ma/2 为搭铁端子，与 ECM（J623）的 T91/29 端子连接形成搭铁回路。传感器内部的热敏电阻与 ECM 内部的上拉电阻形成一个串联电路,ECM 给该串联电路施加一个 5 V 的总电压,ECM 通过测得的热敏电阻两端的分压值来确定冷却液温度传感器的信号电压。

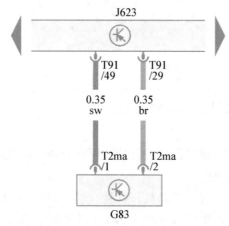

图 2 - 74　散热器出口处冷却液温度传感器 G83 工作电路(大众迈腾 B8L CUGA)
Fig.2 - 74　Circuit of ECTS-G83(VW Magotan B8L CUGA)

2. 丰田卡罗拉双擎 8ZR-FXE 发动机冷却液温度传感器工作电路

8ZR-FXE 发动机冷却液温度传感器工作电路如图 2 - 75 所示。传感器通过一个两芯插头与 ECM 连接,插头编号为 C46,1♯为搭铁端子,通过棕色导线与 ECM 的 119(ETHW)端子连接形成搭铁回路,2♯为信号端子,通过粉色导线与 ECM 的 120(THW)端子连接,输送冷却液温度信号至 ECM。

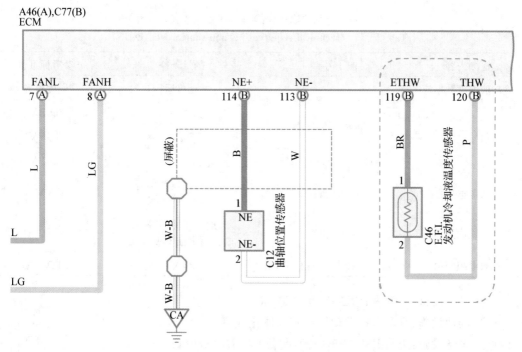

图 2 - 75　冷却液温度传感器工作电路(丰田 8ZR-FXE)
Fig.2 - 75　Circuit of ECTS(Toyota 8ZR-FXE)

**任务实施**

一、实施方案

1. 质量要求

参照厂家的质量标准要求。（车辆维修手册）

2. 注意事项

○ 遵守实训室规章制度，未经许可，不得擅自移动和拆卸仪器与设备；

○ 注意安全和设备完好性；

○ 在教师允许和监控下，起动发动机，需保证设备周围的人员安全，防止意外发生；

○ 未关闭点火开关或者断开蓄电池负极时，严禁拔下各元件接口，以免损坏元件及模块；

○ 避免元件、工具设备掉落及损坏。

3. 组织方式

以工作小组为单位，合理分工，针对迈腾 B8L/CUGA 发动机上配置的冷却液温度传感器进行诊断与维修。要求按照企业岗位操作规范进行作业，作业时间为 20 分钟。

4. 作业准备

（1）技术要求与标准：

表 2–11　冷却液温度传感器 G62 技术要求与标准

Tab. 2–11　Technical requirements and standards of ECTS

检测内容	端子号	测量条件	参考标准值
冷却液温度数据流	——	发动机运行	温度值℃
信号电压	T2ao/2(G62)	100 ℃	0.97 V
		20 ℃	3.65 V
	T2ma/1(G83)	20 ℃	3.65 V
参考电压	T2ao/2－搭铁	断开传感器插接器 点火开关 ON	5 V
搭铁回路	T2ao/1－搭铁	点火开关 OFF 断开蓄电池负极桩头	小于 1 Ω
热敏电阻阻值	T2ao/1－T2ao/2(元件端)	20 ℃	2 kΩ 左右

（2）设备器材：万用表、诊断仪、示波器、常用工具；

（3）场地设施：汽车电控发动机理实一体化教室；

（4）设备设施：迈腾 B8L 轿车一辆，配备 CUGA 发动机；

（5）耗材：干净抹布。

二、操作步骤

1. 读取数据流

（1）关闭点火开关，连解码器；

（2）起动发动机，选操作解码器至数据流读取界面，选择冷却液温度数据流；

（3）使发动机处于不同温度条件，读取并分析解码器上的数据流。

2. 检测信号电压

（1）点火开关 OFF，断开冷却液温度传感器插接器，用背插针将 T2ao/2 端子引出，并验证导通情况，恢复插接器连接；

（2）点火开关 ON，将万用表调至直流电压（V）挡，检测背插针引出的 T2ao/2 端子的对地电压，即为信号电压，同时可以起动发动机，观察发动机预热过程中冷却液温度信号电压变化情况。

3. 检测参考电压

（1）点火开关 OFF，断开冷却液温度传感器插接器；

（2）点火开关 ON，将万用表调至直流电压（V）挡，测量插接器线束侧 T2ao/2 端子的对地电压，如图 2-76 所示，测量值应为 5 V，否则进一步检测 T2ao/2 端子与 ECM 之间的线束。

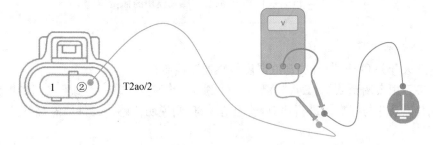

图 2-76　检测冷却液温度传感器工作电压（大众迈腾 B8L CUGA）
Fig.2-76　Test the working voltage of ECTS(VW Magotan B8L CUGA)

4. 检测搭铁回路

（1）点火开关 OFF，脱开蓄电池负极桩头，断开冷却液温度传感器插接器；

（2）将万用表调至欧姆（Ω）挡，测量传感器插接器线束侧的 T2ao/1 端子和搭铁之间的电阻，如图 2-77 所示。测量值应小于 1 Ω，否则进一步检测对应线束。

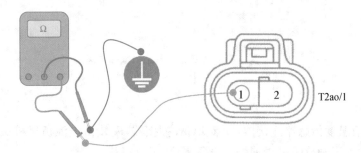

图 2-77　检测冷却液温度传感器搭铁回路（大众迈腾 B8L CUGA）
Fig.2-77　Test the ground loop of ECTS(VW Magotan B8L CUGA)

5. 检测线束

（1）点火开关 OFF，脱开蓄电池负极桩头，静置 2 min 以上，断开冷却液温度传感器 G62 插头与 ECM 的 T105 插接器；

（2）将万用表调至欧姆（Ω）挡，传感器线束侧端子与 ECM 对应端子之间的电阻，如图 2-78 所示，阻值应小于 1 Ω。检查结果如不符合，则修理或者更换线束。

图 2-78 检测 G62 传感器与 ECM 之间线束

Fig.2-78 Detect the harness between G62 and ECM

检测内容	端子号	测量条件	参考标准值
传感器线束	T2ao/1－T105/47	点火开关 OFF 断开蓄电池负极桩头 断开传感及模块的插接器	小于 1 Ω
	T2ao/2－T105/40		

6. 检测热敏电阻

（1）点火开关 OFF，断开冷却液温度传感器连接器；

（2）将万用表调至欧姆（Ω）挡，测量元件侧 T2ao/1 与 T2ao/2 端子之间的电阻，如图 2-79所示，记录并与标准值进行比对，若阻值不符，则说明传感器元件故障，需更换。

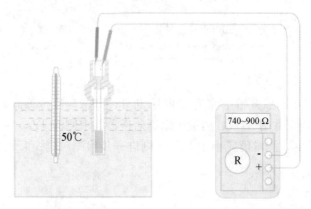

图 2-79 冷却液温度传感器热敏电阻测量

Fig.2-79 Test the thermistor of ECTS

7. 检查复位

安装冷却液温度传感器连接器，安装 ECM 插接器，安装蓄电池负极桩头。使用解码器读取故障码，检查车辆故障是否消失。设备复位、工位清洁。

任务评价

一、知识巩固

1. 判断题

（1）发动机冷却液温度传感器一般采用正温度电阻系数特性。　　　　　（　　）

（2）在发动机暖机后，若检测到发动机冷却液温度为－40 ℃，则说明冷却液温度传感器电路存在短路故障。　　　　　（　　）

2. 单选题

（1）负温度系数的热敏电阻其阻值随温度的升高发生以下哪种变化？（　　）

A. 升高　　　　　　B. 降低　　　　　　C. 不受影响　　　　D. 先高后低

（2）发动机暖机后，冷却液正常的温度范围是（　　）。

A. 20 ℃～40 ℃　　　　　　　　　　B. 40 ℃～60 ℃

C. 60 ℃～80 ℃　　　　　　　　　　D. 80 ℃～100 ℃

（3）发动机暖机后，若检测到发动机冷却液温度为 140 ℃以上，则说明冷却液温度传感器存在哪种故障？（　　）

A. 电源电压不足　　　　　　　　　　B. 短路故障

C. 断路故障　　　　　　　　　　　　D. 无故障

二、技能测评

表 2－12　冷却液温度传感器检修技能评价表
Tab. 2－12　Skills assessment for ECTS

序号	内容	分值	得分
1	能正确选用工具进行相关数据的测量	10	
2	能查询维修手册及电路	10	
3	能检测冷却液温度传感器数据流	10	
4	能检测冷却液温度传感器信号电压	10	
5	能检测冷却液温度传感器工作电压	10	
6	能检查传感器搭铁电路	10	
7	能检查冷却液温度传感器与 ECM 之间电路	20	
8	能检查冷却液温度传感器热敏电阻阻值	10	
9	检查复位	10	
总分		100	

任务 7　氧传感器诊断与维修

学习目标

- 能识别各车型配置的氧传感器的安装位置；
- 掌握氧传感器的结构；
- 理解氧传感器的工作原理；
- 能准确分析氧传感器的工作电路；
- 能熟练运用工具仪器对氧传感器进行检测、分析与诊断；
- 树立正确的劳动观，注重质量意识，锤炼工匠精神。

故障案例

一辆大众迈腾 B8L 轿车，故障现象：加速无力，仪表板上发动机故障灯报警。主要故障码显示如图 2 - 80 所示，请通过检测进一步明确故障点，并提出解决方案。

图 2 - 80　氧传感器故障码
Fig.2 - 80　DTC of O_2S

知识链接

一、功用及失效影响

自 1976 年德国的博世(Bosch)公司和日本的丰田公司率先将氧传感器(O_2S：Oxygen

Sensor)应用到汽车上,并将其产品系列化以来,氧传感器已广泛应用于汽车空燃比的控制及尾气净化上。在使用三元催化转换器以减少排气污染的发动机上,由于混合气的空燃比一旦偏离理论空燃比,三元催化剂对 CO、HC 和 NO_x 的净化能力将急剧下降,故在排气管中安装氧传感器,用以检测排气中氧的浓度,并向 ECM 发出反馈信号,再由 ECM 控制喷油器喷油量的增减,从而将混合气的空燃比控制在理论值附近。发动机上通常配置有前、后氧传感器,且功能侧重点不同,如图 2-81 所示。

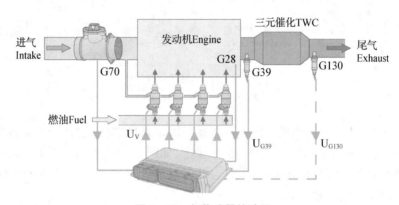

图 2-81 氧传感器的功用
Fig.2-81 Function of O_2S

1. 前氧传感器

负责检测混合气燃烧后产生的废气中的氧含量,将氧含量的信号反馈给 ECM,从而进行喷油量的闭环控制,可燃混合气的浓度偏稀时增加喷油量,偏浓时减少喷油量,使可燃混合气浓度接近理论值(空燃比 14.7∶1)。当前氧传感器发生故障时,发动机无法获取排气中氧浓度的正确信息,因而不能对混合气浓度进行闭环控制,发动机将报警,并进入故障模式,油耗和排放增加,同时出现发动机怠速不稳、缺火、喘振等故障现象。

2. 后氧传感器

负责监控三元催化器的工作情况,检测净化后废气中的氧含量,将信号反馈给 ECM。ECM 将前、后氧传感器的数据进行比对,如果数据一样,则可以判断三元催化器失效,若后氧传感器故障,则无法判断三元催化的催化效果,可能会导致尾气超标,油耗增加,长时间三元催化器会损坏。

二、安装位置及外观

安装于三元催化转换器前的氧传感器称为前氧传感器,又称为 A/F(空燃比)传感器,安装于三元催化转换器后的氧传感器称为后氧传感器。前氧传感器通常安装在发动机排气歧管和三元催化器之间的排气总管上,后氧传感器安装在三元催化转化器之后的排气总管上,如图 2-82 所示。

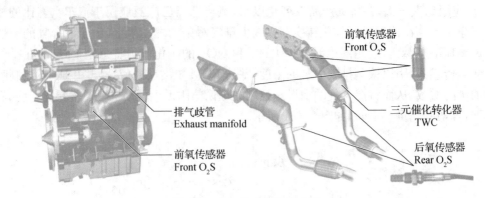

图 2－82　氧传感器安装位置
Fig.2－82　Position of O₂S

标注：前氧传感器 Front O₂S、排气歧管 Exhaust manifold、前氧传感器 Front O₂S、三元催化转化器 TWC、后氧传感器 Rear O₂S

大众 EA888/CUGA 发动机的前氧传感器与涡轮增压器集成安装，该氧传感器直接通过螺栓固定到气缸盖上涡轮增压器的连接凸缘上，如图 2－83 所示。因为安装得靠近发动机，氧传感器记录每个气缸的排气情况，这会让露点显著提前，从而更早地开始氧传感器调节，在发动机起动后约 6 秒开始调节。

前氧传感器GX10

图 2－83　氧传感器安装位置（大众迈腾 B8L CUGA 发动机）
Fig.2－83　Position of O₂S（VW Magotan B8L CUGA）

三、结构及工作原理

氧传感器根据材料可以分为氧化钛式和氧化锆式两种；按照氧传感器接线端子的数量可以分为 2 线、3 线、4 线、5 线、6 线等；按照氧传感器信号特性可以分为：窄域（跃变式/平面型）、宽频式（宽域），宽频氧传感器一般作为前氧传感器安装，平面型氧传感器一般作为后氧传感器安装。

1. 平面氧传感器（Planar Oxygen Sensor）

（1）二氧化锆式氧传感器（Z_rO_2 Oxygen Sensor）

二氧化锆式氧传感器主要由外电极保护层、多孔铂极、氧化锆、传感元件、加热原件、线束插头等组成，如图 2－84 所示。目前广泛应用的氧传感器均是加热型的，其中加热元件采用热敏电阻，其上绕有钨丝并引出两个电极直接与汽车电源（12～14 V）相通，用于对锆管进行加热，使氧化锆式氧传感器迅速到达正常工作温度。

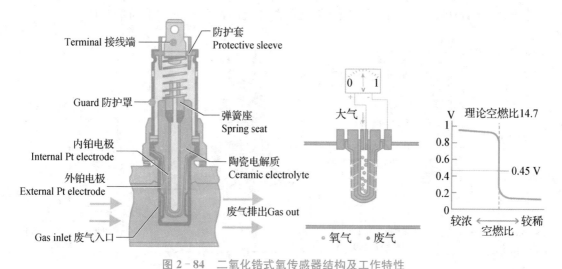

图 2-84　二氧化锆式氧传感器结构及工作特性

Fig.2-84　Structure and signal characteristics of Z_rO_2 oxygen sensor

二氧化锆为一种固体电解质,在高温下,氧离子在其内部能够扩散和渗透。当锆管的内外侧表面分别接触到不同密度的氧时,在高温及铂的催化下,废气中带负电的氧离子吸附在氧化锆套管的内外表面上,由于大气中的氧气比废气中的氧气多,套管上与大气相通一侧比废气一侧吸附更多的负离子,两侧离子的浓度差产生电动势,使铂电极产生电压信号,此电压信号在输入回路的比较器中与基准电压对比,以 0.45 V 以上为 1,以 0.45 V 以下为 0,输入 ECM,ECM 把高电压信号视作浓混合气,把低电压信号视作稀混合气。根据氧传感器的电压信号,ECM 按照尽可能接近 14.7∶1 的最佳空燃比来稀释或加浓混合气。当废气中氧含量增加时,锆管内外表面之间的电压差减小,氧传感器输出低电压信号(小于 0.45 V),反馈给 ECM 的是稀混合气信号,ECM 将增加喷油脉宽。要准确地保持混合气浓度为理论空燃比是不可能的,实际上的反馈控制只能使混合气在理论空燃比附近一个狭小的范围内波动,故氧传感器的输出电压在 0.1~0.9 V 之间不断变化,通常每 10 s 内变化 8 次以上。如果氧传感器输出电压变化过缓或电压保持不变,则表明氧传感器有故障,需进行检修。

(2) 氧化钛式氧传感器(TiO₂ Oxygen Sensor)

加热型氧化钛式氧传感器主要由二氧化钛元件、加热元件、通气孔、陶瓷管、连接器等组成,如图 2-85 所示,其中加热元件采用热敏电阻,其上绕有钨丝并引出两个电极直接与汽车电源(12~14 V)相遇,用于对二氧化钛进行加热,使氧化钛式氧传感器迅速到达工作温度而投入工作。二氧化钛在室温下是具有很高电阻的半导体。当氧分子脱离时,会造成氧化钛结晶格子的空隙,而使结晶格子造成缺陷,产生电流。当氧的空隙越多,就会有更多的电子可用来传递电流,材料的阻抗亦随之降低。二氧化锆式氧传感器是以浓差电池原理为基础,通过浓度差异产生电压,判断混合气的稀与浓;二氧化钛式氧传感器则是利用气敏电阻的原理,通过氧气浓度引起的二氧化钛电阻值的改变来判定混合气状态,故又称电阻型氧传感器。二氧化钛氧传感器不需要参考空气,可免除因高温而可能造成氧气在参考空气和排气之间发生泄漏。氧气感测组件和电热调节器电极密封于二氧化钛陶瓷里面,可保护陶瓷和金属间的界面,避免受到排气的磨耗和腐蚀。二氧化钛陶瓷和电极间的热膨胀系数密切匹配,使界面的热应力降至最低。陶瓷绝缘材料固定二氧化钛组件,且导电性低。贵金属渗在多孔质的陶瓷里,比用贵金属涂敷在密实的陶瓷组件表面上,更具有抗磨耗性。

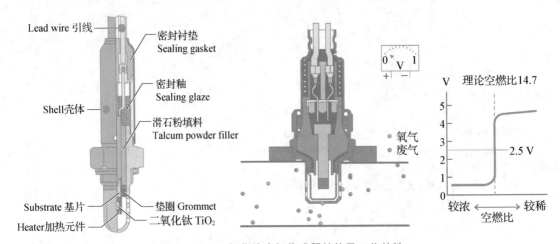

图 2-85　二氧化钛式氧传感器结构及工作特性
Fig.2-85　Structure and signal characteristics of TiO$_2$ oxygen sensor

2. 宽频氧传感器(Wide-band Oxygen Sensor)

平面氧传感器工作时,混合气在接近理论空燃比时,输出电压为 0.45 V,尾气稍微偏浓时,输出电压突变为 0.6 V~0.9 V;反之,尾气变稀后,输出电压突变为 0.3 V~0.1 V,如果尾气进一步增浓,氧传感器将维持 0.9 V 的输出电压,另外如果尾气进一步变稀,氧传感器将维持0.1 V的输出电压。如今的汽车从经济性角度出发,都趋向于稀薄燃烧,空燃比可实现 10~20 的范围,相当于过量空气系数为 0.686 至 1.405,原有的平面氧传感器无法适应,其只能定性地判断混合气的浓稀,而无法量化混合气的浓稀,于是就产生了宽频氧传感器。宽频氧传感器可以在很宽的空燃比范围内(λ=0.65~2.4)提供准确的空燃比值,从而提高汽车发动机电控单元的控制精度,最大限度发挥三元催化器的作用,降低废气中的有害成分。

(1) 宽频氧传感器(Bosch LSU4.2)

宽频氧传感器是以普通加热、开关型二氧化锆氧传感器为基础扩展而成,其结构如图2-86所示,主要由扩散室、参考室、泵电池、氧浓差电池以及加热部件组成。

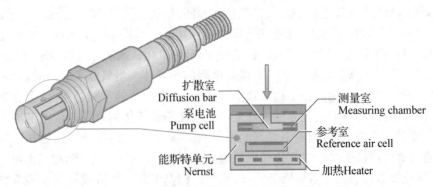

图 2-86　宽频氧传感器基本结构(博世 LSU 4.2 型)
Fig.2-86　Structure of wide-band oxygen sensor(Bosch LSU 4.2)

废气通过扩散孔进入扩散室(称"取样废气"),如图 2-87 所示,若扩散室中取样废气的氧浓度和参考室中空气的氧浓度不同,氧浓差电池的两电极(电极 C、D)间会产生氧浓度差电池电压(即 Nernst 电压)。氧化锆型氧传感器有一特性,即当氧离子移动时会产生电动势,反之,若将电动势加在氧化锆组件上,会造成氧离子的移动。根据此原理,通过宽频氧传感器的控制器(内置于 ECM 中)改变泵电压的大小和方向可改变宽带氧传感中氧离子的扩散方向和速率(泵入或泵出扩散室),使氧浓度差电池输出电压维持在 0.45 V。当 λ 等于 1 时,$I_p = 0$,也就是理论混合比;当 λ 大于 1 时,也就是稀混合比时,I_p 渐渐升高;当 λ 小于 1 时,也就是浓混合比时,I_p 转为负值。通过控制 I_p 大小,ECM 即可得到连续的含氧感应值。

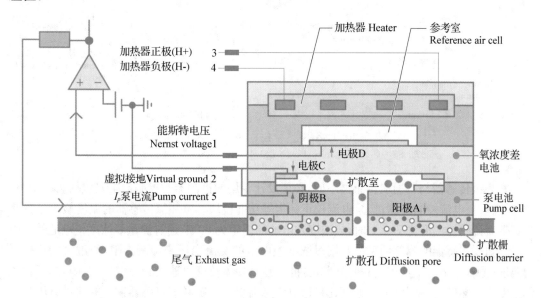

图 2-87 宽频氧传感器工作原理(博世 LSU4.2 型)

Fig.2-87 **Principle of wide-band oxygen sensor(Bosch LSU4.2)**

(2) 宽频氧传感器(Bosch LSU4.9)

LSU4.2 系列氧传感器的参考室用来提供一个固定的空燃比,废气通过扩散孔进入监测室,泵单元会从监测室中泵入或泵出氧,以维持参考室与监测室之间的氧浓度差在同一水平(电动势为 0.45 V)。泵氧所消耗的泵电流大小就代表了空燃比信号,泵电流越大,废气中的氧含量越高,反之亦然。可见,参考空气的品质直接影响了氧传感器的测量精度。这种构造的氧传感器在实验室里表现良好,但在实际的汽车应用中效果并不理想,因为氧传感器周围的工作环境很差,参考室中的参考气体很容易被废气或其他污染源污染,一旦参考气体被污染,氧传感器的特性曲线就会发生偏移。为了弥补这个缺陷,Bosch 对氧传感器的内部构造进行了重新设计,就是我们现在经常使用的 LSU4.9 系列氧传感器。它的参考源不再是参考空气,而是一个与固定空燃比等效的参考泵电流,在氧传感器内部不再有任何形式的自然气体,如图 2-88 所示。实际的泵电流与参考泵电流比较以保持监测室中的氧平衡。这个参考泵电流在任意的环境和时间里,都不会发生变化,这就保证了氧传感器的测量精度。LSU4.2 使用的是参考空气,LSU4.9 的参考源为参考泵电流,这就是 LSU4.2 与 LSU4.9 的最根本区别。两种类型氧传感器的工作温度略有差异,LSU4.9 在 780 ℃时达到最优工作状态,而 LSU4.2 在 750 ℃时达到最优状态;宽频氧传感器加热组件稳态时功率分别为 7.5W(LSU4.2)和 10W(LSU4.9)。LSU4.2 和 LSU4.9 氧传感器从发动机冷启动到达其各自的正常工作温度所需时间分别为 20 s 和 10 s。

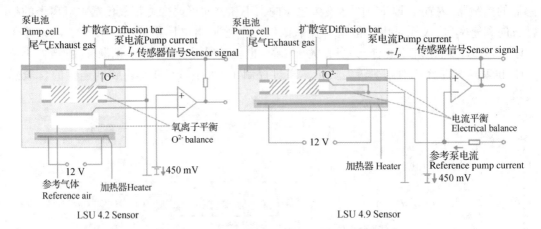

图 2‑88　博世 LSU4.2 型与 LSU4.9 型宽频氧传感器对比

Fig.2‑88　Comparison of Bosch LSU4.2 and LSU4.9 oxygen sensors

宽频氧传感器与普通氧传感器不同,必须设计专用的控制器。控制器主要包括温度检测、加热控制、泵电流控制与测量、泵电流校正标定等功能模块。宽频氧传感器的温度检测条件是当宽带氧传感器温度为 750 ℃时,氧浓度差电池的内阻为 80 Ω,通过测量氧浓度差电池的内阻可以感知氧传感器的温度信息。利用氧浓度差电池的交流电压来检测内阻,通过对氧传感器的温度检测,输出占空比控制信号并驱动加热电路,使氧传感迅速达到并维持 750 ℃的正常工作温度。宽频氧传感器的加热速度比普通氧传感器更快。宽频氧传感器输出的信号电压是利用氧浓度差电池的直流通道信息,经过比较、计算输出的泵电压,经过标定电阻测量转换成泵电流,再经过信号处理、标定而形成的。因此,利用万用表在宽带氧传感器的端子上直接测量宽频氧传感器的输出电压是不可能实现的,必须通过诊断仪读取数据流。

在闭环控制期间,原则上供给的混合气应在理论空燃比附近,但在发动机冷起动、大负荷或氧传感器未达工作温度时,需进行开环控制,此时短期燃油修正值固定为 0。发动机各系统正常时,长期燃油修正值固定为 0,短期燃油修正值在 0 附近波动。若发生发动机间歇性失火,短期燃油修正值会快速调整以纠正混合气浓度。若现象不持续,则长期燃油修正值不变。若系统性能下降导致混合气异常,短期燃油修正值首先调整。若问题持续,ECM 会用长期燃油修正值补偿,并存储当前状态和修正值。维护后,若长期燃油修正值未更新,可能导致发动机性能异常,但自适应后会恢复。断开蓄电池会丢失修正值,需重新自适应。修正值有上下限。若系统性能持续下降,修正值达极限仍无法改善混合气状况,ECM 会记录故障码。

短期燃油修正。燃油修正系统是发动机控制中的另一个重要环节。短期燃油修正主要根据氧传感器反馈的实时数据,对喷油量进行快速调整。当 ECM 检测到混合气过浓或过稀时,会立即调整喷油脉宽,以迅速纠正混合气的浓度。这种调整是实时进行的,旨在确保发动机在各种工况下都能保持最佳的燃烧效率。

长期燃油修正。与短期燃油修正不同,长期燃油修正则是一种更为缓慢和持久的调整过程。当 ECM 发现短期燃油修正值长期偏离理想范围时,会触发长期燃油修正机制。此时,ECM 会在基本喷油脉宽的基础上,进行长期、单向的调整,直到混合气浓度重新回到理想范围。这种调整是逐步进行的,通常需要一段时间才能看到明显的效果。长期燃油修正值的存储对于发动机的长期运行至关重要。一旦 ECM 确定了最佳的燃油修正值,这个值就会被存储在电脑的存储器中,供发动机在类似的环境和工况下再次使用。这样,即使在没有氧传感器反馈的情况下,发动机也能保持稳定的运行状态。

四、工作电路

1. 丰田卡罗拉双擎 8ZR-FXE 发动机氧传感器工作电路

丰田卡罗拉双擎 8ZR-FXE 配置的前、后氧传感器均是平面氧传感器,其工作电路如图 2 - 89 所示。C55 空燃比传感器为前氧传感器,C57 氧传感器是后氧传感器。C55 空燃比传感器的 1♯(HA1A)端子为该氧传感器加热电路控制端子,通过黄色导线与 ECM 的 27♯(HA1A)端子相连;2♯(＋B)端子为加热电路电源端子,由蓄电池提供 12 V 电源;3♯(A1A＋)端子为氧传感器信号端子,通过黄色导线与 ECM 的 100♯(A1A＋)端子相连;4♯(A1A－)端子为信号回路接地端子,通过棕色导线与 ECM 的 132♯(A1A－)端子相连,

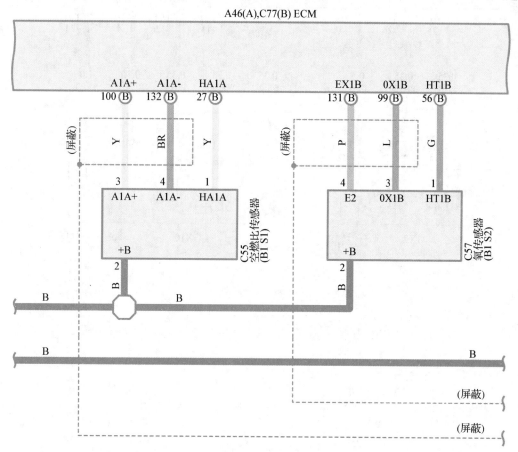

图 2 - 89 氧传感器工作电路(丰田 8ZR-FXE)

Fig.2 - 89 Circuit of oxygen sensor(Toyota 8ZR-FXE)

形成信号回路,为防止信号回路受到干扰,信号回路线束采用了屏蔽线包裹。C57 氧传感器的 1♯(HT1B)端子为该氧传感器加热电路控制端子,2♯(＋B)端子为加热电路电源端子,提供 12 V 电源,3♯(OX1B)端子为氧传感器信号端子,4♯(E2)端子为信号回路接地端子,为防止信号回路受到干扰,信号回路线束同样采用了屏蔽线包裹。

2. 大众迈腾 B8L/DKX 发动机氧传感器工作电路

大众迈腾 B8L/DKX 发动机配备的前氧传感器总成在电路中代号为 GX10,包括宽频氧传感器 G39 和加热器 Z19,后氧传感器总成代号为 GX7,包括平面氧传感器 G130 和加热器 Z29,工作电路如图 2－90 所示。前氧传感器 G39 通过一个 6 芯插接器进行连接,其中 T6ta/1 为泵电流输入端,T6ta/2 为 Nernst 电压输出端,T6ta/3 为氧传感器加热电路的搭铁控制端,T6ta/4 为可调电阻端子,T6ta/5 为氧传感器加热电路的正极端子,T6ta/6 为接地端子。后氧传感器 G130 为 4 线式,其中 T4gy/1 为加热电路电源输入端子,T4gy/2 为加热电路搭铁控制端子,T4gy/3、T4gy/4 端子为氧传感器信号端子。

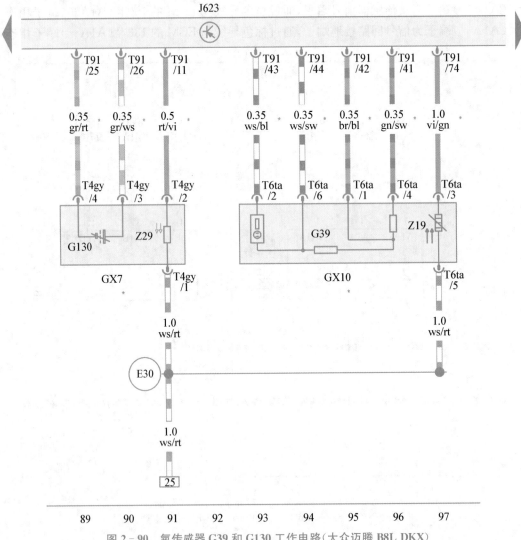

图 2－90　氧传感器 G39 和 G130 工作电路(大众迈腾 B8L DKX)

Fig. 2－90　Circuit of O$_2$S(VW Magotan B8L DKX)

一、实施方案

1. 质量要求

参照厂家的质量标准要求(车辆维修手册)。

2. 注意事项

◎ 遵守实训室规章制度,未经许可,不得擅自移动和拆卸仪器与设备;

◎ 注意安全和设备完好性;

◎ 在教师允许和监控下,起动发动机,需保证设备周围的人员安全,防止意外发生;

◎ 未关闭点火开关或者断开蓄电池负极时,严禁拔下各元件接口,以免损坏元件及模块;

◎ 避免元件、工具设备掉落及损坏。

3. 组织方式

以工作小组为单位,合理分工,针对大众迈腾 B8L/DKX 发动机上配置的氧传感器进行诊断与维修。要求按照企业岗位操作规范进行作业,作业时间为 45 分钟。

4. 作业准备

(1) 技术要求与标准:

表 2-13　氧传感器技术要求与标准

Tab. 2-13　Technical requirements and standards of oxygen sensor

检测内容		端子号	测量条件	参考标准值
GX10 (前氧总成)	G39 传感器数据流	——	发动机运行	——
	G39 能斯特电压	T6ta/2 - T6ta/6(引出)	发动机运行	0.45 V
	Z19 加热电路电源	T6ta/5	点火开关 ON	12 V
	Z19 加热电路控制	T6ta/3	起动发动机	波形
	Z19 加热电阻	T6ta/5 - T6ta/3	20 ℃	5 Ω 左右
GX7 (后氧总成)	G130 信号波形	T4gy/3 - T4gy/4	起动发动机	高电平
	Z29 加热电路电源	T4gy/1	点火开关 ON	12～14 V
	Z29 加热电路控制	T4gy/2	起动发动机	波形
	Z29 加热电阻	T4gy/1 - T4gy/2	20 ℃	5 Ω 左右

(2) 设备器材:万用表、诊断仪、示波器、常用工具;

(3) 场地设施:汽车电控发动机理实一体化教室;

（4）设备设施：大众迈腾 B8L 整车（发动机型号 DKX）；

（5）耗材：干净抹布。

二、操作步骤

1. 读取 G39 的数据流

（1）点火开关 OFF，连接诊断仪，起动发动机；

（2）发动机充分预热，使氧传感器处于 400 ℃以上的温度；

（3）踩油门踏板，使发动机转速快速提高至 4 000 r/min，反复操作三次，读取诊断仪上氧传感器的输出电压的数据流，记录并与下表进行比对，正常情况下，输出电压值在 0.4 V 至 0.55 V 范围内波动，否则氧传感器存在故障。

检测内容	端子号	测量条件	参考标准值
氧传感器数据流	——	发动机转速 2 000 r/min	0.4～0.55 V

2. 检测 G39 的能斯特电压

（1）点火开关 OFF，脱开氧传感器插接器，用背插针分别将氧传感器 T6ta/2、T6ta/6 信号引出，并验证探针导通情况，恢复插接器；

（2）起动发动机，使发动机充分预热，万用表调至直流电压（V）挡，测量引出端子的电压，测量值应为 0.45 V 左右，即为 G39 的能斯特电压，若测量结果不符，则进一步测量传感器线束。

3. 检测 GX10 线束

（1）点火开关 OFF，断开 G39 氧传感器插接器；

（2）将万用表调至欧姆（Ω）挡，检测以下端子之间的电阻，如图 2-91 所示；

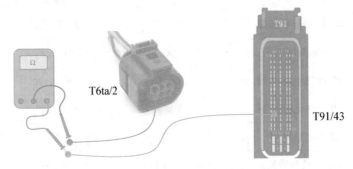

图 2-91　检测 G39 与 ECM 之间线束（大众迈腾 B8L DKX）

Fig.2-91　Test the wire between the G39 and ECM（VW Magotan B8L DKX）

（3）记录实测数据并与标准数据进行比对，测量值应该小于 1 Ω。若阻值不在规定范围内，则说明该线路存在故障，需要更换相应导线。

检测内容	端子号	测量条件	参考标准值
G39 线束	T6ta/1 - T91/42	点火开关 OFF 断开蓄电池负极桩头 脱开线束两端插接器	小于 1 Ω
	T6ta/2 - T91/43		
	T6ta/4 - T91/41		
	T6ta/6 - T91/44		
Z19 线束	T6ta/3 - T91/74		

4. 检测 Z19 加热电路电源电压

（1）点火开关 OFF，断开氧传感器 G39 的插接器；

（2）点火开关 ON，万用表调至直流电压（V）挡，测量传感器插接器线束侧 T6ta/5 端子和搭铁之间的电压，应为 12～14 V，如图 2 - 92 所示，否则结合工作电路进一步检测传感器 T6ta/5 端子上游电路的元件及线束。

图 2 - 92　检测氧传感器加热电源电压（大众迈腾 B8L DKX）
Fig.2 - 92　Test the operating voltage of the oxygen sensor（VW Magotan B8L DKX）

5. 检测 G130 信号波形

（1）点火开关 OFF，脱开氧传感器插接器，用背插针分别将氧传感器 T4gy/3、T4gy/4 信号引出，并验证探针导通情况，恢复插接器；

（2）打开并调整示波器，检测引出端子的信号波形；

（3）对比正常波形，分析检测波形。

6. 检测 Z29 加热电源电压

（1）点火开关 OFF，断开氧传感器插接器；

（2）点火开关 ON，万用表调至直流电压挡，测量传感器插接器线束侧 T4gy/1 端子和搭铁之间的电压，应为 12～14 V，如图 2 - 93 所示，否则结合工作电路进一步检测传感器 T4gy/1 端子与主继电器 J271 之间的元件及线束。

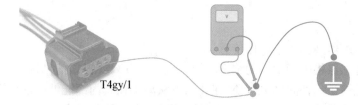

图 2 - 93　检测氧传感器加热电源电压（大众迈腾 B8L DKX）
Fig.2 - 93　Test the operating voltage of the oxygen sensor（VW Magotan B8L DKX）

7. 检测 GX7 线束

关闭点火开关,断开蓄电池负极,静置 2 min 以上,断开氧传感器和发动机 ECM 插接器,根据下表所示检测线束的电阻。检查结果如不符合,则修理或者更换线束。

检测内容	端子号	测量条件	参考标准值
G130 线束	T4gy/3—T91/26	点火开关 OFF 断开蓄电池负极桩头 脱开线束两端插接器	小于 1 Ω
	T4gy/4—T91/25		
Z29 线束	T4gy/2—T91/11		

8. 检测 Z29 加热电阻

(1) 点火开关 OFF,断开氧传感器 G130 插接器;

(2) 将万用表置于欧姆(Ω)挡,检测 Z29 元件侧 T4gy/1、T4gy/2 端子之间的阻值,如图 2-94 所示,记录检测数据并于参考值进行比对,20 ℃时,阻值应为 5 Ω 左右,若检测电阻值不在规定范围内,则需要更换氧传感器。

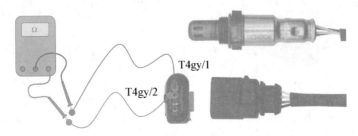

图 2-94　检测氧传感器中加热电阻阻值(大众迈腾 B8L DKX)

Fig.2-94　Test the heating resistance in the oxygen sensor(VW Magotan B8L DKX)

9. 检查复位

安装氧传感器、ECM 插接器,安装蓄电池负极桩头。使用解码器读取故障码,检查车辆故障是否消失。设备复位,工位清洁。

任务评价

一、知识巩固

1. 判断题

(1) 前氧传感器又称为空燃比传感器。　　　　　　　　　　　　　　　　　( )

(2) 后氧传感器将废气中氧的浓度转换为电信号,ECM 根据信号调节喷油。　( )

(3) 二氧化锆是一种固体电解质,在高温下氧离子在其内部能够扩散和渗透。　( )

(4) 当氧传感器输出低电压(<0.45 V)信号时,代表混合气偏稀。　　　　　( )

2. 单选题

(1) 后氧传感器安装在三元催化器(　　　),用于监视三元催化器的工作状况。

A. 之后　　　　　B. 之前　　　　　C. 上面　　　　　D. 下方

（2）常见的氧传感器有加热型氧化锆式氧传感器和氧化（　　）式氧传感器。

A. 铬　　　　　　B. 钴　　　　　　C. 钛　　　　　　D. 钒

（3）三元催化器通过还原反应，将氮氧化合物和一氧化碳进行转化，所使用的催化剂是（　　）。

A. Rh　　　　　　B. Pt　　　　　　C. Pd　　　　　　D. Ph

二、技能测评

表 2－14　氧传感器诊断与维修技能评价表
Tab. 2－14　Skills assessment for oxygen sensor

序号	内容	分值	得分
1	能正确选用工具进行相关数据的测量	10	
2	能读取并分析氧传感器的相关数据流	10	
3	能检测氧传感器信号波形	20	
4	能检测氧传感器电源电压	20	
5	能检查氧传感器与 ECM 之间的电路	20	
6	能检查氧传感器加热电阻阻值	10	
7	检查复位	10	
总分		100	

任务 8　爆震传感器诊断与维修

学习目标

- ⊙ 能识别各发动机所装配的爆震传感器的安装位置；
- ⊙ 能理解爆震传感器的功用及失效现象；
- ⊙ 掌握爆震传感器的类型、结构及工作原理；
- ⊙ 能结合具体车型分析爆震传感器的工作电路；
- ⊙ 能熟练运用工具、仪器对爆震传感器进行检测、分析与诊断；
- ⊙ 树立正确的劳动观，注重质量意识，锤炼工匠精神。

故障案例

　　一辆大众朗逸轿车，故障现象：加速无力，仪表板上 EPC 灯亮起。主要故障码显示如图 2－95 所示。请通过检测进一步明确故障点，并提出解决方案。

图 2－95　爆震传感器故障码
Fig.2－95　DTC of KS

 知识链接

一、功用及失效现象

　　在汽油机的燃烧过程中，远离火花塞的未燃混合气（末端混合气），被已燃混合气的膨胀所压缩，此处的局部温度由于热辐射作用而超过燃料的自燃温度，从而产生自发反应，形成一个或多个火焰核心，这时末端混合气在正常火焰传播到以前先行发火燃烧。当正常燃烧

和爆震两个方向相反的燃烧压力波相遇时,会产生剧烈的气体震动,并发出特有的金属撞击声,称为"爆震"。

若用发生爆燃的循环次数与实际工作循环的次数之比值(爆燃率)来衡量爆燃强度,可以定量地把爆燃分为3个等级:爆燃率在5％以下时为微爆燃,5％～10％为轻爆燃,10％～25％以上为重爆燃。当发动机出现1％～5％微爆燃时,其动力性能、经济性接近最佳值。当爆燃率大于5％时,发动机工作粗暴,功率下降,燃油经济性变差,严重时甚至会损害发动机相关零部件。点火提前角减小,直至爆燃消除。通过这样调整点火提前角,发动机始终处于临界爆燃的工作状态。一定时间内无爆燃时,就逐步增大点火提前角,直至发生轻微爆燃,即按轻微爆燃来确定最佳点火提前角。这种闭环控制方式是用一个爆震传感器(KS: Knock Sensor)检测发动机有无爆震现象,并将信号送至发动机 ECM,ECM 根据传感器的输入信号来调整点火提前角,使点火提前角处于接近爆震界限的最佳角度,如图 2 - 96 所示。

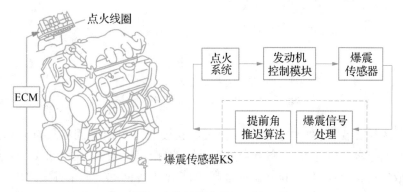

图 2 - 96　点火提前角的闭环控制策略
Fig.2 - 96　Control strategy of KS

爆震传感器若发生故障,发动机无法预测爆震现象,进而无法对点火提前角进行调控,发动机可能会发生爆震,从而导致敲击声、油耗上升、加速不良以及尾气超标等问题。有些发动机安装有两个爆震传感器,如果其中一个爆震传感器信号中断,相应气缸组的点火角就减小,向"延迟"方向调整一个安全点火角,这可能导致油耗升高;如果两个爆震传感器的信号都中断了,那么发动机管理系统就进入爆震调节应急状态,这时点火角都减小了,发动机将无法发挥出全部功率。

二、安装位置及外观

爆震传感器通常安装在发动机气缸体上。以四缸发动机为例,如果配备1个爆震传感器,则通常安装在气缸2和3之间的缸体外壁;如果配备2个爆震传感器,则通常一个安装在气缸1和气缸2之间,另一个安装在气缸3和气缸4之间。大众 EA211 1.4T 发动机配置有1个爆震传感器,其通过紧固螺栓安装在发动机进气侧的汽缸外壁上,如图 2 - 97所示。

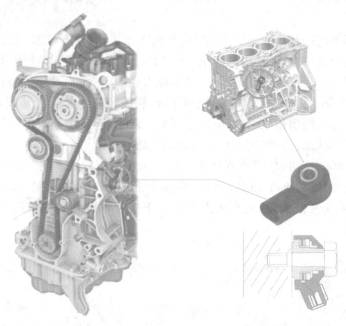

图 2‑97　爆震感器安装位置（EA211 1.4T）
Fig.2‑97　Position of KS（EA211 1.4T）

　　爆震传感器安装过程中，通常由一颗大螺栓按规定力矩紧固在气缸外壁上，一般为 20 N·m，如果拧紧力矩过大，传感器会过于灵敏，谐振信号增多，发动机 ECM 会减小点火提前角，造成发动机反应迟钝、排气温度过高、油耗增大等问题。如果拧紧力矩过小，传感器的灵敏度就下降，谐振信号减少，此时发动机容易产生爆震，发动机温度会升高，氮氧化合物的排放量也会增多，所以安装过程中要严格参照安装规范。

三、结构及工作原理

　　爆震传感器有磁致伸缩型、半导体压电型和火花塞金属垫型（应用较少）等几种类型，其中压电型又有共振型和非共振型之分。

1. 磁致伸缩型爆震传感器（Magnetostrictive Knock Sensor）

　　磁致伸缩型爆震传感器是应用最早的爆震传感器，其主要由高镍合金组成的磁芯、永久磁铁、感应线圈、壳体等组成，如图 2‑98 所示。当发动机产生爆震时，机体会发生振动，磁芯就会受到机体振动的影响，在传感器内产生轴向位移，使感应线圈中的磁力线发生变化，根据法拉第电磁感应定律，感应线圈将产生感应电动势，即为爆震传感器的输出电压信号。输出电压信号的大小与发动机振动的频率有关，而在传感器的固有频率与发动机的振动频率产生谐振时，传感器输出的电压最大。

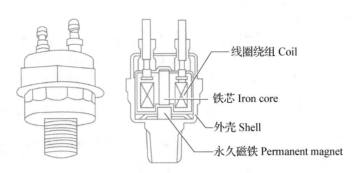

　　线圈绕组 Coil

　　铁芯 Iron core

　　外壳 Shell

　　永久磁铁 Permanent magnet

图 2－98　磁致伸缩型爆震传感器结构
Fig.2－98　Structure of magnetostrictive KS

2. 共振型压电式爆震传感器(Resonant Piezoelectric Knock Sensor)

压电式传感器是基于压电效应做成的传感器,是典型的有源传感器。某些电介质,当沿着一定方向对其施加作用力而使它变形时,其内部就产生极化现象,同时在它的两个表面上便产生符号相反的电荷,当外力去掉后,它又重新恢复到不带电状态,这种现象称为压电效应,这种电介质我们称之为压电晶体或者叫压电元件,水晶就是一种常见的压电晶体,是一类典型的力敏感元件。由于压电式传感器的输出电信号很微弱,通常先把传感器信号输入到高输入阻抗的前置放大器中,经过阻抗交换以后,再用一般的放大检波电路再将信号输入到指示仪表或记录器中。

共振型压电式爆震传感器是由与爆震几乎具有相同共振频率的振子且能够检测振动压力并将其转换成电信号的压电元件构成,主要由压电元件、振子、基座、外壳等,压电元件紧贴在振子上,振子则固定在基座上,如图 2－99 所示。压电元件检测振子的振动压力,并转换成电信号输送给 ECM。共振型压电式爆震传感器利用产生爆震时发动机振动频率与传感器本身的固有频率相符合而产生的共振现象来检测爆震是否发生。

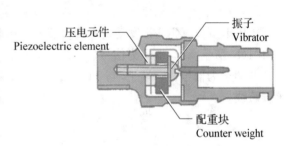

　　压电元件 Piezoelectric element

　　振子 Vibrator

　　配重块 Counter weight

图 2－99　共振型压电式爆震传感器结构
Fig.2－99　Structure of resonant piezoelectric KS

3. 非共振型压电式爆震传感器(Non Resonant Piezoelectric Knock Sensor)

非共振型压电式爆震传感器以加速度信号的形式判断爆震的发生,其由两个压电元件同极性相向对接,配重块通过一根螺钉固定在壳体上,如图 2－100 所示,它将加速度转换成作用于压电元件上的压力,输出电压从这两个压电元件的中央取出。当发动机的机体振动时,传感器内部的配重块受到机体振动的影响而产生加速度,压电元件就会受到配重加速时惯性力的作用,而产生电压信号。在爆震发生时,输出的电压不大,具有平缓的输出特性。因此,必须将反映发动机振动频率的输出电压信号送至识别爆震的滤波器中,判断是否有爆震的产生。非共振型压电式爆震传感器的检测频率范围设计成零到数千赫兹,可以检测具有较宽频率带的发动机振动频率。如用于不同发动机,只需标定匹配滤波器的过滤频率即可正常使用,传感器本身不需要调整且结构简单,所以其应用的领域十分广泛。

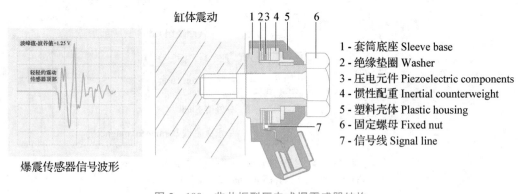

1 - 套筒底座 Sleeve base
2 - 绝缘垫圈 Washer
3 - 压电元件 Piezoelectric components
4 - 惯性配重 Inertial counterweight
5 - 塑料壳体 Plastic housing
6 - 固定螺母 Fixed nut
7 - 信号线 Signal line

图 2－100　非共振型压电式爆震感器结构
Fig.2－100　Structure of non resonant piezoelectric KS

四、工作电路

1. 大众迈腾 B8L/CUGA 发动机爆震传感器工作电路

大众迈腾 B8L/CUGA 发动机爆震传感器工作电路如图 2－101(a)所示,其在工作电路中的元件代号为 G61,属于非共振型压电式爆震传感器,T2ar/1 端子为搭铁端子,通过 J623进行接地,T2ar/2 端子为信号端子。

2. 丰田卡罗拉 1ZR-FE 发动机爆震传感器工作电路

丰田卡罗拉 1ZR-FE 发动机爆震传感器在电路中的插接器编号为 D1,其工作电路如图2－101(b)所示。1♯端子为信号(－)端子,与 ECM 的 111(EKNK)端子连接,形成信号接地;2♯端子为信号(＋)端子,与 ECM 的 110(KNK1)端子连接,同样为保护信号线束采用了屏蔽线。

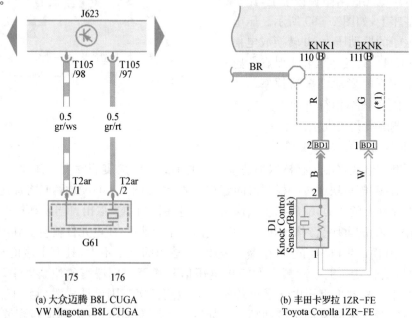

(a) 大众迈腾 B8L CUGA
VW Magotan B8L CUGA

(b) 丰田卡罗拉 1ZR-FE
Toyota Corolla 1ZR-FE

图 2－101　爆震传感器工作电路
Fig.2－101　Circuit of KS

3. 大众朗逸 CSRA 发动机爆震传感器工作电路

大众朗逸 CSRA 发动机采用的是压电式爆震传感器,在工作电路中的元件代号为 G61,其工作电路如图 2‐102 所示。T2bn/1 端子为信号(+)端子,与发动机控制模块 J623 的 T60/53 端子连接,T2bn/2 端子为接地端子,与发动机控制模块 J623 的 T60/54 端子连接,为保护信号回路外侧采用了屏蔽线包裹。

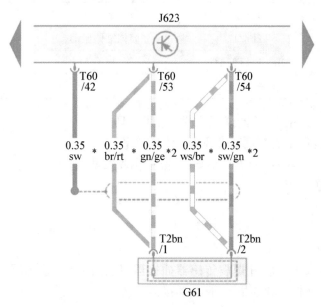

图 2‐102　爆震传感器工作电路(大众朗逸 CSRA)
Fig.2‐102　Circuit of KS(VW Lavida CSRA)

任务实施

一、实施方案

1. 质量要求
参照厂家的质量标准要求(车辆维修手册)。

2. 注意事项
- 遵守实训室规章制度,未经许可,不得擅自移动和拆卸仪器与设备;
- 注意安全和设备完好性;
- 在教师允许和监控下,起动发动机,需保证设备周围的人员安全,防止意外发生;
- 未关闭点火开关或者断开蓄电池负极时,严禁拔下各元件接口,以免损坏元件及模块;
- 避免元件、工具设备掉落及损坏。

3. 组织方式
以工作小组为单位,合理分工,针对大众朗逸 CSRA 发动机上的爆震传感器进行诊断与维修。要求按照企业岗位操作规范进行作业,作业时间为30分钟。

4. 作业准备

（1）技术要求与标准

表 2－15　爆震传感器技术要求与标准

Tab. 2－15　Technical requirements and standards of KS

检测内容	端子号	测量条件	参考标准值
爆震传感器信号	T2bn/1	模拟缸体振动	波形
压电元件阻值	T2bn/1 - T2bn/2	20 ℃	5 MΩ 左右
安装力矩	——		20 N·m

（2）设备器材:万用表、诊断仪、示波器、常用工具;

（3）场地设施:汽车电控发动机理实一体化教室;

（4）设备设施:大众朗逸 1.6 L 整车,配备 CSRA 发动机;

（5）耗材:干净抹布。

二、操作步骤

1. 检测信号波形

（1）点火开关 OFF,脱开爆震传感器插接器,用背插针将传感器信号端子 T2bn/1、T2bn/2 引出,并验证探针导通情况,恢复插接器连接;

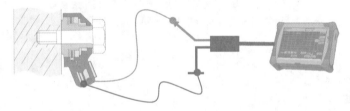

图 2－103　检测爆震传感器信号波形（大众朗逸 CSRA 发动机）

Fig.2－103　Test the signal of the KS(VW Lavida CSRA)

（2）将示波器通道表笔连接引出探针,并做好搭铁连接,打开并调整示波器;

（3）用铁棒敲击缸体,模拟爆震时缸体的振动状态,同时观测其输出波形;

（4）对比正常波形,分析检测波形,如图 2－104 所示。

图 2－104　爆震传感器信号波形

Fig 2－104　Signal of KS

2. 检测线束

（1）点火开关 OFF，断开蓄电池负极桩头，静置 2 min 以上，断开爆震传感器和发动机 ECM 插接器；

（2）将万用表调至欧姆（Ω）挡，根据下表所示检测线束的电阻。检查结果如不符合，则修理或者更换线束。

检测内容	端子号	测量条件	参考标准值
G61 与 ECM 之间线束	T2bn/1 - T60/53	点火开关 OFF 断开蓄电池负极接线柱	小于 1 Ω
	T2bn/2 - T60/54		

3. 检测压电晶体电阻

（1）断开点火开关，脱开爆震传感器插接器；

（2）将万用表调至欧姆（Ω）挡，测量元件侧 T2bn/1 与 T2bn/2 端子之间的电阻，如图 2‑105 所示，测量结果如不符合，则说明元件故障，需更换传感器。

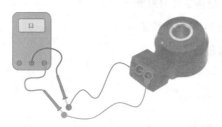

图 2‑105　检测爆震传感器压电元件阻值（大众朗逸 CSRA 发动机）
Fig.2‑105　Test the resistance in the KS（VW Lavida CSRA）

4. 检查复位

爆震传感器插接器、蓄电池接线柱检查复位。使用解码器读取故障码，检查车辆故障是否消失。设备复位，工位清洁。

任务评价

一、知识巩固

1. 判断题

（1）爆震传感器安装在发动机缸体上，其通过检测发动机刚体的震动，判断有无爆震发生及爆震的强度。　　　　　　　　　　　　　　　　　　　　　　　　（　　）

（2）爆震传感器有磁致伸缩式、压电式等类型，目前常用的是压电式。　（　　）

（3）磁致伸缩式爆震传感器是一种光感式传感器。　　　　　　　　　（　　）

（4）爆震传感器利用压电陶瓷的压电效应将振动转化为电压信号输入 ECM。（　　）

2. 单选题

（1）ECM 采集爆震传感器信号是为了修正（　　）。

A. 点火提前角　　　B. 爆震信号　　　　C. 振动频率　　　　D. 气缸内压力

（2）当发动机有爆震趋势时，ECM 通过（　　）点火时刻，无爆震则（　　）点火时刻，实现爆震控制。

A. 暂停；提前　　　B. 推迟；提前　　　C. 暂停；推迟　　　D. 推迟；暂停

二、技能测评

表 2‑16　爆震传感器检修技能评价表

Tab. 2‑16　Skills assessment for KS

序号	内容	分值	得分
1	能正确选用工具进行相关数据的测量	10	
2	能检测爆震传感器的相关数据流	10	
3	能检测爆震传感器信号波形	20	
4	能检查爆震传感器压电陶瓷电阻阻值	20	
5	能检查爆震传感器与 ECM 之间线路	20	
6	能正确拆装爆震传感器	10	
7	检查复位	10	
总分		100	

任务9　曲轴位置传感器诊断与维修

学习目标

◎ 能识别各型号发动机曲轴位置传感器的安装位置；
◎ 掌握曲轴位置传感器的功用及失效现象；
◎ 理解曲轴位置传感器的工作原理；
◎ 能准确分析曲轴位置传感器的工作电路；
◎ 能熟练运用工具、仪器对曲轴位置传感器进行检测、分析与诊断；
◎ 树立正确的劳动观，注重质量意识，锤炼工匠精神。

故障案例

一辆大众迈腾 B8L 轿车，故障现象：起动延迟，加速无力，仪表板上 EPC 报警。主要故障码显示如图 2-106 所示。

（1）P0335-曲轴位置传感器 A 电路故障：该故障代码表示车辆曲轴位置传感器 A 的电路存在问题，可能是传感器线路短路或断路。

（2）P0336-曲轴位置传感器 A 信号丢失：该故障代码表示车辆曲轴位置传感器 A 的信号丢失，可能是传感器失灵或者传感器与 ECM 之间存在通信问题。

图 2-106　曲轴位置传感器故障码
Fig.2-106　DTC of CKP

（3）P0340-曲轴位置传感器故障：该故障代码表示车辆曲轴位置传感器出现故障，可能是传感器损坏或者与 ECM 之间存在通信问题。请通过检测进一步明确故障点，并提出解决方案。

知识链接

一、功用及失效现象

曲轴位置传感器（CKP：Crankshaft Position Sensor），通常也称为发动机转速传感器，常与燃油凸轮轴位置传感器配合工作，其负责采集曲轴转角和转速信号，输入 ECM，以便确定喷射顺序及正时、点火顺序及正时,同时根据监测到的曲轴转角波动大小来判断发动机是否有失火现象。

若曲轴位置传感器发生故障,发动机将起动困难、无法起动、易熄火,并伴随发动机故障灯点亮,且在 ECM 内部存储相对应的故障码。以大众 EA211 1.4T 发动机为例,其曲轴位置传感器 G28 失效,发动机将使用替代信号(凸轮轴位置传感器信号)工作,发动机最大转速被限制,EPC 灯会接通,故障存储器记录故障代码。

二、安装位置及外观

曲轴位置传感器通常安装曲轴末端飞轮旁的变速器壳体上,如图 2－107、图 2－108 所示,大众 EA211/1.4T 发动机以及大众迈腾 B8L/DKX 发动机的曲轴位置传感器均安装在曲轴后端油封处,从位于曲轴后端的转速信号脉冲轮采集曲轴转速及位置信号。如图 2－109所示,丰田 1AZ-FE、丰田 8ZR-FXE 发动机的曲轴位置传感器安装在发动机前端的曲轴皮带轮旁。

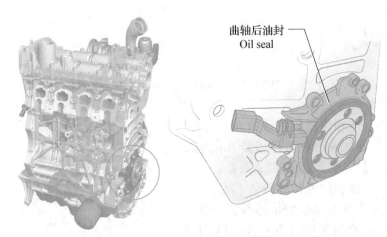

图 2－107　曲轴位置传感器安装位置(大众 EA211 1.4T)
Fig.2－107　Position of CKP(VW EA211 1.4T)

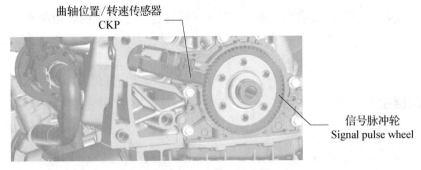

图 2－108　曲轴位置传感器安装位置(大众迈腾 B8L DKX)
Fig.2－108　Position of CKP(VW Magotan B8L DKX)

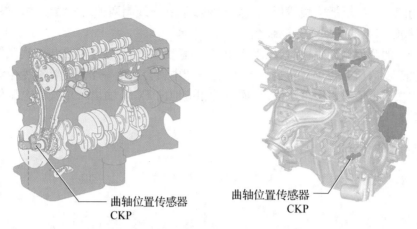

曲轴位置传感器
CKP

曲轴位置传感器
CKP

图 2‑109　曲轴位置传感器安装位置（丰田 1AZ‑FE/丰田 8ZR‑FXE）
Fig.2‑109　Position of CKP（Toyota 1AZ‑FE /Toyota 8ZR‑FXE）

三、结构及工作原理

曲轴位置传感器主要有磁感应式、霍尔式和光电式三种类型，其中磁感应式与霍尔式曲轴位置传感器在汽车上应用较广泛。

1. 磁感应式曲轴位置传感器（Magnetic Induction Type）

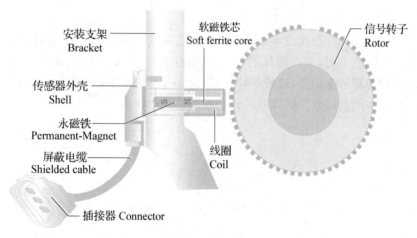

安装支架
Bracket

软磁铁芯
Soft ferrite core

信号转子
Rotor

传感器外壳
Shell

永磁铁
Permanent-Magnet

屏蔽电缆
Shielded cable

线圈
Coil

插接器 Connector

图 2‑110　曲轴位置传感器结构（磁感应式）
Fig.2‑110　Structure of CKP（Magnetic induction type）

磁感应式传感器又称为磁脉冲式传感器，用螺钉固定在发动机缸体上。其主要由导磁材料制成的信号转子、永磁铁芯、电磁线圈、输出信号电缆及接插器总成与复合材料外壳及装配支架采用一次性注塑成型封装制造，如图 2‑110 所示。永磁铁上带有一个磁头，磁头与信号转子相对安装，磁头的位置是固定的，磁头与导磁板连接构成导磁回路。信号转子为齿盘式，在其圆周上均匀间隔地制作有 58 个凸齿、57 个小齿缺和一个大齿缺。大齿缺输出基准信号，对应发动机气缸 1 或气缸 4 压缩上止点前一定角度。大齿缺所占的弧度相当于两个凸齿和三个小齿缺所占的弧度，信号转子随曲轴转动。软磁铁芯与信号转子之间必须保持一定间隙。传感器插头接线形式主要有两线制和三线制两种。两线制的两根线为信号回路线,三线制多出的一根线为屏蔽线。

信号转子的凸齿靠近磁极时,磁阻变小,磁通量变大;信号转子的凸齿远离磁极时,磁阻变大,磁通量变小;信号转子每转过一个凸齿,线圈中就会产生一个周期性交变电动势,即电动势出现一次最大值和一次最小值,线圈也就相应地向 ECM 输出一个交变电压信号,信号波形如图 2－111 所示。

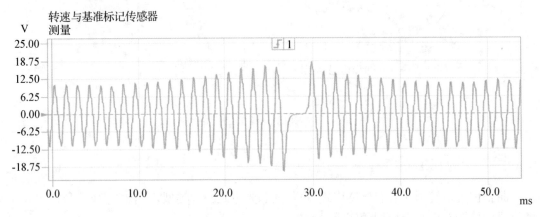

图 2－111　曲轴位置传感器信号波形(磁感应式)

Fig.2－111　Signal of CKP(Magnetic induction type)

2. 霍尔式曲轴位置传感器(Hall Type)

霍尔效应是指把一块金属或半导体薄片垂直放在磁感应强度为 B 的磁场中,沿着垂直于磁场方向通过电流 I 时,会在薄片的另一对侧面间产生电动势 U_H,如图 2－112 所示,所产生的电动势称为霍尔电动势,这种薄片(一般为半导体)称为霍尔片或霍尔元件。根据信号触发器结构的不同可以分为触发叶片式和触发轮式两种。

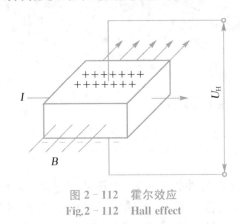

图 2－112　霍尔效应

Fig.2－112　Hall effect

目前汽车上采用的霍尔式曲轴位置传感器通常为差动式,又称为双霍尔式,其结构与磁感应式相似,主要由带凸齿的信号转子和霍尔信号发生器组成,如图 2－113 所示。差动霍尔式传感器的工作原理与普通霍尔式传感器相同。当发动机飞轮上的齿缺与凸齿转过差动霍尔电路的两个探头时,齿缺或凸齿与霍尔探头之间的气隙就会发生变化,磁通量随之变化,在传感器的霍尔元件中就会产生交变电压信号。其输出电压由两个霍尔信号电压叠加而成。因为输出信号为叠加信号,所以转子凸齿与信号发生器之间的气隙可以增大到(1 ± 0.5)mm(普通霍尔式传感器仅为0.2~0.4 mm),因而便可将信号转子制成像磁感应式传感器转子一样的齿盘式结构,便于信号转子的安装。在汽车发动机上,一般将凸齿转子装在发动机曲轴轴颈上或将发动机飞轮作为传感器的信号转子。

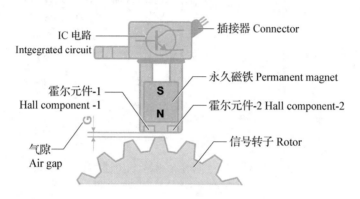

图 2 - 113　曲轴位置传感器结构(霍尔式)

Fig.2 - 113　Structure of CKP(Hall type)

　　信号转子为齿盘式,安装在变速器壳体前端,它与磁感应式曲轴位置传感器转子相似,在其圆周上均匀间隔地制作有 58 个凸齿、57 个小齿缺和一个大齿缺。大齿缺输出基准信号,对应于发动机气缸 1 或气缸 4 压缩上止点前一定角度。大齿缺所占的弧度相当于两个凸齿和三个小齿缺所占的弧度。因为信号转子随曲轴一同旋转,曲轴旋转一圈,信号转子也旋转一圈,所以信号转子圆周上的凸齿和齿缺所占的曲轴转角为 360°,每个凸齿和小齿缺所占的曲轴转角均为 3°($58\times3°+57\times3°=345°$),大齿缺所占的曲轴转角为 15°($2\times3°+3\times3°=15°$),信号波形如图 2 - 114 所示。

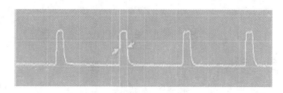

图 2 - 114　曲轴位置传感器信号波形(霍尔式)

Fig.2 - 114　Signal of CKP(Hall type)

四、工作电路

1. 大众霍尔式曲轴位置传感器工作电路

　　大众迈腾 B8L/CUGA 发动机采用的是霍尔式曲轴位置传感器,其工作电路如图2 - 115所示。曲轴位置传感器 G28 的 T3m/1 端子为信号端子,T3m/2 端子为工作电压端子,T3m/3 端子为搭铁端子。

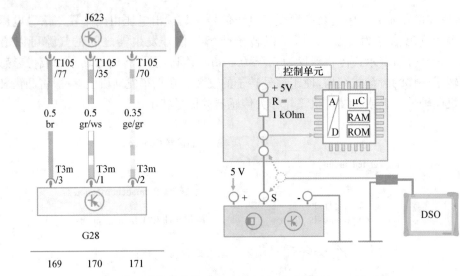

图 2－115　曲轴位置传感器工作电路（大众迈腾 B8L CUGA）
Fig.2－115　Circuit of CKP（VW Magotan B8L CUGA）

2. 丰田电磁感应式曲轴位置传感器工作电路

丰田卡罗拉双擎（发动机型号 8ZR-FXE）轿车配置的是电磁感应式曲轴位置传感器。在电路中该传感器的插头编号是 C12，如图 2－116 所示。传感器 1♯（NE）端子为信号端子，通过黑色导线与 ECM 的 114（NE＋）端子连接，为 ECM 提供信号，传感器 2♯（NE－）端子为搭铁端子，通过白色导线与 ECM 的 113（NE－）端子连接，形成传感器的回路；线束的外侧包裹了屏蔽线，对传感器信号进行保护。

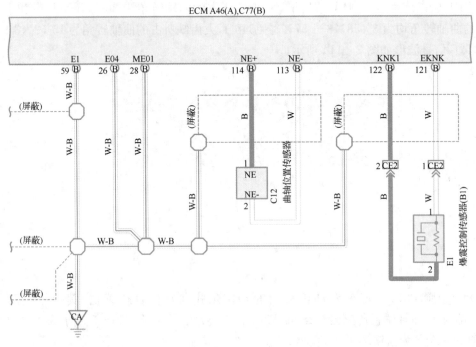

图 2－116　曲轴位置传感器工作电路（丰田 8ZR-FXE）
Fig.2－116　Circuit of CKP（Toyota Corolla 8ZR-FXE）

任务实施

一、实施方案

1. 质量要求

参照厂家的质量标准要求(车辆维修手册)。

2. 注意事项

◎ 遵守实训室规章制度,未经许可,不得擅自移动和拆卸仪器与设备;

◎ 注意安全和设备完好性;

◎ 在教师允许和监控下,起动发动机,需保证设备周围的人员安全,防止意外发生;

◎ 未关闭点火开关或者断开蓄电池负极时,严禁拔下各元件接口,以免损坏元件及模块;

◎ 避免元件、工具设备掉落及损坏。

3. 组织方式

以工作小组为单位,合理分工,检修大众迈腾 B8L/CUGA 发动机配备的曲轴位置传感器。要求按照企业岗位操作规范进行作业,作业时间为 30 分钟。

4. 作业准备

(1) 技术要求与标准:

表 2‑17　曲轴位置传感器技术要求与标准(霍尔式)

Tab. 2‑17　Technical requirements and standards of CKP(Hall Type)

检测内容	端子号	测量条件	参考标准值
G28 数据流	——	起动发动机	发动机转速(rpm)
G28 信号	T3m/1‑搭铁	起动发动机	波形
G28 工作电压	T3m/2‑搭铁	点火开关 ON	5 V
G28 搭铁回路	T3m/3‑搭铁	点火开关 OFF	小于 1 Ω

(2) 设备器材:万用表、诊断仪、示波器、常用工具;

(3) 场地设施:汽车电控发动机理实一体化教室,配备举升机;

(4) 设备设施:大众迈腾 B8L 整车,配备 CUGA 发动机;

(5) 耗材:干净抹布。

二、操作步骤

1. 检测信号波形

(1) 点火开关 OFF,脱开凸轮轴位置传感器插接器,用背插针将 T3m/1 端子引出,并验证其导通情况,再将插接器复位;

（2）将示波器通道线与 T3m/1 端子引出的背插针连接，并做好接地连接，如图 2－117
所示；

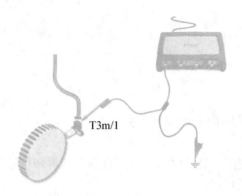

图 2－117　检测曲轴位置传感器信号（大众迈腾 B8L DKX）
Fig.2－117　Test the signal of CKP（VW Magotan B8L DKX）

（3）起动发动机，打开并调整示波器，测量不同发动机转速下曲轴位置及转速传感器信
号波形，并对波形进行分析。若信号波形与标准不符，则进一步检测传感器其他参数及线
束，明确故障点。

2．检测工作电压

（1）点火开关 OFF，脱开曲轴位置传感器插接器；

（2）点火开关 ON，将万用表调至直流电压（V）挡，测量传感器插接器线束侧的 T3m/2
端子与搭铁之间的电压，如图 2－118 所示，应为 5 V，否则进一步检测传感器 T3m/2 端子
与 ECM 之间的线束。

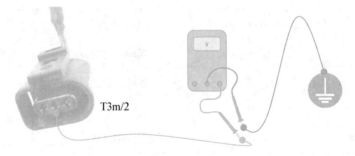

图 2－118　检测曲轴位置传感器工作电压（大众迈腾 B8L DKX）
Fig.2－118　Test the operating voltage of the CKP（VW Magotan B8L DKX）

3．检测搭铁回路

（1）点火开关 OFF，脱开蓄电池负极桩头，脱开曲轴位置传感器插接器；

（2）万用表调至欧姆（Ω）挡，测量传感器插接器线束侧 T3m/3 端子和搭铁之间的电
阻，如图 2－119 所示，应小于 1 Ω，否则进一步检测传感器 T3m/3 端子与 ECM 之间的
线束。

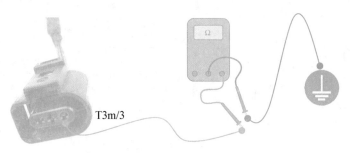

图 2-119　检测曲轴位置传感器搭铁(大众迈腾 B8L DKX)
Fig.2-119　Test the ground of the CKP(VW Magotan B8L DKX)

4. 检测线束

（1）点火开关 OFF,脱开蓄电池负极桩头,静置 2 min 以上,断开曲轴位置传感器和发动机 ECM 插接器;

（2）将万用表调至欧姆(Ω)挡,根据下表所示检测线束的电阻,如图 2-120 所示,检查结果如不符合,则修理或者更换线束。

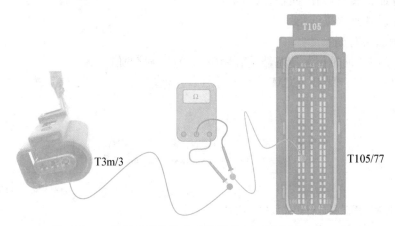

图 2-120　检测曲轴位置传感器线束(大众迈腾 B8L DKX)
Fig.2-120　Test the wire between the CKP and ECM(VW Magotan B8L DKX)

检测内容	端子号	测量条件	参考标准值
G28 与 ECM 之间线路	T3m/1-T105/35	点火开关 OFF 断开蓄电池负极端子 断开两端插接器	小于 1 Ω
	T3m/2-T105/70		
	T3m/3-T105/77		

5. 检查复位

曲轴位置传感器及 ECM 的插接器、蓄电池接线柱检查复位。使用解码器读取故障码,检查车辆故障是否消失。设备复位,工位清洁。

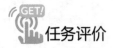 任务评价

一、知识巩固

1. 判断题

(1) 曲轴位置传感器又称发动机转速传感器,只能安装在曲轴的后部。　　　(　　)

(2) 曲轴位置传感器产生发动机转速信号,决定基本喷油量和点火提前角。　　(　　)

(3) 磁感应式曲轴位置传感器和霍尔式曲轴位置传感器的结构中都有永久磁铁。

　　　　　　　　　　　　　　　　　　　　　　　　　　　　　　(　　)

2. 单选题

(1) 曲轴位置传感器产生曲轴基准信号,用以(　　)。

A. 决定基本喷油量

B. 计算曲轴转角,判定曲轴(或活塞)位置

C. 决定基本点火提前角

D. 控制点火时刻

(2) 磁感应式曲轴位置传感器是利用(　　)产生脉冲信号。

A. 叶片　　　　　　B. ECM　　　　　C. 示波器　　　　　D. 信号转子

二、技能测评

表 2‑18　曲轴位置传感器检修技能评价表

Tab. 2‑18　Skills assessment for CKP

序号	内容	分值	得分
1	能正确选用工具进行相关数据的测量	10	
2	能读取曲轴位置传感器故障码及相关数据流	10	
3	能检测曲轴位置传感器信号波形	20	
4	能检测曲轴位置传感器工作电压(霍尔式)	20	
5	能检查曲轴位置传感器搭铁电路	20	
6	能检查曲轴位置传感器线圈内阻(磁感应式)	10	
7	检查复位	10	
总分		100	

任务 10　凸轮轴位置传感器诊断与维修

 **学习目标**

- ○ 能识别各型号发动机凸轮轴位置传感器的安装位置；
- ○ 掌握凸轮轴位置传感器的功用及失效现象；
- ○ 理解凸轮轴位置传感器的结构及工作原理；
- ○ 能准确识别各型号发动机凸轮轴位置传感器的工作电路；
- ○ 能熟练运用工具、仪器对凸轮轴位置传感器进行检测、分析与诊断；
- ○ 树立正确的劳动观，注重质量意识，践行工匠精神。

 **故障案例**

一辆大众迈腾 B8L 轿车，故障现象：加速无力，仪表板上 EPC 报警。主要故障码显示如图 2-121 所示："凸轮轴位置传感器-功能失效"。请通过检测进一步明确故障点，并提出解决方案。

图 2-121　凸轮轴位置传感器故障码
Fig.2-121　DTC of CMP

 **知识链接**

一、功用及失效现象

凸轮轴位置传感器（CMP：Camshaft Position Sensor），负责检测凸轮轴的位置和转角，将信号反馈给 ECM，ECM 根据凸轮轴位置传感器和曲轴位置传感器提供的信号，区分 1 缸的压缩上止点和排气上止点，进而控制燃油喷射顺序及点火顺序，进行准确的喷油与点火控制，如图 2-122 所示。

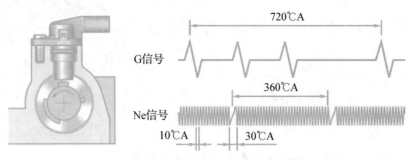

图 2 - 122　凸轮轴位置传感器功用
Fig.2 - 122　Function of CMP

　　当凸轮轴位置传感器失效时,发动机一般会表现为起动困难、动力不足、油耗增加、突然熄火,且发动机故障灯亮起。以大众迈腾 B8L 为例,凸轮轴位置传感器信号中断时,系统会使用发动机转速传感器的信号进行替代,由于不能快速识别出凸轮轴的位置和气缸的工作状态,所以发动机起动所需要的时间会长一些,表现为起动延迟,另外可变气门正时也将停用。

二、安装位置及外观

　　凸轮轴位置传感器通常安装在凸轮轴的一端或者凸轮轴罩盖上方对着进、排气凸轮轴的位置。大众朗逸 EA211 发动机进气凸轮轴位置传感器 G40 的安装位置如图 2 - 123 所示。

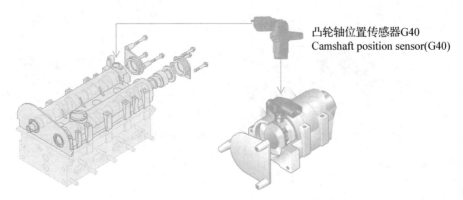

图 2 - 123　凸轮轴位置传感器安装位置(大众朗逸 CSRA)
Fig.2 - 123　Position of CMP(VW CSRA)

　　大众迈腾 B8L/DKX 发动机配置有两个凸轮轴位置传感器,分别为排气凸轮轴位置传感器 G163 和进气凸轮轴位置传感器 G40,其中 G163 通过螺栓安装在发动机气缸盖罩的上方偏后端位置,G40 通过螺栓安装在气缸盖进气侧后端位置,如图 2 - 124 所示。

排气凸轮轴位置传感器G163
Exhaust camshaft position sensor G163

进气凸轮轴位置传感器G40
Intake camshaft position sensor G40

图 2 - 124　凸轮轴位置传感器安装位置(大众迈腾 B8L DKX)
Fig.2 - 124　Position of CMP(VW Magotan B8L DKX)

通用雪佛兰 LDE 1.6L 发动机配置有两个凸轮轴位置传感器,分别对应进气和排气凸轮轴,其安装在汽缸盖后端,如图 2 - 125 所示。

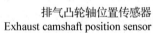

排气凸轮轴位置传感器　　　　　　　　进气凸轮轴位置传感器
Exhaust camshaft position sensor　　　Intake camshaft position sensor

图 2 - 125　凸轮轴位置传感器安装位置(雪佛兰 LDE 1.6L)
Fig.2 - 125　Position of CMP(Chevrolet CRUZ LDE 1.6L)

三、结构及工作原理

按照工作原理不同,凸轮轴位置传感器可分为电磁式、霍尔式、磁阻式三种,目前常用的凸轮轴位置传感器是霍尔式,磁阻式常见于丰田车系。

1. 霍尔式凸轮轴位置传感器(Hall Type Camshaft Position Sensor)

霍尔式凸轮轴位置传感器由信号转子(轮齿)、感应探头和霍尔集成电路组成,如图 2 - 126 所示。与霍尔式曲轴位置传感器原理类似,当发动机运转时,凸轮轴上的轮齿在凸轮轴的旋转作用下经过凸轮轴位置传感器的感应探头,轮齿的高低部分与感应探头之间的间隙发生变化,这种变化的间隙会导致磁通量发生变化。当轮齿与感应探头错位时,霍尔元件上没有磁力线穿过,霍尔电压为零,集成电路输出级三极管截止,传感器输出的信号电压为高电位;当轮齿与感应探头对位时,磁力线穿过霍尔元件,这时产生的霍尔电压约为2.0 V,集成电路输出级三极管导通,传感器输出的信号电压为低电位,ECM 根据凸轮轴位置波形检测凸轮轴位置。

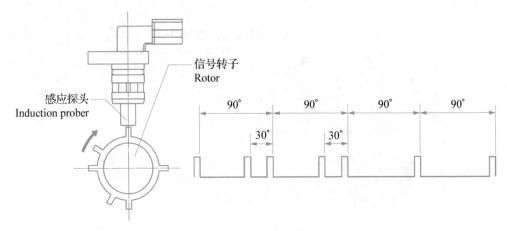

图 2 - 126　凸轮轴位置传感器输出信号
Fig.2 - 126　Output signal of CMP

2. 磁阻式凸轮轴位置传感器(MRE Camshaft Position Sensor)

磁阻效应(MRE：Magnetoresistance Effect)是指某些金属或半导体的电阻值随外加磁场变化而变化的现象。同霍尔效应一样,磁阻效应也是由于载流子在磁场中受到洛伦兹力而产生的。在达到稳态时,某一速度的载流子所受到的电场力与洛伦兹力相等,载流子在两端聚集产生霍尔电场,比该速度慢的载流子将向电场力方向偏转,比该速度快的载流子则向洛伦兹力方向偏转。这种偏转导致载流子的漂移路径增加。沿外加电场方向运动的载流子数减少,从而使电阻增加。磁阻效应明显的材料称为磁阻材料,最典型的磁阻材料是锑化铟。目前,磁阻效应广泛用于磁传感、磁力计、电子罗盘、位置和角度传感器、车辆探测、GPS导航、仪器仪表、磁存储(磁卡、硬盘)等领域。磁阻器件由于灵敏度高、抗干扰能力强等优点在工业、交通、仪器仪表、医疗器械、探矿等领域得到广泛应用,如数字式罗盘、交通车辆检测、导航系统、伪钞鉴别、位置测量等。

磁阻元件式凸轮轴位置传感器是利用磁阻效应的原理制成的,它由信号发生器、磁铁和用树脂封装的信号处理电路的集成电路模块组成,如图 2 - 127 所示。

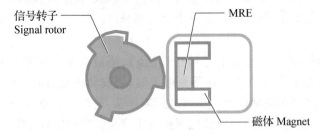

图 2 - 127　MRE 式凸轮轴位置传感器结构
Fig.2 - 127　Structure of MRE camshaft position sensor

随着转子的旋转,叶片的凸起与凹槽交替变化,引起通过磁阻元件的磁力线的强弱和角度发生改变,如图 2 - 128 所示。由于磁阻效应的作用,磁阻元件的电阻也发生变化,通过磁阻元件的电流也随之改变,这种电流的变化由信号放大电路、滤波电路和整形电路转换成二进制数字信号,并传给发动机 ECM。发动机 ECM 根据此信号判别进、排气凸轮轴位置。

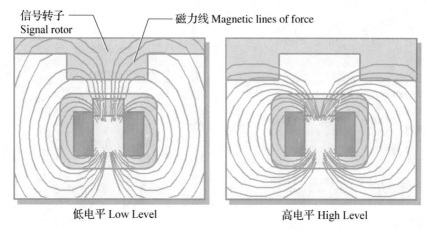

低电平 Low Level　　　　　　　高电平 High Level

图 2 - 128　MRE 式凸轮轴位置传感器工作原理
Fig.2 - 128　Principle of MRE camshaft position sensor

当传感器的磁头正对转子叶片时,磁力线通过正对的叶片构成闭合磁路,磁阻元件电阻较大,通过磁阻元件的磁力线较多,磁场强度较强,且磁力线与磁阻元件垂直,此时磁阻元件输出 0 V 低电平信号;当传感器的磁头正对转子凹槽时,磁力线向两侧的叶片分布构成闭合磁路,磁阻元件电阻较小,通过磁阻元件的磁力线较少,磁场强度较弱,且磁力线与磁阻元件成一定角度,此时磁阻元件输出 5 V 高电平信号,如图 2 - 129 所示。

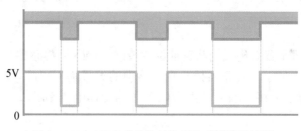

5V

0

图 2 - 129　MRE 式凸轮轴位置传感器信号波形
Fig.2 - 129　Signal of MRE

四、工作电路

1. 大众迈腾 B8L/DKX 发动机凸轮轴位置传感器工作电路

大众迈腾 B8L/DKX 发动机配置有进气凸轮轴位置传感器 G40 和排气凸轮轴位置传感器 G163,均为霍尔式传感器,其工作电路如图 2 - 130 所示。进气凸轮轴位置传感器 G40 的 T3o/1 端子为工作电压端子,T3o/2 端子为信号端子,T3o/3 端子为搭铁端子,G40 传感器的线束中间通过一个 14 芯的 TMOR 转接头与 ECM 连接。排气凸轮轴位置传感器 G163 的 T3t/1 端子为工作电压端子,T3t/2 端子为信号端子,T3t/3 端子为搭铁端子。

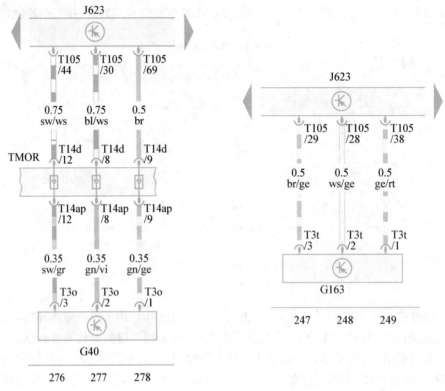

图 2－130　凸轮轴位置传感器工作电路(大众迈腾 B8L DKX)

Fig.2－130　**Circuit of CMP(VW Magotan B8L DKX)**

2. 丰田卡罗拉双擎 8ZR-FXE 发动机凸轮轴位置传感器工作电路

8ZR-FXE 发动机配置有进气侧凸轮轴位置传感器(VVT 传感器)，为 MRE 磁阻式，其工作电路如图 2-131 所示。传感器插头在电路中的编号为 C10,1♯端子（VVI＋）为信号端子,2♯（VVI－）端子为接地端子,3♯（VC）端子为工作电压端子。

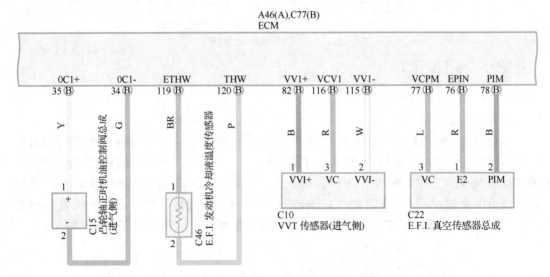

图 2－131　凸轮轴位置传感器工作电路(丰田卡罗拉 8ZR-FXE)

Fig.2－131　**Circuit of CMP（Toyota Corolla 8ZR-FXE）**

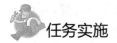任务实施

一、实施方案

1. 质量要求

参照厂家的质量标准要求(车辆维修手册)。

2. 注意事项

◎ 遵守实训室规章制度,未经许可,不得擅自移动和拆卸仪器与设备;

◎ 注意安全和设备完好性;

◎ 在教师允许和监控下,起动发动机,需保证设备周围的人员安全,防止意外发生;

◎ 未关闭点火开关或者断开蓄电池负极时,严禁拔下各元件接口,以免损坏元件及模块;

◎ 避免元件、工具设备掉落及损坏。

3. 组织方式

以工作小组为单位,合理分工,针对大众迈腾 B8L/DKX 发动机配置的凸轮轴位置传感器进行诊断与维修。要求按照企业岗位操作规范进行作业,作业时间为 30 分钟。

4. 作业准备

(1) 技术要求与标准:

表 2-19 凸轮轴轴位置传感器技术要求与标准
Tab. 2-19 Technical requirements and standards of CMP

检测内容	端子号	测量条件	参考标准值
传感器信号	T3t/2-接地(G163)	起动发动机	方波信号
	T3o/2-接地(G40)		
工作电压	T3t/1-接地(G163)	点火开关 ON	5 V
	T3o/1-接地(G40)		
搭铁回路	T3t/3-接地(G163)	点火开关 OFF 蓄电池负极桩头脱开	小于 1 Ω
	T3o/3-接地(G40)		

(2) 设备器材:万用表、诊断仪、示波器、常用工具;

(3) 场地设施:汽车电控发动机理实一体化教室;

(4) 设备设施:大众迈腾 B8L 整车,配置 DKX 型号发动机;

(5) 耗材:干净抹布。

二、操作步骤

1. 检测传感器信号(G163)

(1) 点火开关 OFF,脱开凸轮轴位置传感器插接器,用背插针将 T3t/2 端子引出,并验证其导通情况,再将插接器复位;

（2）将示波器通道线与 T3t/2 端子引出的背插针连接，并做好接地连接，如图 2－132 所示；

（3）起动发动机，打开并调整示波器，测量不同发动机转速下传感器信号波形，并对波形进行分析。若信号波形与标准不符，则进一步检测凸轮轴位置传感器其他参数及线束。

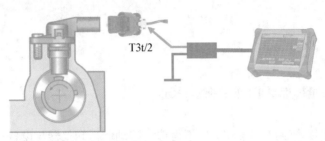

图 2－132　检测凸轮轴位置传感器信号（大众迈腾 B8L DKX）

Fig.2－132　Test the signal of CMP（VW Magotan B8L DKX）

2. 检测传感器工作电压（G163）

（1）点火开关 OFF，脱开凸轮轴位置传感器插接器；

（2）点火开关 ON，将万用表调至直流电压（V）挡，测量传感器插接器线束侧的 T3t/1 端子和搭铁之间的电压，如图 2－133 所示，标准值应为 5 V，否则进一步检测传感器 T3t/1 端子与 ECM 之间的线束。

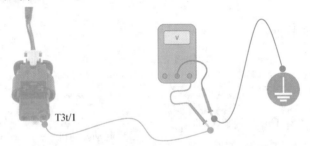

图 2－133　检测凸轮轴位置传感器工作电压（大众迈腾 B8L DKX）

Fig.2－133　Test the operating voltage of CMP（VW Magotan B8L DKX）

3. 检测传感器搭铁（G163）

（1）点火开关 OFF，脱开蓄电池负极桩头，脱开凸轮轴位置传感器插接器；

（2）将万用表调至欧姆（Ω）挡，测量传感器插接器线束侧的 T3t/3 端子和搭铁之间的电阻，如图 2－134 所示，标准值应小于 1 Ω，否则进一步检测传感器 T3t/3 端子与 ECM 之间的线束。

图 2－134　检测凸轮轴位置传感器搭铁（大众迈腾 B8L DKX）

Fig.2－134　Test the ground of CMP（VW Magotan B8L DKX）

4. 检测传感器线束(G163 - ECM)

(1) 点火开关 OFF,脱开蓄电池负极,静置 2 min 以上,分别断开凸轮轴位置传感器和发动机 ECM 插接器;

(2) 将万用表调至欧姆(Ω)挡,根据下表所示检测线束的电阻,如图 2 - 135 所示。检查结果如不符合,则修理或者更换线束。

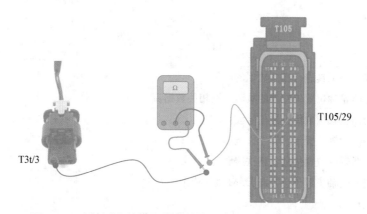

图 2 - 135　检测凸轮轴位置传感器线束(大众迈腾 B8L DKX)

Fig.2 - 135　Test the wire between the CMP and ECM(VW Magotan B8L DKX)

检测内容	端子号	测量条件	参考标准值
G163 - ECM 之间线束	T3t/1 - T105/38	点火开关 OFF 断开蓄电池负极端子 脱开两端插接器	小于 1 Ω
	T3t/2 - T105/28		
	T3t/3 - T105/29		

5. 检查复位

凸轮轴位置传感器及 ECM 的插接器、蓄电池接线柱检查复位。使用解码器读取故障码,检查车辆故障是否消失。设备复位,工位清洁。

任务评价

一、知识巩固

1. 判断题

(1) 凸轮轴位置传感器是检测凸轮位置的一个信号装置,是点火主控制信号。　　(　　)

(2) 凸轮轴位置传感器采集到的信号是发动机 ECM 的判缸信号,用来确定哪个气缸处于非压缩状态。　　(　　)

(3) 凸轮轴位置传感器与曲轴位置传感器分开工作,没有任何关联。　　(　　)

2. 单选题

(1) 凸轮轴位置传感器的功用是采集凸轮轴信号,并将信号输入(　　)。

A. 凸轮轴 　　　　　　　　　B. 凸轮轴位置传感器

C. ECM 　　　　　　　　　　D. 电流表

（2）霍尔式凸轮轴位置传感器是利用(　　)来改变通过霍尔元件的磁场强度。

A. 叶片 　　　　B. 磁铁 　　　　C. 软铁 　　　　D. 霍尔元件

二、技能测评

表 2-20　凸轮轴位置传感器检修技能评价表

Tab. 2-20　Skills assessment for CMP

序号	内容	分值	得分
1	能正确选用工具进行相关数据的测量	10	
2	能检测凸轮轴位置传感器的故障码及相关数据流	10	
3	能检测凸轮轴位置传感器信号波形	20	
4	能检测凸轮轴位置传感器工作电压	20	
5	能检测凸轮轴位置传感器搭铁线路	10	
6	能检查凸轮轴位置传感器与 ECM 之间线束	20	
7	检查复位	10	
总分		100	

扫描可见本项目微课

执行器诊断与维修

项目三

项目导入

　　执行器是发动机管理系统的输出装置,其接收来自ECM的控制指令,执行相应的动作。汽油发动机管理系统配置的执行器主要有:喷油器、点火线圈、电子节气门驱动装置、燃油泵、正时控制装置、增压压力调节阀等。本项目以具体车型的发动机(如图3-1)所配置的执行器(系统)为载体,以典型故障案例为导入,在对执行器所属系统的架构及其安装位置、功用、结构与原理充分认知的基础之上,结合电路分析,对执行器(系统)进行规范化的诊断与维修。

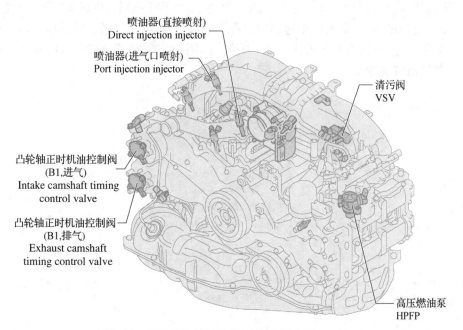

图 3-1　发动机管理系统执行器配置(丰田 86 FA20)
Fig.3-1　Actuators of EMS(Toyota 86 FA20)

任务1　喷油器诊断与维修

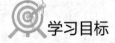学习目标

- 能识别具体发动机燃油供给系统架构及喷油器的安装位置；
- 掌握喷油器的结构；
- 理解喷油器的工作原理；
- 能分析喷油器的工作电路；
- 能熟练运用工具仪器对喷油器进行检测；
- 树立正确的劳动观，注重质量意识，锤炼工匠精神。

故障案例

一辆累计行驶里程约为 4.6 万 km 的 2018 款迈腾 B8L 轿车，搭载 CUGA 发动机和 7 速双离合器变速箱，客户反映该车起动后出现发动机故障灯点亮且发动机抖动的故障现象。如图 3-2 所示，主要故障码显示："气缸 1 喷射阀-电路电气故障"。请通过检测进一步明确故障点，并提出解决方案。

图 3-2　喷油器故障码
Fig.3-2　DTC of injector

知识链接

一、功用及失效影响

喷油器(Fuel Injector)是发动机管理系统的核心执行器，其根据 ECM 的指令，将定量的燃油由液态变成雾状，然后与空气混合。对于缸外喷射的汽油机而言，喷油器将汽油喷入发动机进气歧管，与空气混合，进气行程时，将混合气吸入气缸。对于缸内喷射的汽油机，喷

油器将汽油直接喷入气缸内部,雾状汽油与空气在气缸内混合供燃烧做功。

喷油器是发动机负责燃油喷射的关键执行器,若喷油器因机械或电子故障导致无法正常工作将导致发动机起动困难、怠速不稳、动力不足甚至熄火等多种故障。

二、安装位置及外观

1. 歧管喷射式(进气道喷射)燃油供给系统

燃油由燃油泵从燃油箱中吸出,经燃油滤清器过滤,由燃油管输送至燃油分配管,建立起大约 4～5 bar 的燃油压力。各缸喷油器安装在燃油分配管上,ECM 控制喷油器进行燃油喷射,在进气门处与空气混合,最后从进气门进入气缸。通过压力调节器,燃油压力被由弹簧拉紧的膜片阀调节到恒定值,多余燃油回流至燃油箱中。该系统所配备的喷油器通常安装在进气歧管口上,如图 3-3 所示。

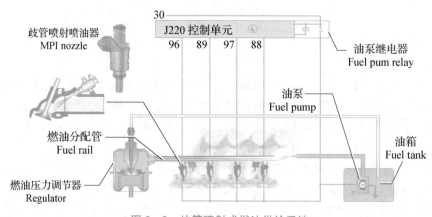

图 3-3　歧管喷射式燃油供给系统

Fig.3-3　MPI system

2. 缸内直喷式燃油供给系统

缸内直喷系统包括低压油路和高压油路,低压油路采用电子式无回油燃油供给系统,高压油路主要由高压油泵、压力调节阀、高压油轨、高压燃油压力传感器、喷油器以及高压油管等组成,如图 3-4 所示,为大众 EA211 1.4T 发动机的燃油供给系统。该系统的低压油压由油箱内置的电动低压燃油泵提供,高压由高压油泵提供,在最低 100 bar(发动机怠速时)和 200 bar(转速约为 6 000 转/分钟时)之间。当压力峰值超过 230 bar 时,压力限制阀会打开,将燃油泄放到油泵的供油侧。如果中断了燃油压力调节阀 N276 的供电,那么燃油将不被送往高压区,发动机将会熄火。该系统的喷油器与优质钢制油轨相连,通过气缸盖一侧的孔伸入燃烧室,进行燃油喷射。若燃油压力调节阀 N276 以及燃油压力传感器 G247 出现故障,则系统内燃油压力下降到 7 bar,发动机最高转速受到限制,发动机怠速运转声音变化不大。

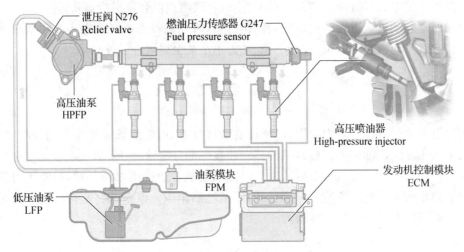

图 3‑4　缸内直喷式燃油供给系统（EA211 1.4T）

Fig.3‑4　TSI system（EA211 1.4T）

3. 燃油混合喷射系统

双喷射系统是指每个气缸有两个喷油嘴，一个直喷喷嘴再加一个进气道喷射喷嘴，相对于直喷系统额外增加了一套传统的进气道喷射系统。目前采用双喷射系统的发动机主要有大众第三代 EA888 发动机、丰田的 D‑4S 2.0T 发动机、福特 1.5T 三缸发动机、三菱 4B 系列 1.5T 发动机以及日产的 VC Turbo 2.0T 发动机等。

D‑4 表示缸内喷射四冲程发动机，S 表示"Superior version"升级版。丰田在 1996 年就开发出了燃油缸内直喷系统，代号 D‑4，2005 年在 D‑4 的基础上与歧管喷射技术进行整合，开发出了缸内喷射与歧管喷射相结合的 D‑4S 系统，如图 3‑5 所示，为丰田 86/FA20 发动机所配备的 D‑4S 燃油喷射系统的总体结构。

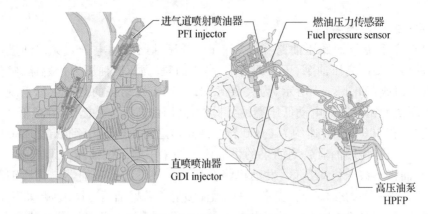

图 3‑5　混合喷射燃油供给系统（丰田 86 FA20 D-4S）

Fig.3‑5　Mixed injection fuel system（Toyota 86 FA20 D-4S）

大众公司开发的 SRE（进气歧管喷射）＋TSI（缸内直喷）双喷射系统，其总体结构及布局如图 3‑6 所示，其主要有以下功能：高压燃油系统的压力增至 150～200 bar，达到 EU6 排放标准中有关微粒质量和微粒数量的门限值，减少二氧化碳废气排放量，减少部分负荷范围下的油耗,改善发动机运行声音。

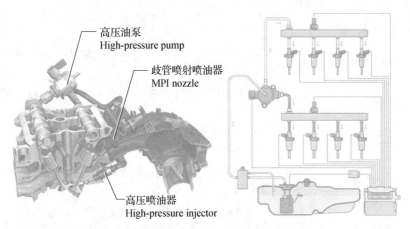

图 3－6　燃油双喷射系统(大众迈腾 B8L CUGA)
Fig.3－6　Duel injection system(VW Magotan B8L CUGA)

进气歧管喷射(SRE):由高压燃油泵上的引导连接装置供油,引导连接装置是燃油低压系统的一部分,在引导连接装置的上游,燃油进入低压油轨,流到 SRE 喷油器,喷油器将燃油喷入进气歧管中。SRE 喷射系统采用低压燃油压力传感器 G410 监控供油系统压力。供油只通过燃油箱中的电动燃油泵 G6,而不通过高压燃油泵。在燃油管路中使用高压燃油泵引导连接装置,在 SRE 模式下高压燃油泵泵送的燃油会被引导和冷却。在 SRE 模式下,高压泵通过燃油压力调节阀 N276 进行输油,且可以关闭。在部分负荷范围下主要使用进气歧管燃油喷射,燃油油滴有充分的时间雾化并与空气混合,在点火前有很长时间可以形成混合气,从而减少微粒质量以及碳烟的形成,减少二氧化碳排放量,降低油耗,但是当采用 SRE 喷射模式时,在进气门和进气道上会形成液态油膜,燃油蒸发雾化与空气混合后进入气缸内燃烧,会使发动机无法精确控制瞬时供油量,并且冷起动时进气道温度较低,无法充分蒸发燃油,致使燃油计量存在偏差。

缸内直喷(TSI):是将燃油直接喷入发动机气缸内,避免了进气道燃油湿壁,实现对燃油供给量的精确控制,但 TSI 对于燃油蒸发和油气混合物的形成有更高要求,这就需要用更高的燃油喷射压力来提高燃油的雾化率,因此,TSI 都采用高压油轨,以提高燃油雾化率和雾化质量。相比于 SRE,TSI 虽然有其无可替代的优势,但 TSI 存在颗粒物排放问题,燃油直接喷入气缸使得油气混合时间大大缩短,会导致局部混合气过浓或类似柴油机的液态油滴扩散燃烧等现象的发生,从而导致颗粒物排放增加。

发动机工作过程中,该双喷系统主要可以实现 SRE 单喷射、高压单喷射、高压双喷射、高压三重喷射等运行模式,根据温度、负荷和发动机转速,系统在各个运行模式之间切换,如表 3-1 所示。

表 3-1　双喷射系统工作模式（大众迈腾 B8L CUGA）

Tab. 3-1　Working mode of dual injection system（VW Magotan B8L CUGA）

工况	工作模式
发动机冷起动	当发动机处于冷态且冷却液温度低于 45 ℃时,在压缩循环中进行高压三重喷射
暖机	在进气和压缩循环中进行双重直喷,点火时刻延迟,进气歧管翻板关闭
部分负荷	如果发动机温度高于 45 ℃,且在部分负荷范围中被驱动,则切换到 SRE 模式
全负荷	基于高性能需求,系统切换到高压模式,在进气和压缩循环中进行双重直喷
紧急运行	任意一个喷油系统发生故障,发动机使用另一系统由 ECM 驱动,确保车辆仍可继续行驶,组合仪表中的红色发动机指示灯亮起

三、结构及工作原理

1. 低压喷油器

喷油器由进油口、滤网、电磁线圈、O 型密封圈、轴针、阀座、针阀阀体、复位弹簧、线束插座等组成,如图 3-7 所示。

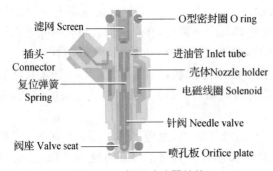

图 3-7　低压喷油器结构

Fig.3-7　Structure of MPI nozzle

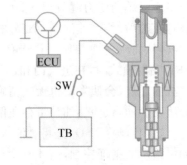

图 3-8　低压喷油器工作原理

Fig.3-8　Principle of MPI injector

喷油器的线束插头有两个端子,一端与电源连接,由其进行供电,一端与 ECM 相连,由其控制接地,如图 3-8 所示。当 ECM 控制喷油器线圈接地后,喷油器内部的电磁线圈导通产生电磁力,克服针阀的重力和摩擦力、回位弹簧作用力及燃油的压力,吸起针阀,燃油穿过喷孔喷入进气歧管。当喷油脉冲截止时,回位弹簧的压力使针阀关闭。喷油器电磁阀通电的时间称为喷油脉宽(单位 ms),由 ECM 控制,在供油压力相对一定的情况下,喷油脉宽越大,喷油量越多(如图 3-9)。

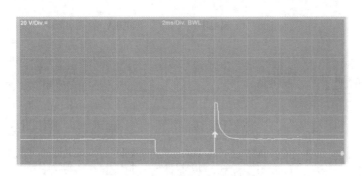

图 3-9　低压喷油器工作波形
Fig.3-9　Working waveform of low-pressure injector

2. 高压喷油器

高压喷油器由高分子密封圈、喷针阀、衔铁、电磁线圈、滤网等组成,如图 3-10 所示。通常喷嘴上有若干个精细的机械孔,目前常见的为 5 孔或者 6 孔喷油器。丰田 86 车型配置的 FA20 发动机 D-4S 燃油喷射系统中的高压喷油器采用高压狭缝喷嘴型,低压喷油器采用 12 孔型。当电流经过线圈时,线圈产生磁场,使带有衔铁的针阀克服弹簧的弹力向阀座内升起,燃油压入燃烧室内。切断电流时,喷油嘴针阀在弹簧力的作用下压入阀座内,切断燃油。喷油器末端细长,以提高冷却效果,喷油器有一个安装卡夹,只要拆卸就需更换。

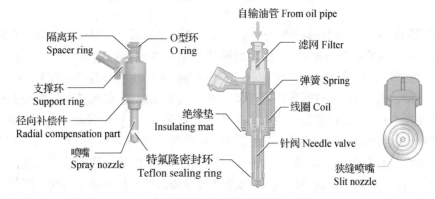

图 3-10　电磁式高压喷油器结构(丰田 86 FA20)
Fig.3-10　Structure of high-pressure injector(Toyota 86 FA20)

以大众迈腾 B8L CUGA 发动机为例,其配备的高压喷油器采用的是双源控制,即对高压喷油器的正极和负极同时进行控制,如图 3-11所示,ECM(J623)通过一个端子给高压喷油器提供电压控制信号,通过另一个端子给高压喷油器提供搭铁控制信号,两个信号同时作用决定高压喷油器的喷油时刻和喷油量。高压喷油器为低阻型,线圈电阻为 2 Ω 左右,ECM 内部有 DC/DC 变压器模块,在喷油器需要打开时,产生 60～90 V 的驱动电压,向喷油器输出,使高压喷油器电磁线圈的驱动电流迅速增大,线圈瞬间产生强大磁场,吸引针阀克服油压及弹簧的阻力快速打开至最大升程,从而缩短高压喷油器的打开时间,然后输出 0～12 V 占空比控制信号来保持针阀的开度进行持续喷油,此时驱动电流较小,较小的驱动电流可减少高压喷油器电磁线圈的发热。

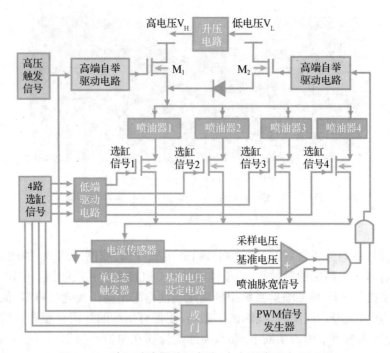

图 3‑11　高压喷油器升压电路(大众迈腾 B8L CUGA)

Fig.3‑11　DC/DC of high-pressure injector(VW Magotan B8L CUGA)

　　高压喷油器驱动控制波形如图 3‑12 所示。高压喷油器的控制可以分为 4 个阶段。第 1 阶段为高压喷油器打开阶段,发动机控制模块为高压喷油器提供约 70 V 的电压,并控制高压喷油器搭铁控制信号线搭铁,驱动电流迅速升高,使高压喷油器快速打开。第 2 阶段为高压喷油器降流阶段,快速打开高压喷油器需要较大驱动电流,但维持高压喷油器打开只需要较小的驱动电流,发动机控制模块为高压喷油器提供约 12 V 的控制电压,驱动电流快速降低,在降流最后阶段,高压喷油器搭铁控制信号线断开,产生约 75 V 左右反向电压。第 3 阶段为驱动电流保持阶段。发动机控制单元通过 0～12 V 的脉宽调制信号控制高压喷油器打开,驱动电流下降到一个较小的值,以保证高压喷油器处于打开状态且功耗降低。第 4 阶段为高压喷油器关闭阶段。当喷油结束时,高压喷油器的电压控制信号线与搭铁控制信号线均断开,产生约 70 V 的反向电压,此时驱动电流迅速下降,高压喷油器关闭。

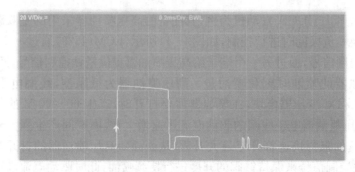

图 3‑12　高压喷油器工作波形(大众道腾 B8L CUGA)

Fig.3‑12　Working waveform of high-pressure injector(VW Magotan B8L CUGA)

四、工作电路

1. 大众迈腾 B8L 喷油器工作电路

大众迈腾 B8L CUGA 发动机采用混合喷射方式,其高压喷油器工作电路如图 3-13 所示,以第一缸喷油器 N30 为例,发动机控制模块 J623 通过 TMOL 转接头直接为四个高压喷油器提供驱动电压。ECM 内部的升压电路确保喷油器打开瞬间能为其提供足够的高压,并控制其开启。

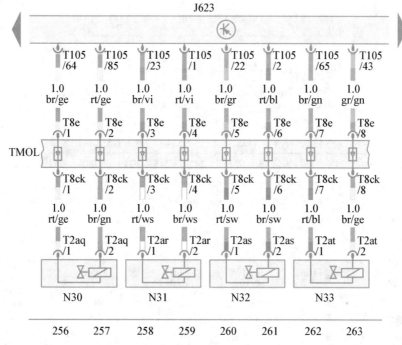

图 3-13　高压喷油器 N30-N33 工作电路(大众迈腾 B8L CUGA)

Fig.3-13　Circuit of HP injector(VW Magotan B8L CUGA)

大众迈腾 B8L/CUGA 发动机低压喷油器的工作电路图如图 3-14 所示,发动机控制模块 J623 单独控制每个喷油器的开启。如图 3-14-1 至图 3-14-5 所示,喷油器通过地址码 220 送来 12 V 的电压供电,该电压由蓄电池或交流发电机正极经由主继电器 J271 触点、保险丝 SB₉、转接头 TML,经 D196 正极线束,再经 TMOM 转接头到达各缸喷油器的 1号端子。发动机控制模块分别通过 T105/25、T105/46、T105/24、T105/25 控制 1 缸、2 缸、3 缸、4 缸低压喷油器的开启。

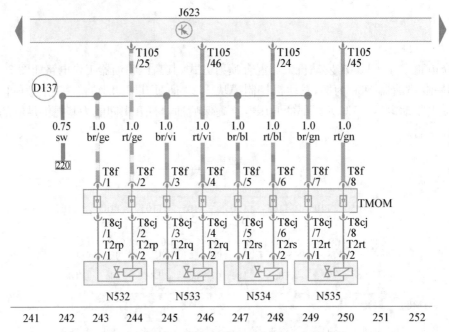

图 3－14－1　低压喷油器 N532－N535 工作电路（大众迈腾 B8L CUGA）

Fig.3－14－1　Circuit of LP injector（VW Magotan B8L CUGA）

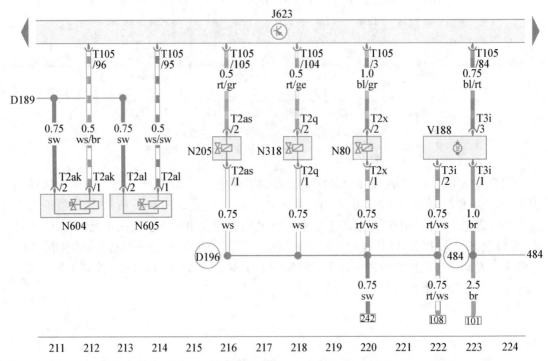

图 3－14－2　低压喷油器 N532－N535 工作电路（大众迈腾 B8L CUGA）

Fig.3－14－2　Circuit of LP injector（VW Magotan B8L CUGA）

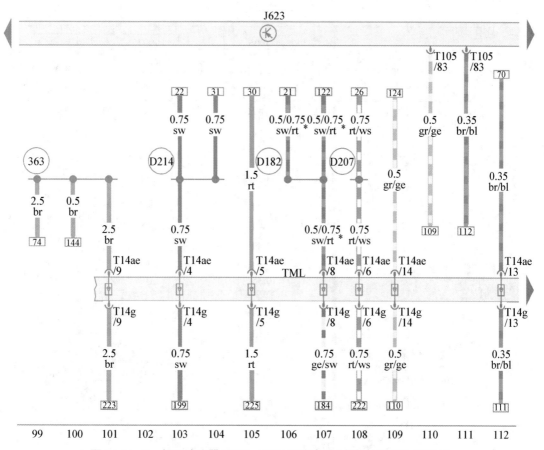

图 3 - 14 - 3　低压喷油器 N532 - N535 工作电路（大众迈腾 B8L CUGA）
Fig.3 - 14 - 3　Circuit of LP injector（VW Magotan B8L CUGA）

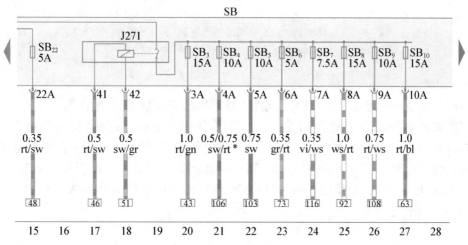

图 3 - 14 - 4　低压喷油器 N532 - N535 工作电路（大众迈腾 B8L CUGA）
Fig.3 - 14 - 4　Circuit of LP injector（VW Magotan B8L CUGA）

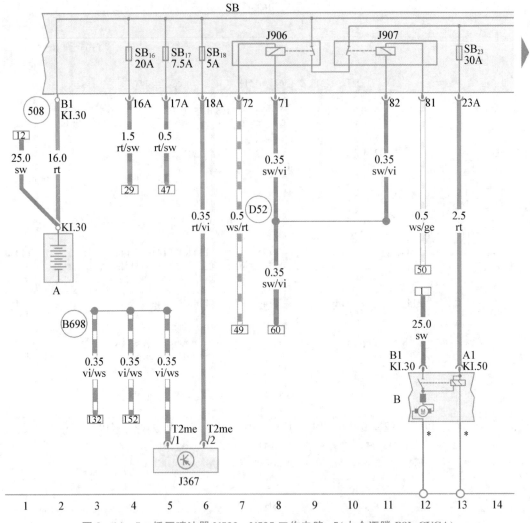

图 3－14－5　低压喷油器 N532－N535 工作电路-5（大众迈腾 B8L CUGA）

Fig.3－14－5　Circuit of LP injector（VW Magotan B8L CUGA）

2. 丰田卡罗拉双擎喷油器工作电路

丰田卡罗拉双擎配备 8ZR-FXE 发动机,其采用歧管喷射方式,喷油器为低压喷油器,查询其维修电路图,其工作电路如图 3－15 所示,图中 4 个缸的喷油器插头的代号分别为 C36、C35、C34、C33,以第一缸喷油器 C33 的工作电路为例,其供电电源从蓄电池正极经熔断丝盒总成中的 BATT-MAIN(140 A)熔断丝,再经 IG2-MAIN(20 A)熔断丝,经 1 号 IG2 继电器触点,经 INJ(10 A)熔断丝到达第一缸喷油器 C33 的 1 号端子,由喷油器的 2 号端子经 ECM 进行搭铁控制。

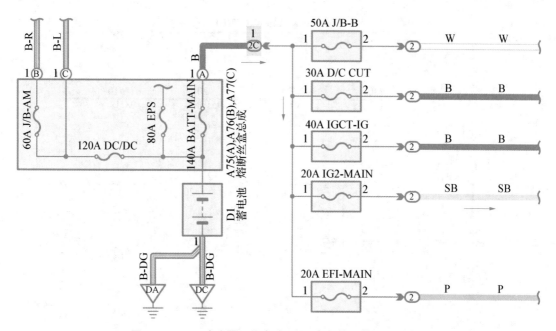

图 3－15－1　喷油器工作电路（丰田卡罗拉双擎 8ZR-FXE）
Fig.3－15－1　Circuit of injector（Toyota Corolla 8ZR-FXE）

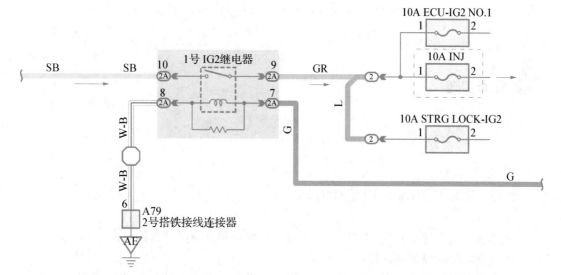

图 3－15－2　喷油器工作电路（丰田卡罗拉双擎 8ZR-FXE）
Fig.3－15－2　Circuit of injector（Toyota Corolla 8ZR-FXE）

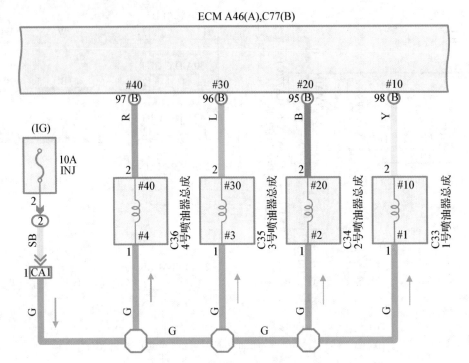

图 3－15－3　喷油器工作电路（丰田卡罗拉双擎 8ZR-FXE）

Fig.3－15－3　Circuit of injector（Toyota Corolla 8ZR-FXE）

 **任务实施**

一、实施方案

1. 质量要求

参照厂家的质量标准要求（车辆维修手册）。

2. 注意事项

- 遵守实训室规章制度，未经许可，不得擅自移动和拆卸仪器与设备；
- 注意安全和设备完好性；
- 在教师允许和监控下，起动发动机，需保证设备周围的人员安全，防止意外发生；
- 未关闭点火开关或断开蓄电池负极时，严禁拔下各元件接口，以免损坏元件及模块；
- 避免元件、工具设备掉落及损坏。

3. 组织方式

以工作小组为单位，合理分工，针对大众迈腾 B8L/CUGA 发动机配备的喷油器进行诊断与维修。要求按照企业岗位操作规范进行作业，作业时间为 30 分钟。

4. 作业准备

（1）技术要求与标准：

表 3-2　喷油器技术要求与标准

Tab. 3-2　Technical requirements and standards of injector

检测内容	端子号	测量条件	参考标准值
喷油器数据流	——	转速 800 r/min	脉宽信号
喷油器工作波形	T8ck/1-接地	高压喷油器工作条件	对应工作波形
	T8cj/2-接地	低压喷油器工作条件	
低喷电源电压	T8f/1(N532)	点火开关 ON	12～14 V
低压喷油器线圈阻值	T8cj/1-T8cj/2(N532)	20 ℃	11～16 Ω
高压喷油器线圈阻值	T8ck/1-T8ck/2(N30)	20 ℃	1～2 Ω

(2) 设备器材:万用表、诊断仪、示波器、常用工具;

(3) 场地设施:汽车电控发动机理实一体化教室;

(4) 设备设施:大众迈腾 B8L 整车,配备 CUGA 型号发动机;

(5) 耗材:干净抹布。

二、操作步骤(低压喷油器诊断与维修)

1. 读取低压喷油器数据流

(1) 将解码器连接到汽车的诊断接口,起动发动机,并打开解码器;

(2) 暖机至冷却液温度 45 ℃以上,使发动机以怠速运转;

(3) 操作解码器,读取各缸低压喷油器的数据流,记录并与标准值进行比对,若数据不符则对喷油器进行进一步检测,确定最终的故障点。

2. 检测低压喷油器电源电压

(1) 点火开关 OFF,断开喷油器连接线束中的转接头 TMOM;

(2) 点火开关 ON,万用表调至直流电压挡,测量 TMOM 转接头线束侧的 T8f/1 端子(N532 为例)和搭铁之间的电压,应为 12～14 V,否则进一步检测 TMOM 的 T8f/1 端子与主继电器 J271 之间的元件及线路。

3. 检测低压喷油器控制信号波形

(1) 关闭点火开关,断开低压喷油器连接线束中的转接头 TMOM;

(2) 用背插针将喷油器(N532 为例)转接头 TMOM 的 T8f/1 端子信号引出,验证探针导通情况,恢复转接头插接;

(3) 起动发动机,预热至冷却液温度高于 45 ℃,发动机以怠速运行(该车型喷油器工作条件);

(4) 打开并调整示波器,检测引出端子与搭铁之间的工作波形;

(5) 对比正常波形(见图 3-9),分析波形。

4. 检测低压喷油器线束

(1) 点火开关 OFF,断开蓄电池负极桩头,静置 2 min 以上,断开 TMOM 转接头插接器和发动机 ECM 插接器;

（2）根据下表所示检测线束的电阻。检查结果如不符合，则修理或者更换线束。

检测内容	端子号	测量条件	参考标准值
N532	T8f/2 - T105/25	点火开关 OFF 断开蓄电池负极端子 脱开 ECM 插接器	小于 1 Ω

5. 检测喷油器电磁线圈电阻

（1）点火开关 OFF，断开低压喷油器连接线束中的转接头 TMOM；

（2）将万用表置于欧姆（Ω）挡，检测转接头 TMOM 元件侧端子 T8cj/7 与端子 T8cj/8 之间阻值，如图 3 - 16 所示。记录数据并与参考值进行比对，在 20 ℃时，正常阻值为 13 Ω 左右，若阻值不符，则说明喷油器元件故障，需更换喷油器。

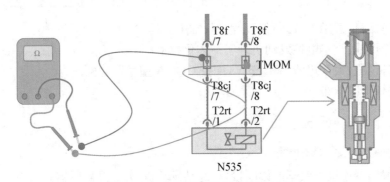

图 3 - 16　检测喷油器电磁线圈阻值
Fig.3 - 16　Test the resistance of the injector

6. 检查复位

低压喷油器线束转接头、ECM 插接器恢复连接，使用解码器读取并消除故障码，验证故障是否消失，仪器设备复位、场地清洁。

三、操作步骤（高压喷油器诊断与维修）

1. 检测高压喷油器工作波形

（1）关闭点火开关，断开高压喷油器连接线束中的转接头 TMOL；

（2）用背插针将高压喷油器转接头 TMOL 的 T8e/8 端子引出，并验证探针导通情况，恢复转接头连接；

（3）起动发动机，结合混合喷射系统喷油器工作逻辑确定高压喷油器检测工况；

（4）打开并调整示波器，检测 T8e/1 与接地之间的信号波形；

（5）对比正常波形（如图 3 - 12），分析检测波形。

2. 检测高压喷油器连接线束

关闭点火开关，断开蓄电池负极端子，静置 2 min 以上，断开 TMOL 转接头插接器和发动机 ECM 插接器，根据下表所示检测线束的电阻。检查结果如不符合，则修理或者更换线束。

检测内容	端子号	测量条件	参考标准值
高压喷油器与ECM之间线束(N30为例)	T8e/1－T105/64	点火开关OFF 断开蓄电池负极桩头 脱开ECM的T105插接器	小于1Ω
	T8e/2－T105/85		

3. 检测高压喷油器电阻

（1）关闭点火开关，断开高压喷油器TMOR 8芯连接器插头；

（2）将万用表置于欧姆(Ω)挡，检测与喷油器N30元件端相连的位于TMOR连接器内的T8ck/1与T8ck/2端子之间的阻值，即为喷油器的电磁线圈电阻。记录检测数据并与参考值进行比对，若检测电阻值不在规定范围内，则需要更换喷油器。

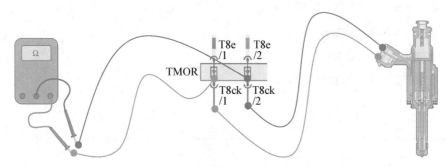

图3－17　检测喷油器电磁线圈电阻阻值

Fig.3－17　Test the resistance of the injector

4. 检查复位

高压喷油器线束转接头、ECM插接器恢复连接，使用解码器读取故障码，验证故障是否消失，仪器设备复位、场地清洁。

任务评价

一、知识巩固

1. 判断题

（1）电磁喷油器主要由电磁线圈、衔铁、连接器、针阀等组成。　　　　　　　（　　）

（2）喷油器电源电压规定状态应在12～14 V之间。　　　　　　　　　　　（　　）

（3）电磁式喷油器线圈内阻的阻值都是一样的。　　　　　　　　　　　　　（　　）

（4）喷油器的电源都是由蓄电池或者交流发电机提供的。　　　　　　　　　（　　）

2. 单选题

（1）喷油器的喷油量主要取决于喷油器的（　　　）。

A. 针阀升程　　　　　　　　　　　　　B. 喷孔大小

C. 内外压力差　　　　　　　　　　　　D. 针阀开启的持续时间

（2）在进行喷油器的检测过程中，需要进行以下哪项操作？（　　）。

A. 检测喷油脉宽　　　　　　　　　　B. 检测燃油压力

C. 检测脉冲波形　　　　　　　　　　D. 检测喷油量

二、技能测评

表 3-3　喷油器诊断与维修技能评价表

Tab. 3-3　Skills assessment for injector

序号	内容	分值	得分
1	能正确选用工具进行喷油器相关数据的测量	10	
2	能检测喷油器的相关数据流	10	
3	能正确地读取喷油器工作波形	20	
4	能检测喷油器电源电压	20	
5	能检查喷油器的线圈内阻	10	
6	能检查喷油器工作电路相应线路	20	
7	检查复位	10	
	总分	100	

学习目标

- 能识别具体发动机燃油泵及其控制组件的安装位置；
- 了解燃油泵的功能及控制方式类型；
- 理解燃油泵的工作原理；
- 能分析燃油泵的工作电路；
- 能熟练运用工具仪器对燃油泵及其组件进行检修；
- 树立正确的劳动观，注重质量意识，锤炼工匠精神。

故障案例

　　一辆大众迈腾 B8L 轿车，车辆起动后，EPC 灯报警常亮，重新起动后，报警灯熄灭。车辆进站后，经过试车，车辆真实存在起动后 EPC 灯点亮故障，用诊断仪读取故障码，故障码显示："P025A00：燃油泵模块促动-电气故障/断路被动/偶发"，根据故障码，基本确定故障范围在燃油供给系统，重点检查燃油泵及其控制电路。

图 3-18　燃油泵控制模块故障码
Fig.3-18　DTC of fuel pump control module

知识链接

一、功用及失效影响

燃油泵负责把燃油从油箱中吸出、加压后输送到燃油分配管中，与燃油压力调节器配合

145

建立一定的燃油压力,如图 3-19 所示。

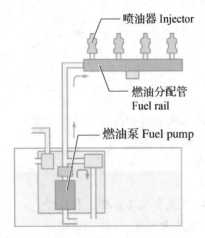

图 3-19 电动燃油泵功用

Fig.3-19 Function of fuel pump

电动燃油泵的控制功能如下所示:

(1) 预运转功能:当点火开关打开而不启动发动机时,油泵能预先运转 3~5 s,向油管中预充压力燃油,保证顺利启动;

(2) 启动运转功能:在发动机启动过程中,油泵能同时运转,保证启动供油;

(3) 恒速运转功能,在发动机正常运转过程中,油泵能始终恒速运转,保证正常的泵油压力和泵油量;

(4) 变速运转功能,燃油泵能根据发动机工况的变化控制油泵高、低速运转变化。发动机高速、大负荷工况下油耗较多时,燃油泵高速运转;发动机低速、小负荷工况下油耗较少时,燃油泵低速运转,减少不必要的燃油泵磨损和电能消耗;

(5) 自动停转保护功能,发动机熄火后,即使点火开关仍处于接通状态,油泵也能自动停转。这一功能可防止汽车因碰撞等事故造成油管破裂、燃油外流,从而避免因点火开关处于接通位置时引起火灾。

电动燃油泵故障或者失效,发动机将动力不足、加速无力、起动困难或无法起动。

二、安装位置及外观

燃油泵根据安装位置不同分为外装泵和内装泵两种。外装泵是用支架将燃油泵固定在车体,适用于噪音要求不高的车辆。内装泵是驱动油泵电动机与泵做成一体,装在壳体内,然后将燃油泵总成固定在油箱内,降低噪音,避免燃油泄漏和发生气阻。目前大部分汽车采用内装泵,如图 3-20 所示。

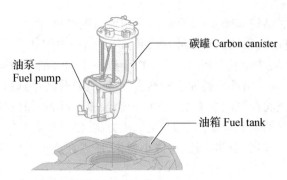

图 3-20　电动燃油泵安装位置(丰田 1AZ-FE)
Fig.3-20　Position of fuel pump(Toyota 1AZ-FE)

　　主副泵适用于马鞍形油箱,如图 3-21 所示。燃油经滤网过滤后被吸入泵芯,分为两路,一路经泵芯出油口供给汽车发动机,另一路经泵芯旁油口驱动副泵的引射泵,引射泵将副油箱燃油抽到主油箱。引射泵根据一个简单的物理原理工作,来自电动燃油泵的射流通过喷嘴压入引射泵并由此加速。这个加速的作用使周围的燃油被一起带走并被压入燃油输送单元的蓄油壳中。

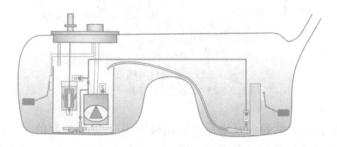

图 3-21　马鞍型油箱油泵布置形式
Fig.3-21　Layout of fuel pump in saddle type fuel tank

三、结构及工作原理

　　电动燃油泵按其结构不同可以分为涡轮式、滚柱式以及转子式。油箱内置式电动燃油泵多采用涡轮式,外置式电动燃油泵则多数为滚柱式(如图 3-22)。

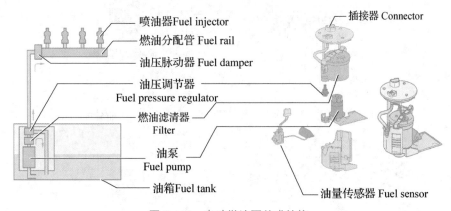

图 3-22　电动燃油泵总成结构
Fig.3-22　Structure of fuel pump assembly

涡轮式电动燃油泵结构如图 3-23 所示,其主要由电动机、涡轮泵、止回阀、泄压阀等组成。燃油泵通电时,电动机驱动涡轮泵叶片旋转,由于离心力的作用,使叶轮周围小槽内的叶片贴紧泵壳,将燃油从进油室带往出油室。由于进油室的燃油不断减少,形成一定的真空度,将燃油从进油口吸入。出油室燃油不断增多,燃油压力升高,当达到一定值时,顶开止回阀的出油口输出。止回阀在燃油泵不工作时阻止燃油流回油箱,保持油路中有一定的压力,便于下次起动。这种燃油泵具有泵油量大、泵油压力高、供油压力稳定、运行噪音低、使用寿命长的优点。此外,由于不需要消声器,可以小型化,所以在汽车上广泛使用。

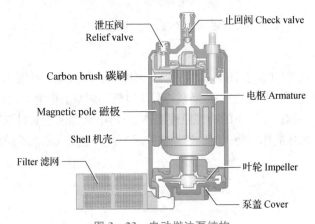

图 3-23 电动燃油泵结构

Fig.3-23   Structure of fuel pump

目前车辆上配备的电动燃油泵均是由发动机模块(ECM)控制的,一种方式是 ECM 通过控制燃油泵继电器进而控制油泵工作电路,另一种方式是 ECM 通过控制燃油泵控制模块,燃油泵控制模块再控制燃油泵工作。

1. 继电器控制方式(Relay-operated)

大众 AJR 发动机所配备的燃油泵采用继电器控制的方式,如图 3-24 所示。发动机控制单元控制燃油泵继电器触点闭合,控制燃油泵的电源电路,进而实现燃油泵的控制。有些发动机配备的燃油泵采用双继电器控制,如大众 EA111/1.6L MPI 发动机。

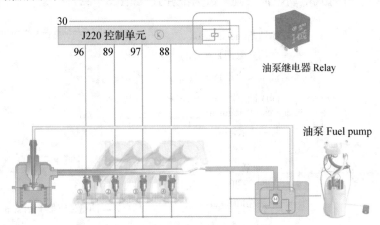

图 3-24 继电器控制方式(大众 AJR 发动机)

Fig.3-24   Relay-operated(VW AJR)

2. 模块控制方式(Module-operated)

大众 EA111/1.4T 发动机所配备的燃油泵采用模块控制的方式,如图 3 - 25 所示。车门开关信号传递给车身控制模块 J519 来控制接通油泵控制单元通电。发动机控制模块通过占空比信号(脉宽调制信号:PWM Pulse-Width Modulated)控制油泵控制模块,油泵控制模块再控制电动燃油泵工作,使低压燃油系统油压最高达到 5 bar,低压燃油通过低压管路输送至高压油泵,经高压油泵最高加压至 200 bar,再通过高压管路输送至高压油轨供喷油器喷射。

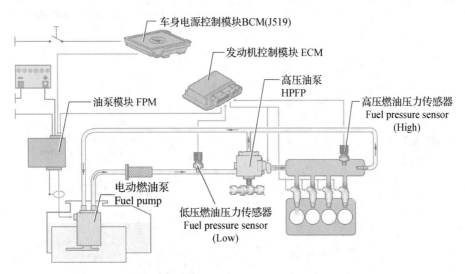

图 3 - 25　模块控制式(大众 EA111 1.4T)
Fig.3 - 25　Module-operated(VW EA111 1.4T)

大众 EA211/1.4T 发动机所配备的低压油泵同样采用模块控制的方式,如图 3 - 26 所示。当遥控钥匙开启后,ECM 控制主继电器接通低压燃油泵控制供电,不再由车身控制模块 J519 控制。此时如果不继续打开车门,供电将短时间内断开。当打开车门和点火开关时,ECM 控制油泵模块进行预供油,持续时间 1 秒左右,目前电动燃油泵普遍采用这种控制方式。

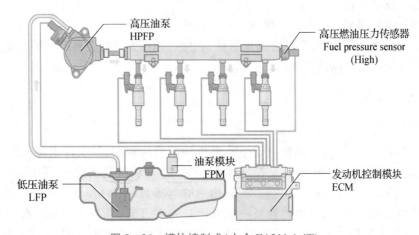

图 3 - 26　模块控制式(大众 EA211 1.4T)
Fig.3 - 26　Module-operated(VW EA211 1.4T)

大众 EA888/CUGA 发动机采用混合喷射方式,有低压和高压两套供油回路,如图 3-27 所示,其低压燃油泵的控制方式与 EA211 1.4T 发动机类似,高压燃油泵由排气凸轮轴后端的方形凸轮带动。高压燃油压力最高为 200 bar,出于安全考虑,在打开高压部件之前,例如拆卸高压泵、燃油分配管、喷油嘴、燃油管或燃油压力传感器 G247 之前,必须将高压范围内的燃油压力降低到 4~7 bar,消除燃油高压,以防发生危险。

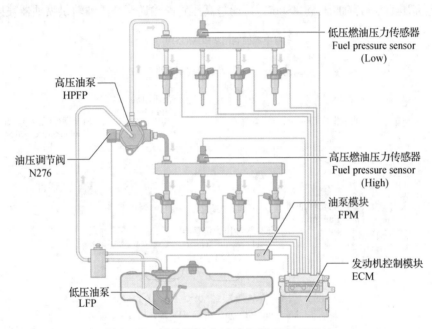

图 3-27　模块控制式(大众迈腾 B8L CUGA)
Fig.3-27　Module-operated(VW Magotan B8L CUGA)

卸压的具体步骤如下:
(1) 拆卸燃油压力调节阀(N276)插头;
(2) 拔下燃油泵控制单元保险丝(SB_{10});
(3) 起动发动机;
(4) 用诊断仪观察燃油压力下降到 4~7 bar;
(5) 关闭点火开关,并立即打开高压系统,否则燃油压力可能会再度稍稍升高;
(6) 完成修理后清除故障码。

四、工作电路

1. 大众迈腾 B8L 电动燃油泵工作电路

大众迈腾 B8L/CUGA 发动机电动燃油泵由油泵模块控制,其工作电路如图 3-28 所示。G6 为电动燃油泵,J538 为油泵控制模块,J623 为发动机控制模块,TIUL 为转接头。J538 共 5 个端子,其中 T5ax/3 为电源端子,由主继电器 J271 的 87a 端子经 SB_{10} 保险丝,再经 TIUL 转接头到达 J538;经由燃油泵控制单元 J538 的 T5ax/4 端子到车辆右侧 B 柱上的搭铁点,形成供电回路。T5ax/5 端子为 J538 的控制端,由 J623 的 T91/9 端子发出 PWM 控制信号至 J538,进而对电动燃油泵进行泵油控制。燃油泵 G6 通过燃油泵控制单元 J538

的 T5ax/1 端子供给正极电源,经由 G6 的 T5aw/5 端子与燃油泵控制单元 J538 的 T5ax/2 端子形成搭铁回路,使得燃油泵电机 G6 能正常运转。

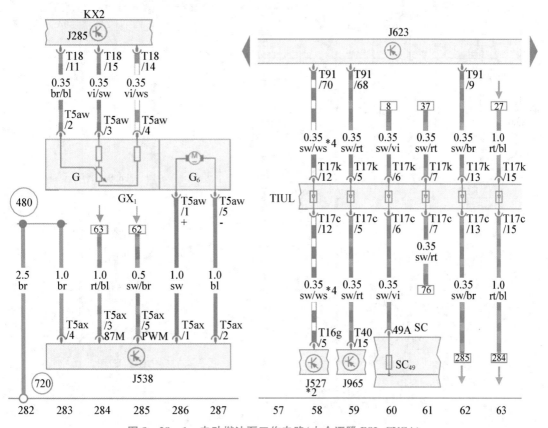

图 3-28-1 电动燃油泵工作电路(大众迈腾 B8L CUGA)
Fig.3-28-1 Circuit of fuel pump(VW Magotan B8L CUGA)

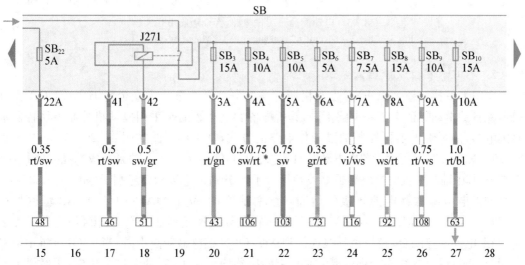

图 3-28-2 电动燃油泵工作电路(大众迈腾 B8L CUGA)
Fig.3-28-2 Circuit of fuel pump(VW Magotan B8L CUGA)

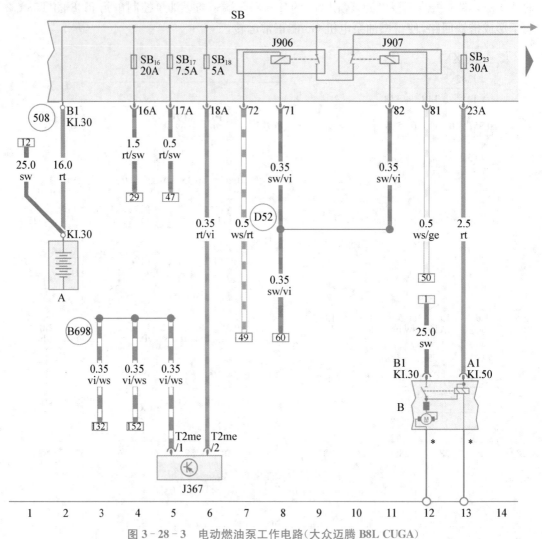

图 3‑28‑3　电动燃油泵工作电路（大众迈腾 B8L CUGA）
Fig.3‑28‑3　Circuit of fuel pump（VW Magotan B8L CUGA）

2. 丰田卡罗拉双擎燃油泵工作电路

丰田卡罗拉双擎 8ZR-FXE 发动机所配备的电动燃油泵与大众迈腾 B8L/CUGA 发动机所配备的电动燃油泵工作电路不同,其所配备的电动燃油泵采用发动机控制模块控制油泵继电器,油泵继电器再控制油泵工作电路的方式,其工作电路如图 3‑29‑1、3‑29‑2、3‑29‑3、3‑29‑4 所示。图中电动燃油泵总成的元件编号为 044,油泵总成的插接器共有 5个端子,其中油泵电机的正极端子 B 及负极端子 E 分别是 4 号和 5 号端子(如图 3‑29‑4)。油泵的供电电源从蓄电池正极经熔断丝盒总成中的 BAT-MAIN(140 A)保险丝(如图 3‑29‑1),经 EFI-MAIN(20 A)保险丝通过粉色导线连接到达 EFI-MAIN 继电器触点上游,当继电器触点闭合,经红色导线连接到达 C/OPN 继电器触点上游,当 C/OPN 继电器触点闭合,通过绿色导线连接到达燃油泵线束插接器 4 号端子,对油泵进行供电,再经燃油泵线束插接器 5 号端子接地,形成工作回路。

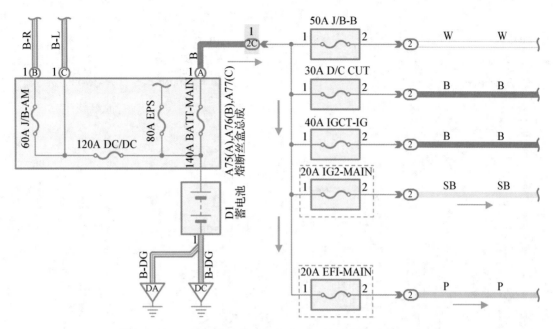

图 3‑29‑1　电动燃油泵工作电路(丰田卡罗拉混动 8ZR-FXE)
Fig.3‑29‑1　Circuit of fuel pump(Toyota Corolla 8ZR-FXE)

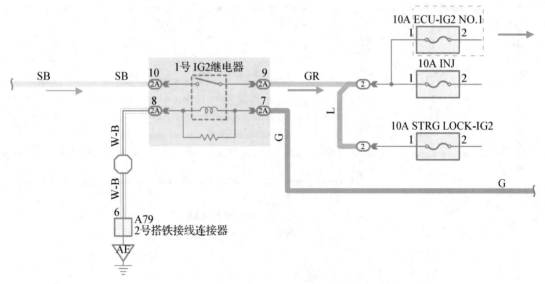

图 3‑29‑2　电动燃油泵工作电路(丰田卡罗拉混动 8ZR-FXE)
Fig.3‑29‑2　Circuit of fuel pump(Toyota Corolla 8ZR-FXE)

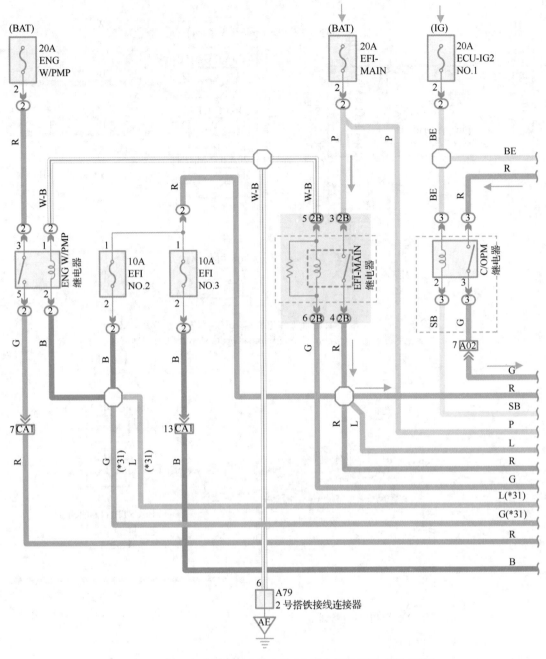

图 3－29－3 电动燃油泵工作电路（丰田卡罗拉混动 8ZR-FXE）
Fig.3－29－3 Circuit of fuel pump（Toyota Corolla 8ZR-FXE）

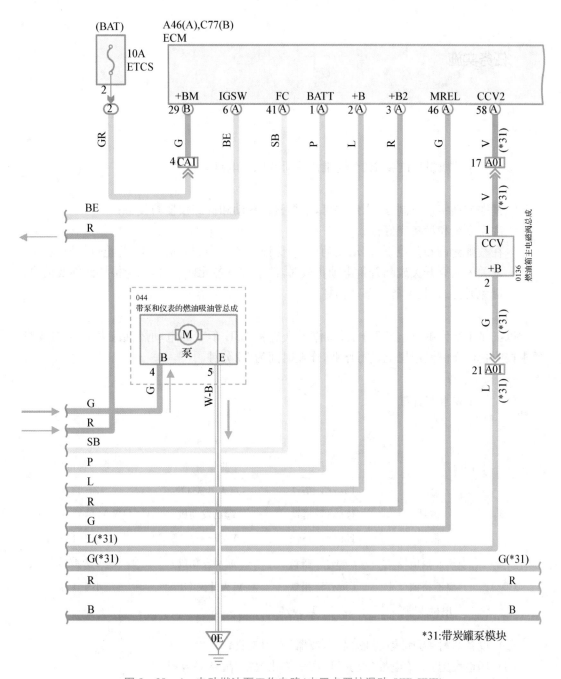

图 3‑29‑4 电动燃油泵工作电路(丰田卡罗拉混动 8ZR-FXE)
Fig.3‑29‑4 Circuit of fuel pump(Toyota Corolla 8ZR-FXE)

 **任务实施**

一、实施方案

1. 质量要求

参照厂家的质量标准要求(车辆维修手册及原车电路图)。

2. 注意事项

- 遵守实训室规章制度,未经许可,不得擅自移动和拆卸仪器与设备;
- 注意安全和设备完好性;
- 在教师允许和监控下,起动发动机,需保证设备周围的人员安全,防止意外发生;
- 未关闭点火开关或断开蓄电池负极时,严禁拔下各元件接口,以免损坏元件及模块;
- 避免元件、工具设备掉落及损坏。

3. 组织方式

以工作小组为单位,合理分工,检修大众迈腾 B8L 车上的电动燃油泵及其控制电路。要求按照企业岗位操作规范进行作业,作业时间为 30 分钟。

4. 作业准备

(1) 技术要求与标准:

表 3-4 电动燃油泵技术要求与标准
Tab. 3-4 Technical requirements and standards of FP

检测内容		端子号	测量条件	参考标准值
J538	电源	T5ax/3-搭铁	点火开关 ON	12~14 V
	信号	T5ax/5-搭铁	起动发动机	PWM 信号(12 V)
	搭铁	T5ax/4-搭铁	点火开关 OFF	小于 1 Ω
G6	G6 正极信号	T5aw/1-搭铁	起动发动机	12 V 方波信号
	G6 搭铁	T5aw/5-搭铁	点火开关 OFF	小于 1 Ω
	电机线圈	T5aw/1-T5aw/5	20 ℃	0.2~3 Ω

(2) 设备器材:万用表、诊断仪、示波器、常用工具;

(3) 场地设施:汽车电控发动机理实一体化教室,配备举升机;

(4) 设备设施:迈腾 B8L 整车,配备 CUGA 发动机;

(5) 耗材:干净抹布。

二、操作步骤

1. 电动燃油泵工作测试

(1) 将车辆置于相对安静工作环境,放置车轮挡块,安装三件套,拉紧手刹;

(2) 打开点火开关,仔细听取电动燃油泵工作声音,或者连接诊断仪,执行燃油泵主动测试,判断燃油泵是否运转。若听不到燃油泵运转的声音,则进行燃油泵控制电路及燃油泵本体检查。

2. 检测燃油泵控制模块

(1) 检测 J538 供电

点火开关 OFF,脱开 J538 插接器,点火开关 ON,万用表调至直流电压(V)挡,测量插接器线束侧 T5ax/3 端子对地电压,应为 12～14 V,若不符,则进一步检测上游线束及元件。

(2) 检测 J538 搭铁

点火开关 OFF,脱开 J538 插接器,测量线束侧 T5ax/4 端子对地电阻,将检测数据与标准数据进行比对,若不符,则进一步检测线束。

(3) 检测 J538 信号

点火开关 OFF,脱开 J538 插接器,用探针将 J538 的 T5ax/5 端子引出,并验证探针的导通情况,连接示波器探头,起动发动机,读取 T5ax/5 端子对地波形,将检测数据与标准数据进行比对,如果检测数据不在规定范围内,则进行下一步检查。

(4) 检测 J538 线束

在起动开关关闭,蓄电池负极断开的情况下,测量以下端子之间的线束的电阻。

检测内容	端子号	测量条件	参考标准值
J538 - SB$_{10}$	T5ax/3 - SB$_{10}$ 下游触点	点火开关 OFF 脱开蓄电池负极桩头	小于 1 Ω
J538 - ECM	T5ax/5 - T91/9		
J538 -搭铁	T5ax/4 -搭铁		

将检测数据与标准数据进行比对,如果检测数据不在规定范围内,则更换线束。

3. 检测燃油泵 G6

(1) 检测油泵供电

在起动开关关闭的情况下,断开油泵 G6 的插接器,打开起动开关,测量 T5aw/1 端子对地电压。

(2) 检测油泵搭铁

在起动开关关闭的情况下,测量 T5aw/5 端子对地电阻,将检测数据与标准数据进行比对,如果检测数据不在规定范围内,则进行下一步检查。

(3) 检查燃油泵 G6 线束(G6 - J538)

点火开关 OFF,断开油泵插接器,根据下表所示检测线束的电阻。结果如不符合,则修理或者更换线束。

检测内容	端子号	测量条件	参考标准值
G6 与 J538 之间线路	T5aw/1(G6)- T5ax/1(J538)	点火开关 OFF 断开蓄电池负极桩头 脱开 G6 及 J538 插接器	小于 1 Ω
	T5aw/5(G6)- T5ax/2(J538)		

（4）检测燃油泵 G6 元件

点火开关 OFF，断开电动燃油泵插接器。检查电动燃油泵内部电机的线圈电阻，如图 3 - 30 所示。插头的 T5aw/1 端子供给正极信号，T5aw/2 端子为搭铁端。将万用表置于欧姆（Ω）挡，检测元件端 T5aw/1 与 T5aw/2 端子之间的阻值，记录检测数据并与参考值进行比对，若检测电阻值不在规定范围内，则需要更换燃油泵。

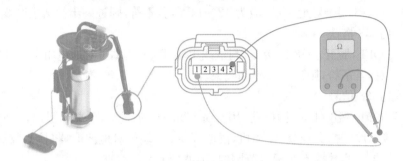

图 3 - 30　检测油泵线圈阻值
Fig.3 - 30　Test the resistance of the pump

4. 检查复位

电动燃油泵及相关组件复位。使用解码器读取故障码，验证故障是否消失。仪器设备复位、场地清洁。

 任务评价

一、知识巩固

1. 判断题

（1）涡轮式电动燃油泵主要由涡轮、转子、永久磁铁、换向器等组成。　　　　（　　）

（2）如果电动燃油泵断路继电器损坏，将不会影响电动燃油泵正常运转。　　（　　）

（3）大众朗逸 CSRA 发动机电动燃油泵采用的控制方式是继电器控制式。　（　　）

（4）大众迈腾 B8L CUGA 发动机电动燃油泵采用的控制方式是模块控制式。（　　）

（5）电动燃油泵如果采用模块控制式，发动机 ECM 是通过 PWM 占空比信号对燃油泵模块进行控制的。　　　　　　　　　　　　　　　　　　　　　　　　　　　（　　）

2. 单选题

（1）大众迈腾 B8L 采用以下哪种类型的燃油泵？（　　）

A. 涡轮式　　　　　B. 滚珠式　　　　　C. 翼片式　　　　　D. 齿轮式

（2）电动汽油泵在 20 ℃状态下，其电机线圈的标准电阻值为（　　）。

A. 0.1 Ω～2 Ω　　　　　　　　　　B. 0.2 Ω～0.3 Ω

C. 0.2 Ω～3 Ω　　　　　　　　　　D. 0.3 Ω～4 Ω

二、技能测评

表 3‑5　电动燃油泵诊断与维修技能评价表
Tab. 3‑5　Skills assessment for fuel pump

序号	内容	分值	得分
1	能准确识别燃油泵控制系统各组件	10	
2	能正确选用合适工具对燃油泵总成进行拆装	10	
3	能正确选用工具进行相关数据的测量	20	
4	能检测电动燃油泵相关参数及线束	20	
5	能测量 J538 相关参数及线束	20	
6	能检测燃油泵总成	10	
7	检查复位	10	
	总分	100	

汽油发动机管理系统诊断与维修

任务 3　碳罐电磁阀诊断与维修

学习目标

- 能识别具体发动机燃油蒸发控制系统架构及碳罐电磁阀的安装位置；
- 掌握燃油蒸发控制系统及碳罐电磁阀的功用及失效现象；
- 理解燃油蒸发控制系统及碳罐电磁阀的结构与工作原理；
- 能分析碳罐电磁阀的工作电路；
- 能熟练运用工具仪器对碳罐电磁阀进行检修；
- 树立正确的劳动观,注重质量意识,锤炼工匠精神。

故障案例

一辆迈腾 B8L 轿车,行驶里程约 2.2 万千米,该车因仪表板上发动机故障灯报警而进站维修,维修人员试车,发现发动机故障灯长亮。连接故障诊断检查,发动机系统存储"P044400 -油箱排气阀 1 -断路"的故障码。维修人员怀疑故障是燃油蒸发控制系统中的碳罐电磁阀故障,请重点对该车配备的燃油蒸发控制系统进行进一步的诊断与维修。

图 3 - 31　碳罐电磁阀故障码
Fig.3 - 31　DTC of canister purge solenoid

知识链接

一、功用及失效影响

燃油箱内的汽油在温度较高或者震荡时容易产生汽油蒸汽,主要成分是 HC 化合物,如果排入大气则会造成污染,所以汽油发动机上均装配有燃油蒸发控制系统(EVAP:

Evaporative Emission System)，如图 3-32 所示，该系统吸收、储存汽油蒸汽并适时将其送入进气道，进入燃烧室燃烧，防止造成污染，提高燃油的经济性。碳罐电磁阀（CANP：Canister Purge Solenoid Valve）是燃油蒸发控制系统的核心部件，其用于控制从碳罐到进气管的管路通断。

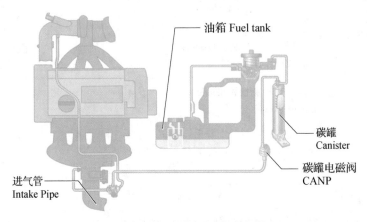

图 3-32　燃油蒸发控制系统架构（大众迈腾 B8L CUGA）
Fig.3-32　Structure of EVAP(VW Magotan B8L CUGA)

若碳罐电磁阀一直处于关闭状态，碳罐内的汽油蒸汽会不断聚集，最后溢出，一方面会造成汽油的浪费，另一方面会污染环境。若电磁阀一直处于打开状态，发动机进气道的混合气会一直处于加浓状态，造成热车时混合气过浓，从而引起发动机熄火以及热车熄火后不易起动的现象。

二、安装位置及外观

以大众迈腾第三代 EA888 发动机为例，其碳罐电磁阀串联安装在碳罐与进气歧管之间的管路中，并安装在发动机进气歧管上方的支架上，如图 3-33 所示。

图 3-33　碳罐电磁阀安装位置（大众迈腾 B8L CUGA）
Fig.3-33　Position of CANP(VW Magotan B8L CUGA)

三、结构及工作原理

碳罐电磁阀的结构如图 3-34 所示，当发动机运转时，在一定条件下（一般为非怠速、加速工况，且冷却液温度在 80 ℃以上），ECM 通过 PWM 信号控制碳罐电磁阀线圈通电，电磁阀开启,使吸附在活性炭颗粒表面的燃油分子又重新蒸发,随空气一起吸入发动机燃烧,使燃油得到充分利用。

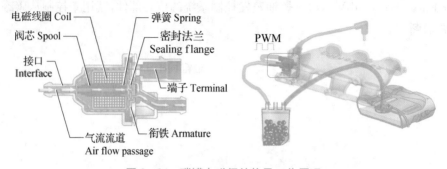

图 3-34　碳罐电磁阀结构及工作原理

Fig.3-34　Structure and principle of CANP

四、工作电路

大众迈腾 B8L CUGA 发动机配备的碳罐电磁阀工作电路如图 3-35 所示。N80 为碳罐电磁阀。T2x/1 端子为其电源输入端子,其供电线路与该机型低压喷油器的供电电路一致,12 V 电源由蓄电池或交流发电机正极经由主继电器 J271 触点,经保险丝 SB9,经转接头 TML,再经 D196 正极线束到达碳罐电磁阀 T2x/1 端子。T2x/2 端子为搭铁控制端,与 ECM 的 T105/3 端子相连。

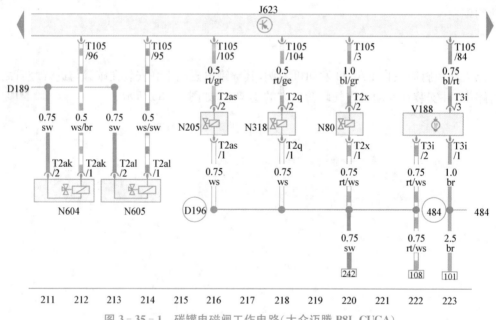

图 3-35-1　碳罐电磁阀工作电路(大众迈腾 B8L CUGA)

Fig.3-35-1　Circuit of CANP(VW Magotan B8L CUGA)

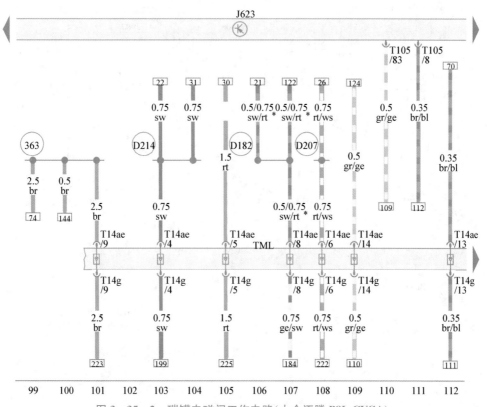

图 3－35－2 碳罐电磁阀工作电路（大众迈腾 B8L CUGA）
Fig.3－35－2 Circuit of CANP（VW Magotan B8L CUGA）

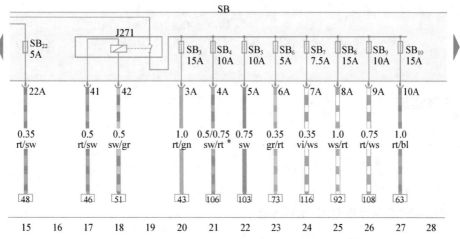

图 3－35－3 碳罐电磁阀工作电路（大众迈腾 B8L CUGA）
Fig.3－35－3 Circuit of CANP（VW Magotan B8L CUGA）

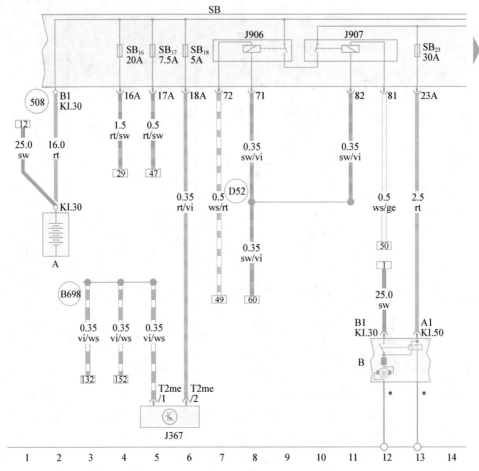

图 3－35－4　碳罐电磁阀工作电路（大众迈腾 B8L CUGA）
Fig.3－35－4　Circuit of CANP（VW Magotan B8L CUGA）

 **任务实施**

一、实施方案

1. 质量要求
参照厂家的质量标准要求（车辆维修手册）。

2. 注意事项

- 遵守实训室规章制度，未经许可，不得擅自移动和拆卸仪器与设备；
- 注意安全和设备完好性；
- 在教师允许和监控下，起动发动机，需保证设备周围的人员安全，防止意外发生；
- 未关闭点火开关或断开蓄电池负极时，严禁拔下各元件接口，以免损坏元件及模块；
- 避免元件、工具设备掉落及损坏。

3. 组织方式

以工作小组为单位,合理分工,针对大众迈腾 B8L/CUGA 发动机上配备的碳罐电磁阀进行诊断与维修。要求按照企业岗位操作规范进行作业,作业时间为 20 分钟。

4. 作业准备

(1) 技术要求与标准:

表 3－6　碳罐电磁阀技术要求与标准
Tab. 3－6　Technical requirements and standards of CANP

检测内容	端子号	测量条件	参考标准值
电源电压	T2x/1	点火开关 ON	9～14 V
控制信号	T2x/2	起动发动机	脉冲波形
线圈内阻	T2x/1 - T2x/2(元件侧)	20 ℃	23～26 Ω

(2) 设备器材:万用表、诊断仪、示波器、常用工具;

(3) 场地设施:汽车电控发动机理实一体化教室,配备举升机;

(4) 设备设施:迈腾 B8L 整车,配备 CUGA 发动机;

(5) 耗材:干净抹布。

二、操作步骤

1. 检测电源电压

(1) 点火开关 OFF,脱开碳罐电磁阀插接器;

(2) 点火开关 ON,万用表调至直流电压挡,测量插接器线束侧 T2x/1 端子和搭铁之间的电压,如图 3－36 所示,正常值应为 12～14 V,否则进一步检测 T2x/1 端子上游的元件及线束。

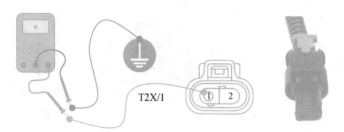

图 3－36　检测碳罐电磁阀电源电压(大众迈腾 B8L CUGA)
Fig.3－36　Test the operating voltage of the CANP(VW Magotan B8L CUGA)

2. 检测控制信号

(1) 点火开关 OFF,断开碳罐电磁阀插头,用背插针将碳罐电磁阀插头的 T2x/2 端子引出,并验证导通情况,恢复插接器连接;

(2) 起动发动机,充分预热,冷却液温度上升至 60 ℃以上;

(3) 打开并调整示波器,测量 T2x/2 端子与接地之间的工作波形;

(4) 对比正常波形,分析实测波形,若无控制信号波形或波形不正确,则进一步检测连接线束,否则说明 ECM 故障。

3. 检测线束

如图 3-27 所示,关闭点火开关,断开蓄电池负极,静置 2 min 以上,断开碳罐电磁阀及 ECM 插接器,根据下表所示检测线束的电阻。检查结果如不符合,则修理或者更换线束。

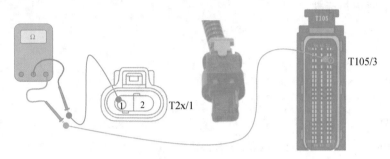

图 3-37　检测碳罐电磁阀与 ECM 之间线束
Fig.3-37　Test the wire between the CANP and ECM

检测内容	端子号	测量条件	参考标准值
N80 与 ECM 之间线路	T2x/2 - T105/3	点火开关 OFF 断开蓄电池负极端子	小于 1 Ω
N80 与 SB_9 之间线路	T2x/1 与 SB_9 下游触点		

4. 检测碳罐电磁阀本体

(1) 碳罐电磁阀线圈电阻检测

点火开关 OFF,断开碳罐电磁阀插接器。将万用表调至欧姆(Ω)挡,测量元件侧 T2x/1 与 T2x/2 端子之间的电阻,如图 3-38 所示,记录检测数据,并与参考标准值进行比对,若检测电阻值不在规定范围内,则说明碳罐电磁阀故障,需更换。

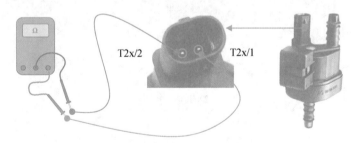

图 3-38　检测碳罐电磁阀线圈阻值
Fig.3-38　Test the heating resistance in the CANP

(2) 碳罐电磁阀阀体检查

用高压气枪分别检查碳罐电磁阀在断电和通电情况下的导通与密封性,在断电情况下应关闭,在通电情况下应导通,否则说明碳罐电磁阀阀体损坏或者泄漏,需更换。

5. 检查复位

连接碳罐电磁阀插接器,连接蓄电池负极桩头。读取故障码,验证故障,设备仪器复位、场地清洁。

任务评价

一、知识巩固

1. 判断题

(1) 碳罐电磁阀控制信号的占空比与冷却液温度无关。　　　　　　　（　　）

(2) 发动机起动运行,ECM 就控制 EVAP 电磁阀打开。　　　　　　（　　）

2. 单选题

(1) 活性碳罐吸附的燃油蒸汽来自(　　)。

A. 曲轴箱　　　　　　　　　　　　B. 油箱

C. 油底壳　　　　　　　　　　　　D. 燃油分配管

(2) 碳罐一般有(　　)个管路接口。

A. 1　　　　　　　　　　　　　　B. 2

C. 3　　　　　　　　　　　　　　D. 4

(3) 燃油箱被吸瘪,可能的原因是(　　)。

A. 碳罐通气孔堵塞

B. EVAP 阀故障

C. 蒸汽管破损

D. 真空管破损

二、技能测评

表 3-7　碳罐电磁阀诊断与维修技能评价表

Tab. 3-7　Skills assessment for CANP

序号	内容	分值	得分
1	能正确选用工具进行相关数据的测量	10	
2	能检测碳罐电磁阀电源电压	20	
3	能检测碳罐电磁阀控制信号波形	20	
4	能检测碳罐电磁阀内阻	20	
5	能检查碳罐电磁阀相关线束	20	
6	检查复位	10	
总分		100	

任务 4　电子节气门驱动装置诊断与维修

 学习目标

- 能识别具体发动机所配备的电子节气门驱动装置的安装位置；
- 掌握电子节气门驱动装置的结构；
- 理解电子节气门驱动装置的工作原理；
- 能分析电子节气门驱动装置的工作电路；
- 能熟练运用工具仪器对电子节气门驱动装置进行检修；
- 树立正确的劳动观，注重质量意识，锤炼工匠精神。

 故障案例

如图 3-39 所示，一辆迈腾 B8L 轿车，故障现象：急速抖动，加速动力不足，踩油门过程中，发动机转速最高升至 2 000 r/min 就无法再升高，且 EPC 灯亮起。读取故障码显示："节气门控制-断路"，请通过检测进一步明确故障点。

图 3-39　电子节气门驱动装置故障码

Fig.3-39　DTC of electronic throttle control system

 知识链接

一、功用及失效影响

节气门是控制空气进入发动机的阀门。目前汽车的节气门采用电子控制且兼顾了急速及非急速工况的进气控制，称为节气门直动式控制。该部件总成可被称为电子节气门控制单元（ETC：Electronic Throttle Control Unit）、节流阀体（Throttle body）或者节气门体总

成,其主要包含了节气门位置传感器和节气门驱动装置两个部件,如图 3－40 所示,节气门位置传感器负责监测节气门开度,节气门驱动装置负责驱动节气门的开度。

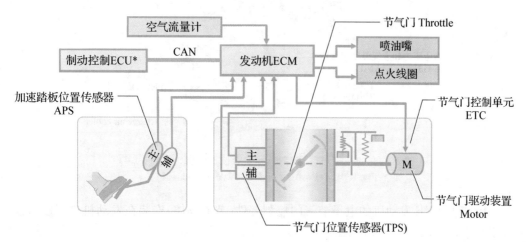

图 3－40　电子节气门控制单元功用
Fig.3－40　Function of ETC

该部件总成可以优化节气门实际开度的大小和快慢的反应调节。冷起动后,实现快怠速调节和最低稳定怠速的调节、额外负荷的自动调节、防滑转扭矩的控制、巡航控制等功能,提高汽车的平稳性和舒适性。当该部件发生故障时,发动机可能会表现为怠速不稳定,高怠速,起动困难,尤其是冷起动困难、动力不足、加速性能差、运转不稳定等现象。

二、安装位置及外观

节气门控制单元一般安装在发动机进气管路中,如图 3－41 所示,大众迈腾 B8L/CUGA 发动机的节气门控制单元 J338 安装在发动机进气歧管的下方。

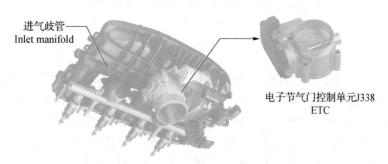

图 3－41　电子节气门控制单元安装位置(大众迈腾 B8L CUGA)
Fig.3－41　Position of ETC(VW Magotan B8L CUGA)

大众 EA111 1.4T 发动机的电子节气门控制部件(节流阀体)J338 安装在发动机压力管靠近进气歧管的管路中,如图 3－42 所示。

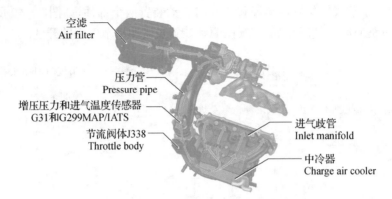

空滤
Air filter

压力管
Pressure pipe

增压压力和进气温度传感器
G31和G299MAP/IATS

节流阀体J338
Throttle body

进气歧管
Inlet manifold

中冷器
Charge air cooler

图 3‒42　电子节气门控制单元安装位置（大众 EA111 1.4T）
Fig.3‒42　Position of ETC(VW EA111 1.4T)

丰田 8ZR‒FXE 发动机的电子节气门控制部件（节流阀体）安装在发动机进气歧管前的总管安装平台上，如图 3‒43 所示。

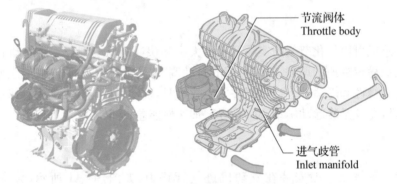

节流阀体
Throttle body

进气歧管
Inlet manifold

图 3‒43　节气门控制部件安装位置（丰田 8ZR‒FXE）
Fig.3‒43　Position of ETC Toyota(8ZR‒FXE)

三、结构及工作原理

电子节气门控制单元的结构如图 3‒44 所示。系统采用具备出色响应性能和最小功率消耗的直流伺服电机，ECM 通过调节脉宽调制信号的占空比，控制流向节气门电机的电流大小和方向，使驱动电机正转、维持或者反转，再通过减速齿轮机构驱动节气门轴转动，进而控制节气门的开度，从而控制发动机进气量。电机输出转矩和脉宽调制信号的占空比成正比，当占空比一定，电机输出转矩与回位弹簧阻力矩保持平衡时，节气门开度不变；当占空比增大时，电机驱动力矩克服回位弹簧阻力矩，节气门开度增大；反之，当占空比减小时，电机输出转矩和节气门开度也随之减小。集成在部件中的节气门位置传感器实时将节气门的位置信号检测并反馈给 ECM，为节气门门开度控制或者其他控制决策提供信号参考。

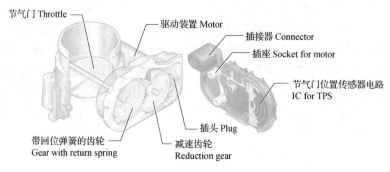

节气门 Throttle

驱动装置 Motor

插接器 Connector

插座 Socket for motor

节气门位置传感器电路
IC for TPS

插头 Plug

带回位弹簧的齿轮
Gear with return spring

减速齿轮
Reduction gear

图 3-44　电子节气门控制单元结构

Fig.3-44　Structure of ETC

四、工作电路

1. 大众迈腾 B8L/CUGA 发动机节气门驱动装置工作电路

大众迈腾 B8L/CUGA 发动机节气门控制部件 GX3,通过一个 6 芯插头 T6e 与 ECM 相连,其工作电路如图 3-45 所示。节气门控制部件 GX3 是由电控油门操纵机构的节气门驱动装置角度传感器 1(G187)、传感器 2(G188)和节气门驱动装置(G186)三部分组成,G187 和 G188 是由发动机控制单元 J623 的 T105/54 端子直接供电,同时由 J623 的 T105/56 端子搭铁形成回路,G187 和 G188 通过 T6e/1、T6e/4 端子分别将节气门位置信号输送给 J623,只有在 2 个传感器同时给 J623 提供准确信号时,节气门翻板才会工作。发动机控制模块 J623 通过 T105/90 与 T105/91 端子分别与节气门驱动部件 G186 上的 T6e/3 与 T6e/5 端子形成控制回路,控制节气门驱动装置(G186)的工作,进而驱动节气门翻板。

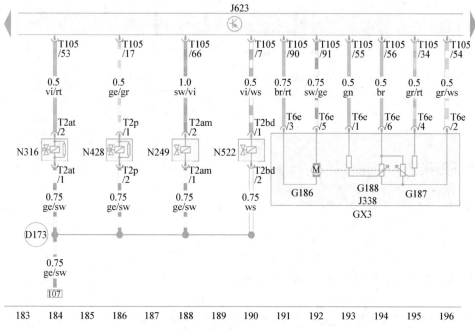

图 3-45　节气门驱动装置工作电路(大众迈腾 B8L CUGA)

Fig.3-45　Circuit of ETC(VW Magotan B8L CUGA)

2. 丰田卡罗拉 8ZR-FXE 发动机节气门驱动装置工作电路

丰田卡罗拉 8ZR-FXE 带电动机的节气门体总成通过一个 6 芯插接器与 ECM 连接,在电路中的插接器编号为 C20,通过一个 6 芯插头与 ECM 相连,其工作电路如图 3-46 所示。1(M−)端子为节气门驱动电机的负极端子,2(M+)为节气门驱动电机的正极端子,为保护驱动电机的信号不受干扰,电机的正负极线路外采用了屏蔽线。3(E2)为节气门位置传感器的搭铁端子,4(VTA2)、6(VTA)为节气门位置传感器的信号端子,5(VC)为节气门位置传感器的 5 V 工作电压端子。

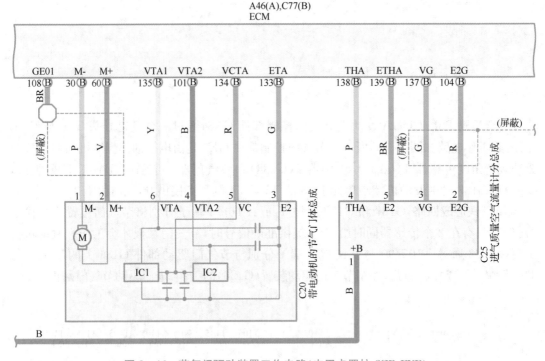

图 3-46　节气门驱动装置工作电路(丰田卡罗拉 8ZR-FXE)

Fig.3-46　Circuit of ECTS-I(Toyota Corolla 8ZR-FXE)

 **任务实施**

一、实施方案

1. 质量要求

参照厂家的质量标准要求(车辆维修手册)。

2. 注意事项

○ 遵守实训室规章制度,未经许可,不得擅自移动和拆卸仪器与设备;

○ 注意安全和设备完好性;

◎ 在教师允许和监控下,起动发动机,需保证设备周围的人员安全,防止意外发生;

◎ 未关闭点火开关或断开蓄电池负极时,严禁拔下各元件接口,以免损坏元件及模块;

◎ 避免元件、工具设备掉落及损坏。

3. 组织方式

以工作小组为单位,合理分工,针对大众迈腾车 B8L/CUGA 上的节气门驱动装置进行诊断与维修。要求按照企业岗位操作规范进行作业,作业时间为 20 分钟。

4. 作业准备

(1) 技术要求与标准:

表 3-8　节气门驱动部件技术要求与标准
Tab. 3-8　Technical requirements and standards of ETC

检测内容	端子号	测量条件	参考标准值
节气门驱动部件信号波形	T6e/3	启动发动机	PWM 占空比信号
	T6e/5		
元件-ECM 之间线束	T6e/3 - T105/90	点火开关置于 OFF 挡	小于 1 Ω
	T6e/5 - T105/91		
直流电机线圈阻值	T6e/3 - T6e/5(元件内)	20 ℃	68 Ω 左右

(2) 设备器材:万用表、诊断仪、示波器、常用工具;

(3) 场地设施:汽车电控发动机理实一体化教室,配备举升机;

(4) 设备设施:大众迈腾 B8L 整车,配备 CUGA 发动机;

(5) 耗材:干净抹布。

二、操作步骤

1. 检测节气门驱动装置控制信号波形

(1) 点火开关 OFF,断开节气门控制部件总成的插接器,用背插针将插接器的 T6e/3 端子引出,并验证导通情况,恢复插接器连接;

(2) 起动发动机,使发动机以怠速运转,打开并调整示波器,检测 T6e/3 与搭铁端子间的波形,踩油门踏板,观察发动机转速变化以及对应的驱动信号的变化情况;

(3) 与正常波形对比,如图 3-47 所示,若波形不正确,则进一步测量连接线束,若线束正常,则说明 ECM 有故障。

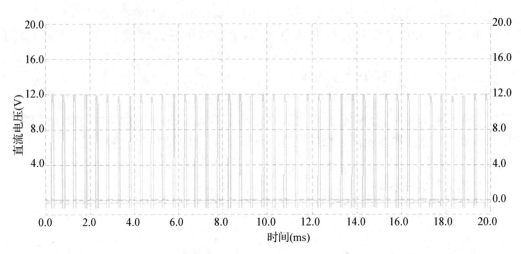

图 3－47　检测节气门驱动装置控制信号波形（大众迈腾 B8L CUGA）
Fig.3－47　Test the control signal of the motor（VW Magotan B8L CUGA）

2. 检测线束

（1）点火开关 OFF，断开蓄电池负极桩头，车辆静置 2 min 以上，脱开节气门控制部件插以及 ECM 插接器；

（2）将万用表调至欧姆（Ω）挡，根据下表所示检测线束的电阻。如不符合，则修理或者更换线束。

检测内容	端子号	测量条件	参考标准值
G186 与 ECM 之间线束	T6e/5 - T105/91	点火开关 OFF 断开蓄电池负极端子 脱开插接器	小于 1 Ω
	T6e/3 - T105/90		

3. 检测驱动电机

（1）点火开关 OFF，脱开节气门控制部件插接器，结合电路图在元件端找到对应端子；

（2）将万用表调至欧姆（Ω）挡，测量元件侧 T6e/3 与 T6e/5 端子之间的阻值，如图 3－48 所示，记录检测数据并与参考值进行比对，若检测电阻值不在规定范围内，则说明驱动电机故障。

T6e/3-T6e/5

图 3－48　检测控制电机线圈阻值（大众迈腾 B8L CUGA）
Fig.3－48　Test the resistance of the motor（VW Magotan B8L CUGA）

4. 检查复位

连接节气门控制部件、ECM插接器,恢复蓄电池负极接线柱连接,解码器读取故障码,验证故障是否消除,设备仪器复位,场地清洁。

任务评价

一、知识巩固

1. 判断题

(1) 节气门控制部件中的控制电机为交流电机。　　　　　　　　　　　　(　　)

(2) 节气门控制部件的控制信号为PWM占空比信号。　　　　　　　　　(　　)

(3) 在发动机的工作过程中,节气门能实现反向控制。　　　　　　　　　(　　)

2. 单选题

(1) 大众迈腾B8L CUGA发动机节气门驱动装置的插接器内一共有(　　)个针脚。

A. 3　　　　　　　B. 4　　　　　　　C. 5　　　　　　　D. 6

(2) 在检查节气门开度百分比时,换挡杆应在(　　)挡位置。

A. P　　　　　　　B. R　　　　　　　C. N　　　　　　　D. D

二、技能测评

表3-9　电子节气门驱动装置诊断与维修技能评价表
Tab. 3-9　Skills assessment for ETC

序号	内容	分值	得分
1	能正确选用工具进行相关数据的测量	10	
2	能读取节气门相关数据流	10	
3	能检测节气门驱动装置控制信号波形	20	
4	能检查节气门驱动装置与ECM之间线束	20	
5	能检测节气门驱动装置直流电机线圈内阻	10	
6	能进行节气门控制部件的匹配	20	
7	检查复位	10	
总分		100	

<h1 style="text-align:center">任务5　点火线圈诊断与维修</h1>

学习目标

- 能识别电控汽油发动机各类型点火系统点火线圈的安装位置；
- 掌握点火线圈的结构；
- 理解点火线圈的工作原理；
- 能准确分析点火系统的工作电路；
- 能熟练运用工具仪器对点火线圈及点火系统其他部件进行检测；
- 树立正确的劳动观，注重质量意识，锤炼工匠精神。

故障案例

如图6-49所示，一辆迈腾B8L轿车，故障现象：发动机怠速抖动，加速无力。主要故障码显示为："第一缸、第三缸点火开关控制断路"。请通过检测进一步明确故障点，并提出解决方案。

图3-49　点火线圈故障码
Fig.3-49　DTC of ignition system

知识链接

一、功用及失效影响

汽油发动机气缸内可燃混合气在压缩行程终了时需采用电火花点燃，如图3-50所

示,因此,汽油发动机需要配置点火系统,保证发动机在各种工况和使用条件下,气缸内都能适时、准确、可靠地产生电火花,点燃可燃混合气使发动机运转,对外输出动力。电控发动机广泛采用电控点火系统,ECM 根据各传感器输入的信息,依照发动机的点火顺序,适时控制各缸火花塞点火,其主要可以实现以下控制:点火提前角控制、通电时间控制、爆燃控制。

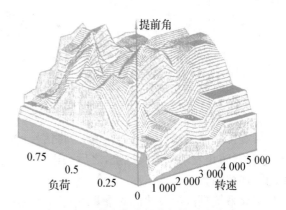

图 3 - 50　点火系统功用
Fig.3 - 50　Function of ignition system

图 3 - 51　基本点火提前角的三维脉谱图
Fig.3 - 51　Three-dimensional map of ignition advance

1. 点火提前角的确定

微机控制的点火提前角 θ 由初始点提前角 θ_i、基本点火提前角 θ_b 和修正点火提前角 θ_c 三部分组成,即 $\theta=\theta_i+\theta_b+\theta_c$。初始点火提前角 θ_i:初始点火提前角又称为固定点火提前角,在发动机起动或转速低于 400 r/min 时的点火提前角,其值大小取决于发动机型号,并由曲轴位置传感器的初始位置决定,一般为上止点前 BTDC6°- BTDC12°。基本点火提前角 θ_b:发动机最主要的点火提前角,是设计微机控制点火系统时确定的点火提前角。修正点火提前角 θ_c:为使实际点火提前角适应发动机的运转情况,以便得到良好的动力性、经济性和排放性能,必须根据相关因素(冷却液温度、进气温度、开关信号等)适当增大或减小点火提前角,即对点火提前角进行必要的修正,修正点火提前角的项目主要有暖机修正、怠速修正。

综合考虑发动机油耗、扭矩、排放和爆震等因素,对试验结果进行优化处理后,即可获得如图 3 - 51 所示的以转速和负荷为变量的三维点火特性脉谱图。将脉谱图以数据形式存储在 ECM 的只读存储器 ROM 中,汽车行驶时,微机根据发动机转速信号和负荷信号,即可从 ROM 中查询出相应的基本点火提前角来控制点火。

2. 通电时间的控制

点火系统的通电时间控制又称点火导通角或闭合角,是指点火线圈初级电路的功率三极管导通期间,发动机曲轴转过的角度。导通角的控制方法是:ECM 首先根据电源电压高低,在存储器存储的导通时间脉谱图中(如图 3 - 52 所示)查询选择导通的时间,然后根据发动机转速确定导通角的大小。

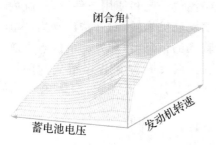

图 3 - 52　闭合角三维脉谱图
Fig.3 - 52　Dwell angle map

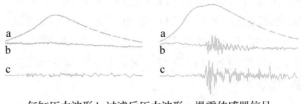

a-气缸压力波形 b-过滤后压力波形 c-爆震传感器信号
(a) 无爆震　　　　　　(b) 发生爆震

图 3 - 53　爆震传感器信号波形
Fig.3 - 53　Knock sensor signals

3. 爆震控制

爆震传感器感知发动机爆燃情况,将信号(如图 3 - 53 所示)反馈给 ECM,通过减小点火提前角,防止发动机爆震燃烧,之后又逐步增大点火提前角,如此循环往复,实行点火提前角的闭环控制。

点火系统是汽油发动机的重要组成部分,点火系统的性能良好与否对发动机的功率、油耗和排气污染等影响很大。如果点火系统发生故障,就会影响到发动机的动力性、经济性和排气净化等性能,甚至会导致发动机不能工作。点火线圈是点火系统的核心部件,点火线圈实际上就是一个变压器,能将汽车 12 V 的低电压转变为 2~3 万伏的高电压,点火系统利用此高压电来使火花塞产生电火花,从而点燃气缸中的可燃混合气。当点火线圈出现故障时,导致的故障现象主要有:车辆无法起动、怠速抖动、加速无力、排放性能变差等。

二、安装位置及外观

电控点火系统按配电方式不同可以分为双缸同时点火系统和单缸独立点火系统两种类型。

1. 双缸跳火点火系统(Dual-spark Ignition System)

双缸跳火是指点火线圈每产生一次高电压,同时分配给两个气缸的火花塞同时跳火。如图 3 - 54 所示,六缸发动机的点火线圈,3 组点火线圈集成安装在点火线圈壳体内,通过高压缸线为各缸火花塞配送高压电。

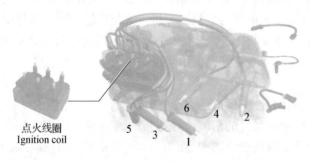

点火线圈
Ignition coil

图 3 - 54　双缸跳火点火系统点火线圈安装位置及外观
Fig.3 - 54　Ignition coil of dual-spark ignition system

双缸点火系统的工作原理如图3－55所示，点火过程同时发生在两个工作顺序相差360°的气缸中。电火花产生时，其中一个气缸的活塞位于压缩上止点附近，对这个气缸是一次有效的点火，对于另一个气缸，由于其活塞正好位于排气上止点附近，因此，是一次无效的点火。

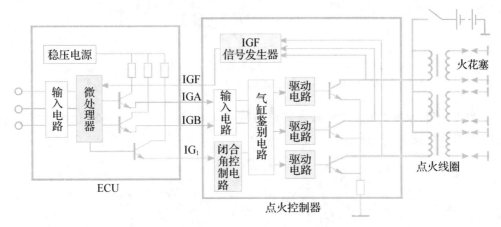

图3－55　双缸跳火点火系统控制原理
Fig.3－55　Principle of dual-spark ignition system

2. 独立点火系统(Coil-On-Plug Ignition System)

独立点火系统主要由各缸独立的点火线圈、火花塞以及系统关联的传感器和ECM等组成，如图3－56所示。目前汽车独立点火系统所配备的点火线圈都集成了点火控制器，又称为点火电子组件、点火器或功率放大器，是微机控制点火系统的功率输出级，它接收ECM输出的点火控制信号并进行功率放大，以便驱动点火线圈工作。

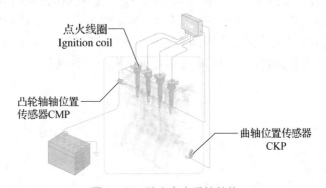

图3－56　独立点火系统结构
Fig.3－56　Structure of coil-on-plug ignition system

独立点火系统中，每个气缸配置有独立的点火线圈，点火线圈通常与火花塞一体安装，分别安装在发动机各气缸上方，如图3－57所示为大众迈腾 B8L/CUGA 直列四缸发动机点火线圈的安装位置及外观，其安装在发动机气缸盖上方，一个气缸对应一个点火线圈。

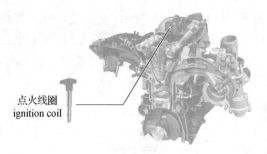

图 3 - 57　独立点火系统点火线圈安装位置（大众迈腾 B8L CUGA）
Fig.3 - 57　Ignition coil of coil-on-plug ignition system（VW Magotan B8L CUGA）

V 型发动机、水平对置发动机或者特殊的 W 型发动机，其一般有两排气缸体，其点火线圈的布置方式如图 3 - 58 所示。

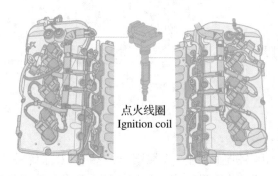

图 3 - 58　独立点火系统点火线圈安装位置（大众 W12 发动机）
Fig.3 - 58　Ignition coil of coil-on-plug ignition system（VW W12 type engine）

独立点火系统控制原理如图 3 - 59 所示，各缸点火线圈的初级绕组分别由一个功率管（VT1）控制，整个点火系统的工作由 ECM 控制。发动机工作时，ECM 接收输入的传感器、外部请求信号并与存储器中储存数据相比较分析，并经计算后适时地向点火器输出点火信号，由点火器中的功率管分别接通与切断各缸点火线圈的初级电路。

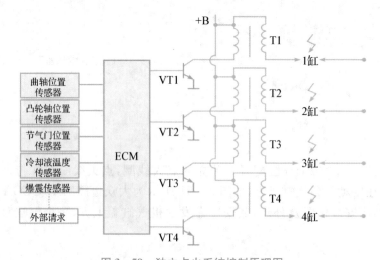

图 3 - 59　独立点火系统控制原理图
Fig.3 - 59　Principle of coil-on-plug system

传感器用来检测与点火有关的发动机工作状况信息,并将检测结果输入 ECM,作为计算和控制点火时刻的依据。凸轮轴位置传感器负责采集配气凸轮轴的位置信号,以便 ECM 识别气缸 1 压缩上止点,进行点火时刻控制。曲轴位置传感器负责确定曲轴的转角位置以及发动机转速,与凸轮轴位置传感器配合确定点火时刻。空气流量、进气压力、节气门位置传感器作为负荷信号,确定基本点火时刻。冷却液温度、进气温度、开关信号作为点火提前角的修正信号。爆震传感器用来检测发动机振动,当发动机产生爆震时用来调整点火提前角,使点火系统形成闭环控制。

三、结构及工作原理

点火线圈按照磁路类型可以分为开磁路点火线圈和闭磁路点火圈两种形式,如图3-60所示。

1. 开磁路点火线圈

开磁路点火线圈是利用电磁互感原理制成的。其主要由硅钢片叠成的铁芯上的初级线圈和次级线圈、壳体及其外的附加电阻等组成。开磁路点火线圈有两接线柱式和三接线柱式之分。

2. 闭磁路点火线圈

闭磁路点火线圈将初级绕组和次级绕组都绕在口字形或日字形的铁芯上。初级绕组在铁芯中产生的磁通通过铁芯构成闭合磁路。闭磁路点火线圈漏磁少,磁阻小,因而能量损失小,能量变换率高,并且闭磁路式点火线圈采用热固性树脂作为绝缘填充物,外壳以热熔性塑料注塑成型,绝缘性、密封性均优于开磁式点火线圈。同时,闭磁路点火线圈结构紧凑、体积小,广泛应用于汽车点火系统。

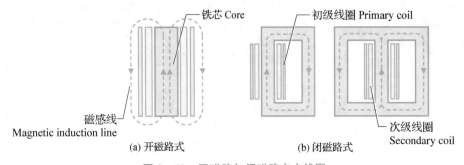

图3-60　开磁路与闭磁路点火线圈

Fig.3-60　Open and Closed magnetic circuit ignition coil

点火线圈按照外形结构可以分为独立式点火线圈和整体式点火圈两种形式,独立式点火线圈也叫笔式点火线圈,整体式点火线圈也叫块式点火线圈。

（1）独立式点火线圈

点火线圈内部有两组线圈,分别是初级线圈和次级线圈,如图 3-61 所示。初级线圈采用较粗的漆包线,通常用 0.5~1 mm 左右的漆包线绕 200~500 匝左右;次级线圈采用较细的漆包线,通常用 0.1 mm 左右的漆包线绕 15 000~25 000 匝左右。初级线圈一端与车上低压电源（＋）连接,另一端与开关装置（断电器）连接。

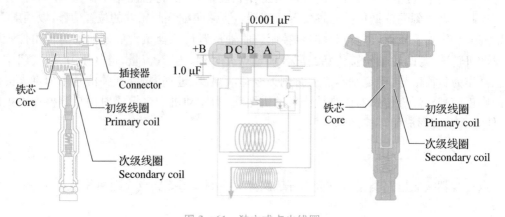

图 3 - 61　独立式点火线圈
Fig.3 - 61　Independent ignition coil

（2）整体式点火线圈

整体式点火线圈通常适配于双缸跳火点火系统，其将各缸的点火线圈均集成在一个壳体内，以某四缸发动机的整体式点火线圈为例，其结构如图 3 - 62 所示。

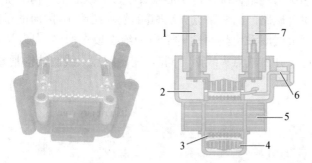

1、7-高压输出端-High voltage
connector
2-绝缘体-Insulator
3-初级线圈-Primary coil
4-次级线圈-Secondary coil
5-铁芯-Magnetic core
6-低压接头-Low voltage
connector

图 3 - 62　整体式点火线圈
Fig.3 - 62　Integral ignition coil

四、工作电路

1. 丰田卡罗拉双擎 8ZR-FXE 发动机点火系统工作电路

8ZR-FXE 发动机点火系统工作电路如图 3 - 63 所示。以 1 号（第 1 缸）点火线圈 C2 为例，其 1♯端子（＋B）为点火线圈中初级线圈的 12 V 低压电源端子，来自 INJ（10 A）；2♯端子保险丝点火确认反馈信号线，能够检测火花塞是否点火（次级线圈中是否有放电电流）。

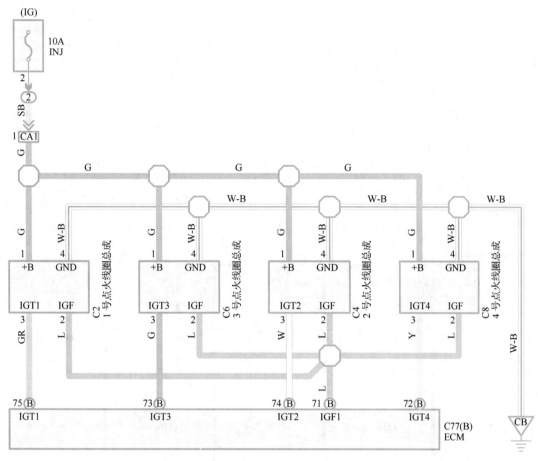

图 3 - 63　独立点火线圈工作电路(丰田卡罗拉 8ZR-FXE)
Fig.3 - 63　Independent ignition circuit（Toyota Corolla 8ZR-FXE）

2. 大众迈腾 B8L/CUGA 发动机独立点火线圈工作电路

大众迈腾 B8L/CUGA 发动机独立点火系统工作电路如图 3 - 64 所示,以第一缸点火线圈 N70 工作电路为例,其点火线圈内部集成了功率输出级,点火线圈的插接器共有四个端子,其中 T4u/1 为点火线圈 N70 中次级线圈的搭铁点端子,其通过与之连接的黑色导线与 846 搭铁点连接;T4u/2 为点火线圈 N70 的控制信号端子,J623 通过 T105/76 端子向点火线圈 N70 发送控制信号,控制点火线圈内的大功率三极管的通断;T4u/3 为点火线圈 N70 中初级线圈的搭铁端子,其通过搭铁点 484 进行搭铁连接;T4u/4 为点火线圈 N70 中初级线圈的供电端子,其由蓄电池正极经 SB_{16}(20 A)保险丝,经继电器 J757 的触点,经 TML 连接器的 5 号端子到达正极连接线束 D206,再通过导线分配给点火线圈 N70 的 T4u/4 端子,为点火线圈的初级线圈提供 12 V 低压电源。继电器 J757 的线圈由蓄电池正极经主继电器 J271 的触点,经 SB_5(10 A)保险丝,到达 D214 正极线束,通过导线连接进行供电,再经 J623 的 T91/8 端子进行搭铁控制。当初级绕组重新闭合时,同样会在次级绕组产生与火花相反电压,电路中的高压二极管可用于抑制二次电路中产生闭合火花。

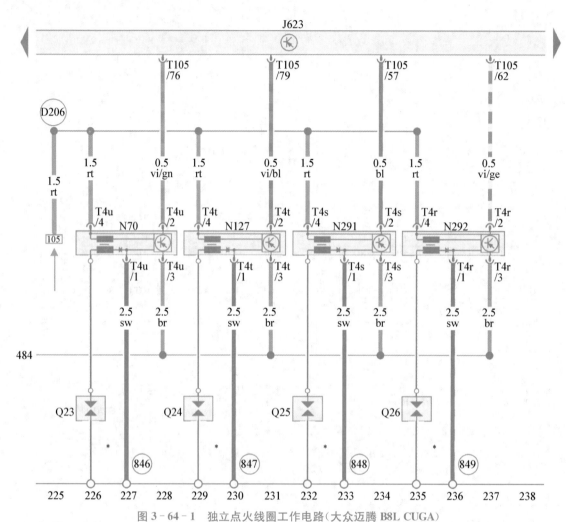

图 3-64-1　独立点火线圈工作电路(大众迈腾 B8L CUGA)
Fig.3-64-1　Independent ignition circuit（VW Magotan B8L CUGA）

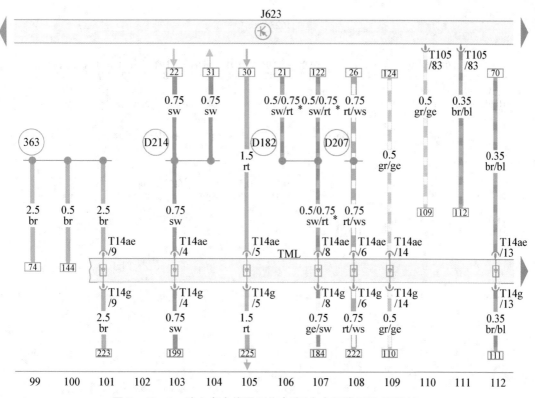

图 3‑64‑2　独立点火线圈工作电路(大众迈腾 B8L CUGA)

Fig.3‑64‑2　Independent ignition circuit（VW Magotan B8L CUGA）

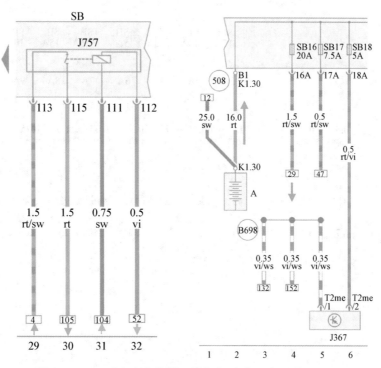

图 3‑64‑3　独立点火线圈工作电路(大众迈腾 B8L CUGA)

Fig.3‑64‑3　Independent ignition circuit（VW Magotan B8L CUGA）

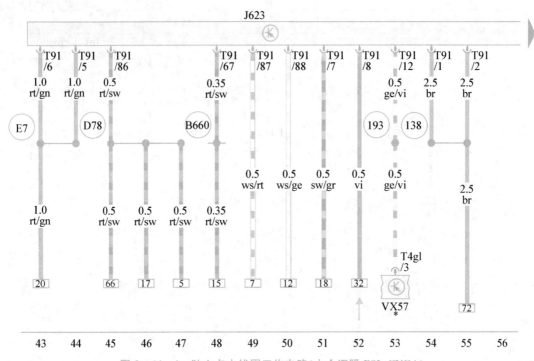

图 3 - 64 - 4　独立点火线圈工作电路(大众迈腾 B8L CUGA)

Fig.3 - 64 - 4　Independent ignition circuit（VW Magotan B8L CUGA）

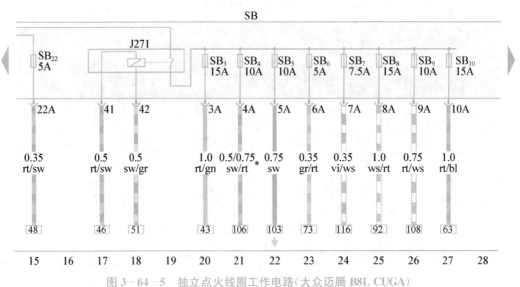

图 3 - 64 - 5　独立点火线圈工作电路(大众迈腾 B8L CUGA)

Fig.3 - 64 - 5　Independent ignition circuit（VW Magotan B8L CUGA）

任务实施

一、实施方案

1. 质量要求

参照厂家的质量标准要求(车辆维修手册)。

2. 注意事项

- 遵守实训室规章制度,未经许可,不得擅自移动和拆卸仪器与设备;
- 注意安全和设备完好性;
- 在教师允许和监控下,起动发动机,需保证设备周围的人员安全,防止意外发生;
- 未关闭点火开关或断开蓄电池负极时,严禁拔下各元件接口,以免损坏元件及模块;
- 避免元件、工具设备掉落及损坏。

3. 组织方式

以工作小组为单位,合理分工,对迈腾 B8L/CUGA 车上配备的独立点火系统进行诊断与维修。要求按照企业岗位操作规范进行作业,作业时间为 30 分钟。

4. 作业准备

(1) 技术要求与标准:

表 3-10 点火线圈技术要求与标准
Tab. 3-10 Technical requirements and standards for ignition coil

检测内容	端子号	测量条件	参考标准值
控制信号波形	T4u/2 与车身搭铁	发动机运行	0~5 V 方波信号,频率 8 ms
初级线圈电源电压	T4u/4 与车身搭铁	点火开关 ON	12~14 V
初级线圈搭铁	T4u/3 与车身搭铁	点火开关 OFF	小于 1 Ω
次级线圈搭铁	T4u/1 与车身搭铁	点火开关 OFF	小于 1 Ω
火花塞电极间隙	中心电极—侧电极	拆卸、清洁、测量	0.7~1.1 mm

(2) 设备器材:万用表、诊断仪、示波器、火花塞拆装专用工具、常用工具;

(3) 场地设施:汽车电控发动机理实一体化教室;

(4) 设备设施:大众迈腾 B8L,配置 CUGA 型号发动机;

(5) 耗材:干净抹布。

二、操作步骤

1. 跳火试验

(1) 规范拆卸点火线圈,使用火花塞拆装专用工具规范拆卸对应气缸火花塞;

(2) 恢复点火线圈插接器,将火花塞与点火线圈连接,用搭铁线将火花塞壳体接地,如图 3-65 所示,并用干净抹布将缸盖上的火花塞安装孔堵住,防止异物掉入气缸内部;

（3）起动发动机，观察火花塞是否跳火，且火花是否正常，注意不要频繁起动。若无火花或者火花不正常，则进一步检查点火线圈和火花塞。

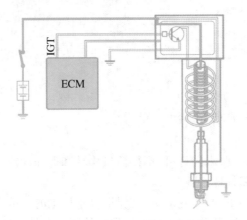

图 3 - 65　跳火试验

Fig.3 - 65　Spark over test

2. 检测点火初级线圈电源电压

（1）点火开关 OFF，脱开点火线圈插接器；

（2）点火开关 ON，将万用表调至直流电压（V）挡，测量点火线圈插接器线束侧 T4u/4 端子的对地电压，如图 3 - 66 所示，记录检测数据并与标准数据进行比对，若测量结果不符，则进一步检测点火线圈的 T4u/4 端子上游的元件及线路。

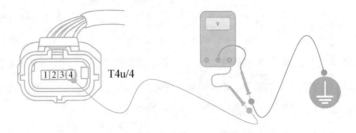

图 3 - 66　检测点火初级线圈电源电压（大众迈腾 B8L CUGA）

Fig.3 - 66　Test the supply voltage of ignition coil（VW Magotan B8L CUGA）

3. 检测控制信号波形

（1）点火开关 OFF，脱开点火线圈插接器，用背插针将 T4u/2 端子引出，验证其导通情况，恢复插接器连接；

（2）将示波器通道线与 T4u/2 端子引出的背插针连接，并做好接地连接，起动发动机，检测第一缸点火线圈（N70）的控制信号波形，如图 3 - 67 所示。

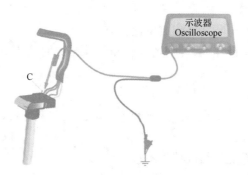

图 3 - 67　检测点火控制信号输出波形(大众迈腾 B8L CUGA)

Fig.3 - 67　Test the control signal of ignition coil(VW Magotan B8L CUGA)

4. 检测初级线圈、次级线圈搭铁

(1) 点火开关 OFF,断开蓄电池负极桩头,脱开点火线圈插接器;

(2) 将万用表调至欧姆(Ω)挡,检测初级线圈以及次级线圈搭铁端子与发动机搭铁之间的电阻。阻值应小于 1 Ω,若不符合,则进一步检测对应线束,进一步确定故障点。

5. 检测连接线束

(1) 点火开关 OFF,断开蓄电池负极桩头,静置 2 min 以上,断开点火线圈和 ECM 插接器;

(2) 将万用表置于欧姆(Ω)挡,检测以下两端子间电阻,记录检测数据与标准数据进行比对,阻值应该小于 1 Ω。若阻值不在规定范围内,则说明连接线束有故障,需更换相应连接线束。

检测内容	端子号	测量条件	参考标准值
N70 与 ECM 之间线束	T4u/2(N70)- T105/76	点火开关 OFF 断开蓄电池负极	小于 1 Ω
N127 与 ECM 之间线束	T4t/2(N127)- T105/79		
N291 与 ECM 之间线束	T4s/2(N291)- T105/57		
N292 与 ECM 之间线束	T4r/2(N292)- T105/62		

6. 检查复位

连接点火线圈、ECM 插接器,恢复蓄电池负极接线柱连接,用解码器读取故障码,并清除故障码,验证故障是否消失,设备仪器复位,场地清洁。

任务评价

一、知识巩固

1. 判断题

(1) 当发动机工作在爆燃的临界点或有轻微爆燃时,发动机热效率最高,动力性和经济

性最好。 （　　）

（2）次级电压最大值与断开电流成反比。 （　　）

（3）能使发动机获得最佳动力性、经济性和最佳排放时的点火提前角称为最佳点火提前角。 （　　）

2. 单选题

（1）点火线圈双缸同时点火方式是每两个气缸的火花塞配备（　　）个点火线圈。

A. 4　　　　　　　　B. 1　　　　　　　　C. 2　　　　　　　　D. 3

（2）双缸同时点火系统的组成部件不包括（　　）。

A. 发动机转速传感器　　　　　　　B. 凸轮轴位置传感器

C. 点火线圈　　　　　　　　　　　D. 分电器

（3）消除爆燃最有效的方法就是（　　）。

A. 推迟点火　　　　B. 增大闭合角　　　　C. 减小闭合角　　　　D. 提前点火

二、技能测评

表 3 - 11　点火线圈诊断与维修技能评价表

Tab. 3 - 11　Skills assessment for ignition coil

序号	内容	分值	得分
1	能正确选用工具进行相关数据的测量	10	
2	能检测点火提前角的数据流	10	
3	能检测点火线圈控制信号波形	20	
4	能检测点火线圈的电源电压	20	
5	能检查点火线圈与 ECM 之间线束	10	
6	能检查点火线圈搭铁电路	20	
7	检查复位	10	
总分		100	

任务6 起动机诊断与维修

学习目标

- 能识别起动机的安装位置；
- 掌握起动机的结构；
- 理解起动系统及起动机的工作原理；
- 能分析起动机的工作电路；
- 能熟练运用工具仪器对起动系统进行检测；
- 树立正确的劳动观，注重质量意识，践行工匠精神。

故障案例

如图3-68所示，一辆迈腾B8L轿车，车辆无法起动，起动机不运转。读取发动机控制模块故障码显示："P061500-启动，起动机继电器-断路"。结合故障码，针对车辆起动系统进行进一步诊断与维修。

图3-68 起动系统故障码
Fig.3-68 DTC of starter system

知识链接

一、功用及失效影响

发动机由静止状态过渡到工作状态，必须先由外力带动发动机的曲轴运转，使之具备一定的起动转速，进而带动活塞做往复运动，进入进气、压缩、做功、排气的工作循环。完成发动机起动过程所需的装置，称为发动机起动系统，而起动机是起动系统的核心部件，如图

3－69所示。起动系统故障时,发动机将起动困难或者无法起动。

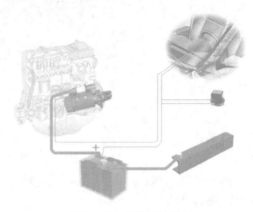

图 3－69　起动系统功用
Fig.3－69　Function of start system

二、安装位置及外观

起动机通常安装于发动机的后端与变速箱对接的壳体上,如图 3－70 所示。起动机需要与发动机飞轮齿圈相啮合才能传递动力,因此,起动机的安装位置必须与发动机飞轮齿圈相对应,同时需要考虑到空间和结构的限制,以确保它能够顺利地完成起动发动机的任务。

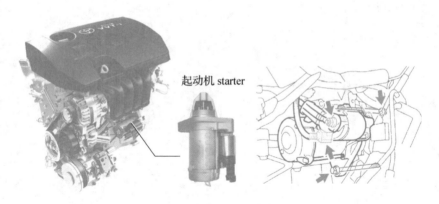

图 3－70　起动机安装位置
Fig.3－70　Position of starter

三、结构及工作原理

起动机主要由直流电动机、传动机构和控制装置三部分组成,如图 3－71 所示。

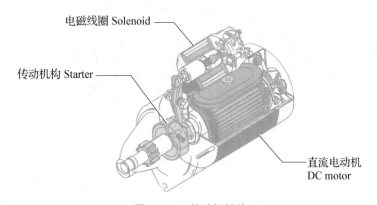

图 3 - 71 起动机结构
Fig.3 - 71 Structure of starter

1. 直流电动机

直流电动机的作用是在由蓄电池提供的 12 V 直流电压下工作,产生带动发动机转动的起动转矩。目前汽车起动机所使用的直流电动机的类型大多为直流串激式电动机,其具有在轻载时,电枢电流小,转速高,在重载时,电枢电流大,转速低的软机械特性,能保证发动机既安全又可靠地起动。直流串激式电动机主要由电枢、磁极、外壳、电刷与刷架等组成。

直流电动机的转动部分称为电枢(转子)。转子由外圆带槽的硅钢片叠成的铁心(电枢极)、电枢绕组线圈、电枢轴和换向器组成,如图 3 - 72 所示。为了获得足够的转矩,通过电枢绕组的电流较大(汽油机为 200～600 A;柴油机可达 1 000 A),因此,电枢绕组采用较粗的矩形裸铜漆包线绕制为成型绕组。

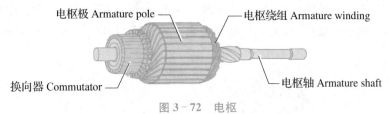

图 3 - 72 电枢
Fig.3 - 72 Structure of armature

磁极由固定在机壳内的磁极铁心和磁场绕组线圈组成,如图 3 - 73 所示。磁极一般是4 个,两对磁极相对交错安装在电机的壳体内,定子与转子铁芯形成磁通路,低碳钢板制成的机壳也是磁路的一部分。四个励磁线圈有的是相互串联后再与电枢绕组串联(称为串联式),有的则是两两相串后再并联,再与电枢绕组串联(称混联式),励磁绕组一端接在外壳的绝缘接线柱上,另一端与两个非搭铁电刷相连接。

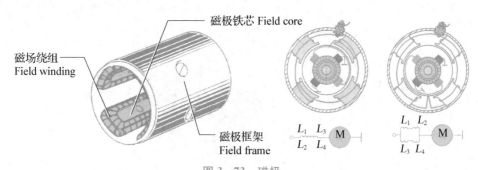

图 3 - 73　磁极
Fig.3 - 73　Magnetic pole

电刷架一般为框式结构,其中正极电刷架绝缘固定在端盖上,负极电刷架与端盖直接相连并搭铁,如图 3 - 74 所示。电刷置于电刷架中,电刷有铜粉与石墨粉压制而成,呈棕黑色。电刷架上有较强弹性的盘形弹簧。

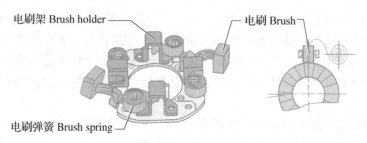

图 3 - 74　电刷及电刷架
Fig.3 - 74　Brush and brush holder

换向器的作用是向旋转的电枢绕组注入电流。它由许多截面呈燕尾形的铜片围合而成,如图 3 - 75 所示,铜片之间由云母绝缘。云母绝缘层应比换向器铜片外表面凹下0.8 mm左右,以免铜片磨损时,云母片很快突出。电枢绕组各线圈的端头均焊接在换向器的铜片上。

图 3 - 75　换向器
Fig.3 - 75　Commutator

2. 传动机构

起动机传动机构主要由驱动齿轮、滚柱式单向离合器(如图 3 - 76)、拨叉、啮合弹簧等组成,安装在起动机轴的花键部分。发动机起动时,传动机构使驱动齿轮沿起动机轴花键槽外移与飞轮齿圈啮合,将电动机产生的力矩通过飞轮传递给发动机曲轴,使发动机起动,起动后,飞轮转速提高,将通过驱动齿轮带动电动机轴高速旋转,引起电动机超速。因此,在发动机起动后,传动机构应使驱动齿轮与电动机脱开,防止电动机超速。

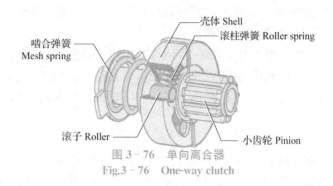

图 3 - 76 单向离合器
Fig.3 - 76 One-way clutch

3. 控制装置

起动机的控制装置用来接通和切断起动机与蓄电池之间的电路。目前,起动机的控制装置均采用电磁式控制装置,即电磁开关,如图 3 - 77 所示。电磁开关主要由吸引线圈、保持线圈、复位弹簧、活动铁芯、接触片等组成。其中,电磁开关上的"30"端子接至蓄电池正极,"C"端子接起动机励磁绕组,吸引线圈一端接起动机主电路,另一端与励磁绕组和电枢绕组串联,保持线圈的一端直接搭铁,两线圈的公共端为"50"端子,接点火开关。

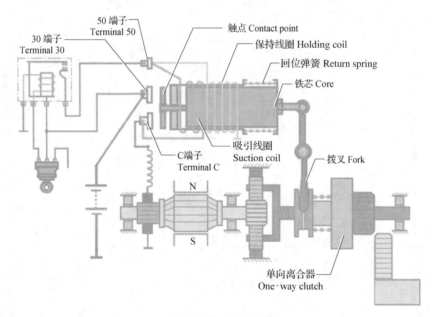

图 3 - 77 控制装置
Fig.3 - 77 Starter control device

起动点火开关,保持线圈和吸引线圈同时通电,两线圈产生的磁通方向相同,固定铁芯和活动铁芯磁化,在其磁力的共同作用下,活动铁芯向左移动,并带动拨叉向左移动,使驱动齿轮和飞轮齿轮啮合,当吸引线圈电流流过励磁绕组和电枢绕组时,电枢轴便以较慢速度转动,以便驱动齿轮与飞轮齿轮啮合柔和。

当驱动齿轮和飞轮齿圈接近完全啮合时,活动铁芯带动推杆右移,将起动机主电路接通,此时吸引线圈被短路,保持线圈的电磁力使触盘与触点可靠接触,电动机供电。起动机主电路接通时,电枢绕组和励磁绕组通过的电流很大(400 A 左右),产生电磁转矩驱动飞轮旋转,当转速大到一定值时,发动机便被起动。

当发动机起动后,松开点火开关,50 电路断路,保持线圈磁力消失,在回位弹簧的弹力作用下,活动铁芯立即右移回位,并带动推杆和触盘向右移动,使起动机主电路切断而停转。与此同时,拨叉带动单向离合器左移,使驱动齿轮与飞轮齿圈分离,起动机工作结束。

四、工作电路

大众迈腾 B8L/DKX 发动机的起动机在其工作电路中的元件代号为 B,经电路整合,其工作电路如图 3-78 所示。图中 B1 为起动机的 30 接线柱,也称为 30 端子,其通过一根 25 平方的黑色导线与蓄电池正极接线柱连接,为起动机 B 提供"30"常电,只要满足蓄电池有电,导线完好,接线柱紧固并接触良好,蓄电池电压即能到达起动机的 30 端子。图中 50 端子由蓄电池正极经起动继电器 J906 触点,再经起动继电器 J907 触点,经 SB₂₃ 保险丝到达起动机的"50"端子,该电路同时受继电器 J906、J907 串联控制。另外起动继电器 J906、J907 的线圈均由蓄电池正极经保险丝 SC₄₉ 进行供电,由发动机控制模块 J623 根据发动机起动条件进行搭铁控制。起动机内部的电机及电磁线圈均由起动机壳体与车身搭铁形成工作回路。

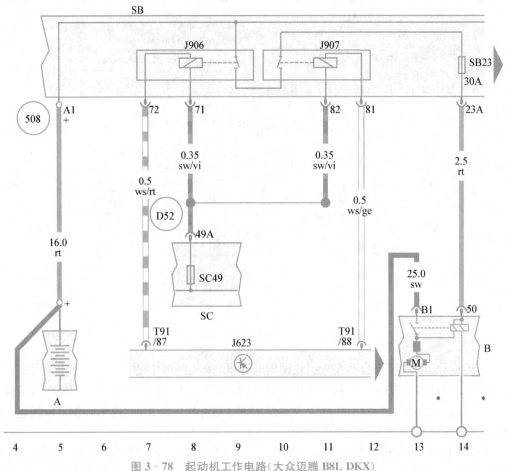

图 3-78　起动机工作电路(大众迈腾 B8L DKX)
Fig.3-78　Circuit of starter(VW Magotan B8L DKX)

任务实施

一、实施方案

1. 质量要求

参照厂家的质量标准要求(车辆维修手册)。

2. 注意事项

- 遵守实训室规章制度,未经许可,不得擅自移动和拆卸仪器与设备;
- 注意安全和设备完好性;
- 在教师允许和监控下,起动发动机,需保证设备周围的人员安全,防止意外发生;
- 未关闭点火开关或断开蓄电池负极时,严禁拔下各元件接口,以免损坏元件及模块;
- 避免元件、工具设备掉落及损坏。

3. 组织方式

以工作小组为单位,合理分工,检修迈腾 B8L/DKX 发动机的起动系统。按照企业岗位操作规范进行作业,作业时间为 45 分钟。

4. 作业准备

(1) 技术要求与标准见表 3-12:

表 3-12 起动机技术要求与标准

Tab. 3-12 Technical requirements and standards for starter

检测内容	位置	测量条件	参考标准值
起动机总成	外观检查	——	无变形、裂纹
	运转测试	C 端子供电/壳体搭铁	正常运转
	吸拉动作测试	50 端子供电/C 端子搭铁	小齿轮伸出
	保持动作测试	50 端子供电/壳体搭铁	小齿轮保持伸出
30 端电压	30 端与车身搭铁	常电	12～14 V
50 端电压	50 端与车身搭铁	点火开关置于起动挡	12～14 V
磁极	外观	拆解观察	无扫镗
	磁场绕组通断	拆解测量	大约 1 Ω
	磁场绕组搭铁		开路
电枢	换向器云母深度	拆解测量	＞0.2 mm
	电枢绕组通断		大约 1 Ω
	电枢绕组搭铁		∞
	轴径向跳动量		＜0.05 mm

续表

检测内容	位置	测量条件	参考标准值
电刷组件	电刷长度	拆解测量	>7 mm
	电刷接触面积		>80%
	电刷架检查		外观良好
	电刷弹簧检查		11~15 N
电磁开关	保持线圈阻值	50端子与壳体	大约1 Ω
	吸引线圈阻值	50端子与C端子	大约0.6 Ω
	活动铁芯	——	活动无卡滞
	接触盘	压紧	导通
传动机构	拨叉	——	无变形、裂纹
	驱动齿轮	——	外观完好
	单向离合器	旋转	单向旋转

（2）设备器材：万用表、诊断仪、游标卡尺、常用工具；

（3）场地设施：汽车电控发动机理实一体化教室；

（4）设备设施：大众迈腾 B8L 整车，配套起动机 4 台；

（5）耗材：干净抹布。

二、操作步骤

1. 检查蓄电池电压及电压降

（1）车辆熄火静止状态，将万用表调至电压挡，红表笔接蓄电池正极，黑表笔接蓄电池负极，测量蓄电池的静态电压；

（2）起动发动机，同时读取车辆起动瞬间蓄电池的电压值，如图 3－79 所示；

（3）若起动瞬间，蓄电池电压低于 9.6 V，则说明蓄电池亏电或者损坏，需对蓄电池进行充电或者更换蓄电池。

图 3－79　检测蓄电池电压及电压降（大众迈腾 B8L CUGA）

Fig.3－79　Test the voltage drop of battery

2. 起动机外部电路检测

（1）检测 30 端子电压（常电）及相关线路；

（2）检测 50 端子电压（需满足起动条件）及上游元件及线路。

3. 起动机运行测试

（1）起动机每次使用不超过 5 秒，再次起动应间歇 15 秒，使蓄电池恢复，连续三次起动，应该间隔 2 分钟以后进行。

（2）吸引测试。从端子 C 断开励磁线圈引线，将蓄电池正极（＋）端子连接到端子 50 上。将蓄电池负极（－）端子连接到起动机体和端子 C 上，检查小齿轮是否推出，如图 3-80 所示。

（3）保持测试。吸引测试之后，当小齿轮伸出时，从端子 C 断开来自蓄电池正极的连接线，检查小齿轮是否保持伸出状态，如图 3-80 所示。

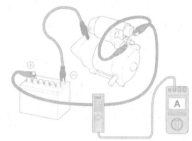

图 3-80　起动机无负荷测试
Fig.3-80　No-load test of the starter motor

4. 检测起动机本体

（1）检测吸引线圈

断开起动机 30 端子和 50 端子的连接，检测吸引线圈阻值，如图 3-81 所示。用欧姆表测量端子 50 和端子 C 间的电阻。如果不符合标准，则说明吸引线圈故障，需要更换磁力起动机开关总成。

（2）检测保持线圈

断开起动机 30 端子和 50 端子的连接，检测保持线圈的阻值，如图 3-82 所示。用欧姆表测量端子 50 和起动机壳体（搭铁）的电阻。如果不符合标准，则说明保持线圈故障，需要更换磁力起动机开关总成。

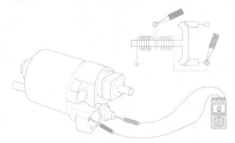

图 3-81　检测吸引线圈
Fig.3-81　Test the suction coil

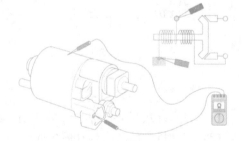

图 3-82　检测保持线圈
Fig.3-82　Test the holding coil

（3）检查电磁开关触点

如图 3-83 所示，推入铁芯，然后检查并确认其迅速回到初始位置。同时可在按压状态下，检测 30 端子和 C 端子之间的电阻，若导通则说明电磁开关接触良好。如有必要，更换电磁开关总成。

图 3-83　检测电磁开关触点
Fig.3-83　Test the contact point

5. 起动机拆装注意事项

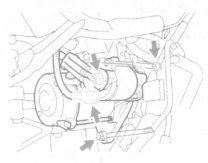

图 3-84 起动机安装

Fig.3-84 Starter mounting

（1）从车上拆卸起动机前,应先关闭点火开关后,将蓄电池的搭铁线拆除,再拆除电磁开关上的蓄电池正极线。

（2）安装起动机时,应先连接电磁开关上的蓄电池正极线,再接上蓄电池的正极线、负极线。接蓄电池正、负极线之前要确保点火开关处在关闭状态。

（3）起动机解体和组装时,对于配合较紧的部件,应使用拉、压工具进行分离与装入,以防止部件的损坏。

（4）清洗起动机部件时,起动机电枢、激磁绕组和电磁开关总成只能用拧干汽油的棉纱进行擦拭,或用压缩空气吹净,以防止由于液体不干而造成短路或失火。其他部件均可用液体清洗剂。

（5）起动机组装后,先进行其测量调整后再进行试验台上的运转试验。进行起动机运转试验时,要先进行空载试验,再进行全制动试验（24 V 起动机一般提倡先做 12 V 空载试验,再做 24 V 空载试验）,以防止因意外故障引起过载而烧坏实验设备或起动机本身。

6. 检查复位

连接起动机外部电源接线及插接器,恢复蓄电池负极接线柱连接,用解码器读取并清除故障码,验证故障是否消失,设备仪器复位,场地清洁。

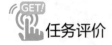
任务评价

一、知识巩固

1. 判断题

（1）在永磁式起动机中,电枢是用永久磁铁制成的。　　　　　　　　　　　　（　）

（2）起动机中的动力传动属单向传递。　　　　　　　　　　　　　　　　　（　）

（3）减速起动机中直流电动机的检查方法和常规起动机完全不同。　　　　　（　）

（4）减速起动机中的减速装置可以起到降速增扭的作用。　　　　　　　　　（　）

（5）检查单向离合器时,首先固定单向离合器的一个元件,如果另一个元件朝一个方向可以自由旋转,而朝另一个方向被锁止不能转动,表明该单向离合器正常。　　　　　（　）

2. 多选题

起动机电磁开关的作用是（　　　　）。

A. 接通蓄电池和起动电动机之间的电路

B. 防止变速器不在空挡位置时起动车辆

C. 拨动起动机小齿轮啮入飞轮齿圈

D. 将蓄电池电能转变成机械能传给发动机飞轮

3. 识图题

请标出图示中起动机各连接端子名称，并说明其作用。

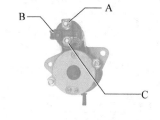

二、技能测评

表 3 – 13　起动系统诊断与维修技能评价表

Tab. 3 – 13　Skills assessment for starter

序号	内容	分值	得分
1	能正确选用工具	10	
2	能识别起动机工作电路	20	
3	能检测起动机外部电路	20	
4	能检测起动机内部元件	20	
5	能规范拆装起动机总成	20	
6	检查复位	10	
总分		100	

任务 7　凸轮调节执行器诊断与维修

学习目标

- 能识别具体发动机可变配气机构相关执行器的安装位置；
- 掌握凸轮调节执行器的结构；
- 理解凸轮调节执行器的工作原理；
- 能分析凸轮调节执行器的工作电路；
- 能熟练运用工具仪器对凸轮执行器进行检测；
- 树立正确的劳动观，注重质量意识，践行工匠精神。

故障案例

一辆迈腾 B8L 轿车，故障现象：EPC 指示灯亮起，发动机转速限制，故障存储器中存有一条或多条与 AVS 系统的凸轮调节器相关的记录。主要故障码显示为："凸轮调节器'A'，气缸 1-电气故障/断路"，如图 3-85 所示。请通过检测进一步明确故障点，并提出解决方案。

图 3-85　AVS 系统故障码
Fig.3-85　DTC of AVS

知识链接

一、功用及失效影响

奥迪气门升程系统（AVS：Audi Valve System），于 2006 年底首次应用于奥迪 A6 车型的 2.8L V6 FSI 发动机。通过排气凸轮轴上的电子气门升程切换以及进气和排气凸轮轴上

的可变气门正时,实现了对每个气缸气体交换的优化控制,优化了负载变化,如图 3-86 所示,发动机控制模块利用图谱控制大小轮廓凸轮的切换。该装置优化了气体交换,防止废气回流到之前的 180°排气缸,入口打开时间更早,填充程度更佳,通过燃烧室内的正压差减少余气,提升了发动机响应性,在较低转速和较高增压压力下达到更高的扭矩。

如果一个执行器发生故障,则无法再执行气门升程切换功能。在这种情况下,发动机管理系统会尝试将所有气缸切换为最近成功的一次气门升程切换。如果不成功,则所有气缸会切换至更小的气门升程位置。发动机转速限制在 4 000 rpm,故障存储器中记录下故障。EPC 警告灯亮起。如果可切换到较大的气门升程位置,故障存储器中也会存储故障。在这种情况下,不限制发动机转速,且 EPC 灯不亮起。

图 3-86　AVS 系统功用
（大众迈腾 B8L DKX）
Fig.3-86　Function of AVS
（VW Magotan B8L DKX）

二、安装位置及外观

大众迈腾 B8L/DKX 发动机的 AVS 系统位于排气侧,如图 3-87 所示。为使排气凸轮轴上两个不同的气门升程之间能相互切换,排气凸轮轴上有 4 个可移动的带有内花键的凸轮件。每个凸轮件上都装有两对凸轮,执行器接合每个凸轮件上的滑动槽,并移动凸轮轴上的凸轮件对两种升程进行切换,一个执行器使凸轮件从大凸轮调节到小凸轮,另一个执行器以相反方向调节。EA888 Gen3Bz 的 AVS 系统安装在进气侧,主要是为了实现 B 循环的低凸轮升程要求。

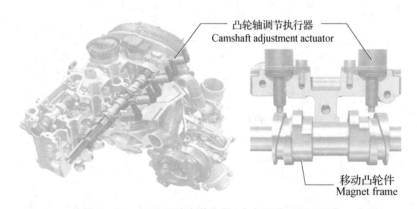

图 3-87　AVS 系统安装位置（大众迈腾 B8L DKX）
Fig.3-87　Position of AVS（VW Magotan B8L DKX）

三、结构及工作原理

每个执行器(气缸 1-4 的排气凸轮执行器 A/B)都包含一个电磁线圈。金属销通过导管被向下移。在收缩位置和伸展位置,金属销通过一个永磁铁被固定在执行器壳体中的相应位置,如图 3-88 所示。

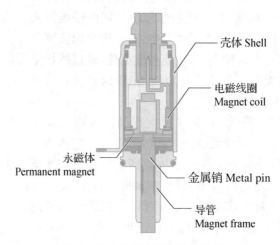

图 3 - 88　凸轮调节执行器结构
Fig.3 - 88　Structure of cam adjustment actuator

　　当电流通过执行器电磁线圈时,产生磁场,金属销经磁力驱动在 18～22 毫秒内被移动。伸展的金属销接合到排气凸轮轴上凸轮件的相关滑动槽中,并通过凸轮轴旋转推动滑动槽到相应的切换位置,如图 3 - 89 所示。执行器线圈断电,磁场消失,销通过凸轮组件上的复位斜面推入执行器导管。凸轮件的两个执行器被启动时,总是只有一个执行器上的金属销移动。

图 3 - 89　凸轮调节执行器工作原理
Fig.3 - 89　Principle of cam adjustment actuator

　　发动机控制模块根据重置信号得知金属销的当前位置。当复位斜面推动执行器的金属销回到元件的导管中时,生成一个重置信号,如图 3 - 90 所示。发动机管理系统可根据哪个执行器发出重置信号来确定相关滑动装置的当前位置。

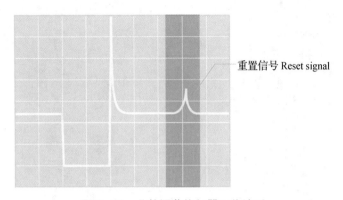

重置信号 Reset signal

图 3-90 凸轮调节执行器工作波形
Fig.3-90 Working waveform of cam adjustment actuator

在较低转速范围下，为了使气体交换性能更佳，发动机管理系统通过凸轮轴调节器将进气凸轮轴提前、将排气凸轮轴延迟。气门升程切换至更小的排气凸轮轮廓，右侧执行器移动金属销，它接合滑动槽，将凸轮件移至小凸轮轮廓，如图 3-91 所示。气门现在沿着较小的气门轮廓上下移动。两个小凸轮的位置在某种程度上是交错的，确保气缸两个排气门的开启时间是错开的。这两项措施会导致在废气被从气缸中排到涡轮增压器中时，废气气流的脉动减小，从而可在低转速范围达到较高的增压压力。

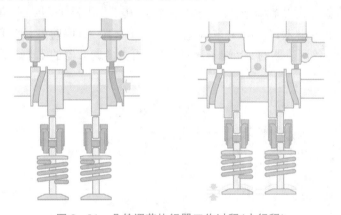

图 3-91 凸轮调节执行器工作过程（小行程）
Fig.3-91 Working process of cam adjustment actuator(Short stroke)

在部分负载和全负载下，驾驶员加速，并从部分负载改变为全负载。气缸内的气体交换必须适应更高的性能需求。ECM 通过凸轮轴调节器将进气凸轮轴提前、将排气凸轮轴延迟。为达到最佳的气缸填充性能，排气门需要最大的气门升程。为了实现此目的，左执行器被启动，由左执行器移动其金属销，如图 3-92 所示。金属销通过滑动槽将凸轮件移向大凸轮，排气门现在以最大的升程打开和关闭。凸轮件通过凸轮轴中的弹簧加载式球体被固定在此位置。

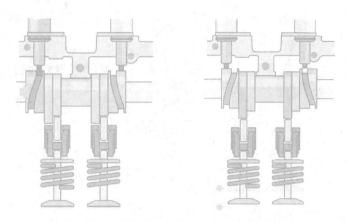

图 3-92　凸轮调节执行器工作过程（大行程）

Fig.3-92　Working process of cam adjustment actuator（Long stroke）

四、工作电路

大众迈腾 B8L/DKX 发动机配备有 8 个凸轮升程调节执行器，各执行器在工作电路中的元件代号为 N580、N581、N588、N589、N586、N587、N604、N605，其中 N580、N581 为气缸 1 的凸轮调节阀，N586、N587 为气缸 2 的凸轮调节阀，N588、N589 为气缸 3 的凸轮调节阀，N604、N605 为气缸 4 的凸轮调节阀。经电路整合，其工作电路如图 3-93 所示。各调节阀的供电由蓄电池正极出发，经 J271 主继电器，经 SB_5（10 A）保险丝，经 TML 转接头到达 D189 正极线束，经各调节器的 2# 端子进行供电，再由各调节器的 1# 端子经发动机控制模块进行搭铁控制。

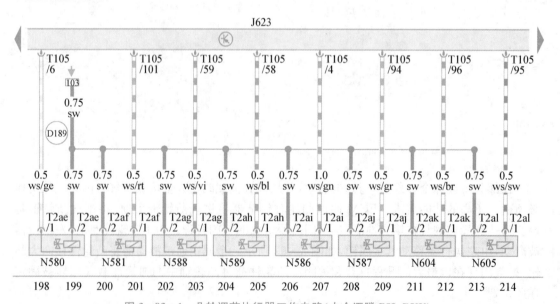

图 3-93-1　凸轮调节执行器工作电路（大众迈腾 B8L DKX）

Fig.3-93-1　Circuit of cam adjustment actuator（VW Magotan B8L DKX）

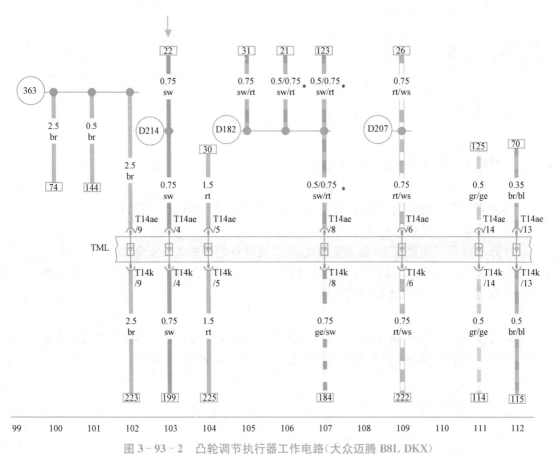

图3－93－2 凸轮调节执行器工作电路(大众迈腾 B8L DKX)

Fig.3－93－3 Circuit of cam adjustment actuator（VW Magotan B8L DKX）

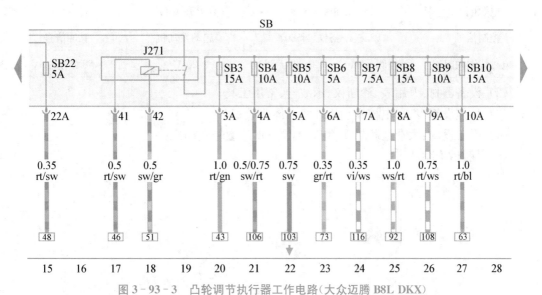

图3－93－3 凸轮调节执行器工作电路(大众迈腾 B8L DKX)

Fig.3－93－3 Circuit of cam adjustment actuator（VW Magotan B8L DKX）

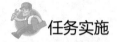

 任务实施

一、实施方案

1. 质量要求
参照厂家的质量标准要求(车辆维修手册)。

2. 注意事项
- 遵守实训室规章制度,未经许可,不得擅自移动和拆卸仪器与设备;
- 注意安全和设备完好性;
- 在教师允许和监控下,起动发动机,需保证设备周围的人员安全,防止意外发生;
- 未关闭点火开关或断开蓄电池负极时,严禁拔下各元件接口,以免损坏元件及模块;
- 避免元件、工具设备掉落及损坏。

3. 组织方式
以工作小组为单位,合理分工,针对迈腾 B8L/DKX 发动机上的凸轮调节执行器进行诊断与维修。要求按照企业岗位操作规范进行作业,作业时间为 20 分钟。

4. 作业准备
(1) 技术要求与标准如下:

表 3 - 14 凸轮调节执行器技术要求与标准
Tab. 3 - 14 Technical requirements and standards for actuator

检测内容	端子号	测量条件	参考标准值
电源电压	T2ae/2 -搭铁(N580)	点火开关 ON	12～14 V
控制信号	T2ae/1 -搭铁(N580)	起动发动机	脉冲信号
电磁线圈内阻	元件侧 T2ae/1 - T2ae/2(N580)	20 ℃	8 Ω 左右

(2) 设备器材:万用表、诊断仪、示波器、常用工具;
(3) 场地设施:汽车电控发动机理实一体化教室;
(4) 设备设施:大众迈腾 B8L 整车,配置 DKX 型号发动机;
(5) 耗材:干净抹布。

二、操作步骤

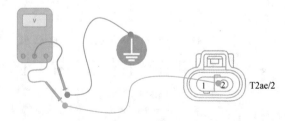

图 3 - 94 检测执行器电源电压(大众迈腾 B8L DKX)
Fig. 3 - 94 Test the voltage of cam adjustment actuator(VW Magotan B8L DKX)

1. 检测执行器供电

（1）点火开关 OFF，断开凸轮调节执行器插接器；

（2）点火开关 ON，将万用表调至直流电压挡，测量插接器线束侧的 Tae/2 端子和搭铁之间的电压，如图 3‑94 所示。标准值应为 12 V。否则进一步检测 Tae/2 端子上游元件及线束。

2. 检测执行器本体

（1）点火开关 OFF，断开执行器插接器；

（2）将万用表调至欧姆（Ω）挡，测量执行器内电磁线圈的电阻，如图 3‑95 所示。检测结果与标准值进行比对，如不符合，则说明元件故障，需更换元件。

图 3‑95　检测执行器电阻阻值（大众迈腾 B8L DKX）

Fig.3‑95　Test the resistance of cam adjustment actuator（VW Magotan B8L DKX）

3. 检测控制信号

（1）断开凸轮调节执行器插接器，用背插针将 T2ae/1 端子引出，并验证背插针导通情况，复位执行器插接器；

（2）将示波仪通道线与 T2ae/1 端子引出的背插针相连接，并做好接地连接，起动发动机，检测执行器的控制信号波形；

（3）将实测控制波形与标准波形进行比对分析。

4. 检测线束

（1）点火开关 OFF，断开蓄电池负极接线柱，静置 2 min 以上，分别脱开执行器以及 ECM 的插接器；

（2）调整万用表置欧姆（Ω）挡，检测以下端子之间电阻，测量值应该小于 1 Ω，记录检测数据与标准数据进行比对。若电阻值不在规定范围内，则说明该段电路存在故障，需要更换相应线束。

检测内容	端子号	测量条件	参考标准值
执行器与 ECM 之间线路	T2ae/1(N580)与 T105/6	点火开关 OFF 断开蓄电池负极桩头 脱开线束两端插接器	小于 1 Ω

5. 检查复位

连接执行器、ECM 插接器，恢复蓄电池负极接线柱连接，诊断仪读码、清码，验证故障是否清除，设备仪器复位，场地清洁。

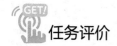 任务评价

一、知识巩固

1. 判断题

（1）AVS 系统中凸轮调节执行器的电源是由 ECM 直接提供的。 （ ）

（2）大众迈腾 B8L/DKX 发动机的凸轮调节执行器控制的是排气凸轮。 （ ）

2. 填空题

写出下图中凸轮调节执行器的结构组件的名称。

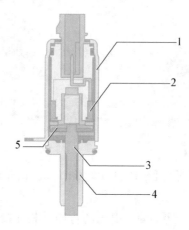

二、技能测评

表 3－15　凸轮轴升程控制执行器诊断与维修技能评价表
Tab. 3－15　Skills assessment for cam adjustment actuator

序号	内容	分值	得分
1	能正确选用工具进行相关数据的测量	10	
2	能检测执行器的电源电压	20	
3	能检测执行器控制信号波形	20	
4	能检查执行器与 ECM 之间线路	20	
5	能检查执行器线圈内阻	20	
6	检查复位	10	
总分		100	

任务8 涡轮增压调节装置诊断与维修

- 能识别具体发动机涡轮增压调节装置的安装位置；
- 掌握涡轮增压调节装置的结构；
- 理解涡轮增压调节装置的工作原理；
- 能分析涡轮增压调节装置的工作电路；
- 能熟练运用工具仪器对涡轮增压调节装置进行检测；
- 树立正确的劳动观，注重质量意识，锤炼工匠精神。

一辆配置 DKX 发动机的 2022 款大众迈腾 B8L 轿车。车主反映：该车加速无力，且发动机故障灯和 EPC 灯点亮。经诊断仪检查在 01 发动机控制单元内有故障码："P00AF00 废气涡轮增压器调整装置 1-卡滞"，如图 3-96 所示。请通过检测进一步明确故障点，并提出解决方案。

图 3-96 涡轮增压系统故障码
Fig.3-96 DTC of turbo system

一、功用及失效影响

废气涡轮增压系统是将发动机排出的废气引入涡轮增压器，利用废气的能量推动涡轮增压器的涡轮旋转，由此驱动与涡轮同轴的泵轮实现进气的增压。发动机的增压压力需要进行调节,增压压力取决于驱动涡轮的废气的能量。以大众迈腾 B8L/DKX 发动机涡轮增压系统为例,该系统中对增压压力进行调节的装置主要是增压压力定位器 V465 和涡轮增压器空气再循环阀 N249,如图 3 – 97 所示。

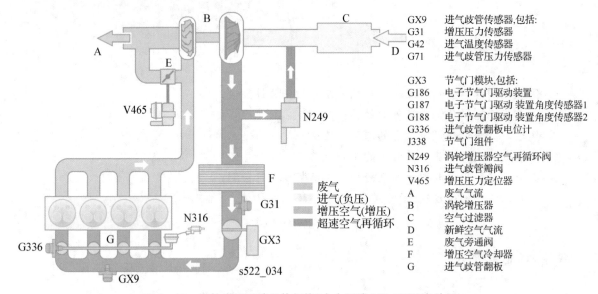

图 3 – 97　涡轮增压系统总体架构(大众迈腾 B8L DKX 发动机)
Fig.3 – 97　Overall architecture of turbocharging system(VW Magotan B8L DKX)

当发动机达到所需增压压力时,增压压力定位器 V465 推动废气旁通阀打开并使部分废气气流绕过涡轮排出,这样可防止通过增大废气气流继续提高压缩机转速。同时废气旁通阀的高压紧力有助于在发动机转速为 1 500 rpm 时达到最大扭矩 350 N·m,降低基本增压压力会将二氧化碳排放量减少 1.2 g/km,在催化转换器加热过程中打开废气旁通阀门会使催化转换器上游的排气温度高 10 ℃,从而可以减少冷起动排放物。

增压器空气再循环电磁阀 N249,通过将涡轮增压前后导通使压力保持平衡,防止增压腔内压力背压过高,形成倒拖制动,同时避免收油时产生气体噪声和造成叶轮击伤。涡轮增压器循环空气阀 N249 常开会造成压力和动力的损失,断路则可能会造成增压器噪声。

二、安装位置及外观

大众迈腾 B8L/DKX 发动机配置的增压压力定位器 V465 和涡轮增压器空气再循环阀 N249 均集成在涡轮增压器总成上,如图 3 – 98 所示。涡轮壳体采用新型铸钢材质制造,耐温性达到 980 ℃。压缩机壳体由铸铝制成,谐振消音器直接集成在压缩机外壳上,实现轻量化。增压压力定位器位于涡轮增压器总成的上方通过推杆控制涡轮增压器的旁通阀。涡轮增压器空气再循环阀 N249 位于压缩机壳体和谐振消音器接口处,调节流向谐振消音器的气流。前氧传感器 GX10 直接集成安装到涡轮增压器的连接凸缘上,确保更好的工作响应。

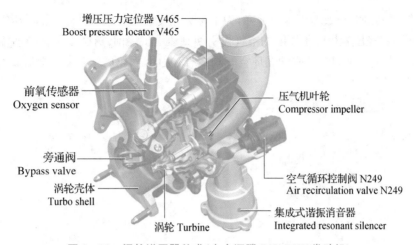

图 3 - 98 涡轮增压器总成（大众迈腾 B8L DKX 发动机）
Fig.3 - 98 Turbocharger assembly（VW Magotan B8L DKX）

三、结构及工作原理

大众迈腾 B8L/DKX 发动机配备的增压压力定位器 V465 集成了增压压力调节位置传感器 G581，如图 3-99 所示。在增压压力定位器 V465 上，涡轮增压器的废气旁通阀通过电机和变速箱驱动，从而移动废气旁通阀门推杆。电机驱动可实现快速、精准的增压压力控制。增压压力调节位置传感器 G581 是一个霍尔传感器，集成安装在增压压力调节装置外壳中。减速机构的机械部分上有一个连接两块永磁铁的电磁线圈座，它们沿纵向方向移动，移动的距离与推杆相同。霍尔传感器检测电磁线圈的移动情况，并将信号发送至 ECM。ECM 根据此信号确定废气旁通阀门的位置。

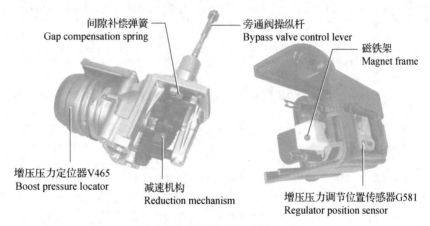

图 3 - 99 增压压力定位器结构（大众迈腾 B8L DKX）
Fig.3 - 99 Structure of boost pressure locator（VW Magotan B8L DKX）

大众迈腾 B8L/DKX 发动机配备的空气再循环阀 N249 结构及工作过程如图 3 - 100 所示。空气再循环阀 N249 本质上是一个通过电磁线圈驱动的阀门，在发动机超速运行状态下，当节气门关闭时，由于存在着增压压力，会在压缩机壳体内产生一个背压，这个背压会显著降低压缩机转子的转速,导致增压压力下降,为了避免此类情况,ECM 驱动涡轮增压器循环空气阀 N249 打开,将经压缩机转子压缩的空气再引回到压缩机之前,这样就可保持所需要的涡轮转速。当节气门打开时,ECM 驱动循环空气阀 N249 关闭,涡轮增压器又立即形成增压压力。

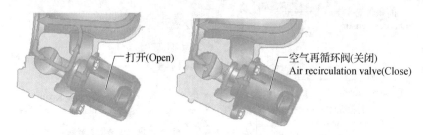

图 3－100　空气再循环阀结构(大众迈腾 B8L DKX)

Fig.3－100　Structure of air recirculation valve(VW Magotan B8L DKX)

四、工作电路

大众迈腾 B8L/DKX 发动机的增压压力调节装置,内部集成了增压压力定位器 V465 以及增压压力调节位置传感器 G581 等部件,其工作电路如图 3－101 所示,通过一个 6 芯插头 T6f 与 ECM(J623)连接,其中 T6f/6、T6f/2 分别为增压压力定位器 V465 伺服电机控制正极、负极端子,由 ECM 通过 PWM 占空比信号进行控制。T6f/1 为增压压力调节位置传感器 G581 的 5 V 工作电压端子,T6f/3 为 G581 的搭铁端子,T6f/5 为 G581 的信号端子,另外 T6f/4 为空脚。

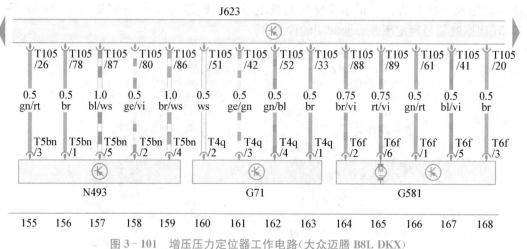

图 3－101　增压压力定位器工作电路(大众迈腾 B8L DKX)

Fig.3－101　Circuit of boost pressure regulating device(VW Magotan B8L DKX)

空气再循环阀 N249(工作电路如图 3－102 所示)通过一个 2 芯插头 T2am 与线束连接。T2am/1 为电源端子,电源由蓄电池正极出发,经 J271 主继电器触点,经 SB₄(10 A)保险丝,经 D182 正极线束,再经 TML 转接头(T14ae/8－T14k/8)到达 D173 正极线束,最后通过 N249 的 T2am/1 端子进行供电;T2am/2 为搭铁控制端,与 ECM 的 T105/66 连接,由 ECM 进行回路的搭铁控制,从而进行阀的开闭控制。

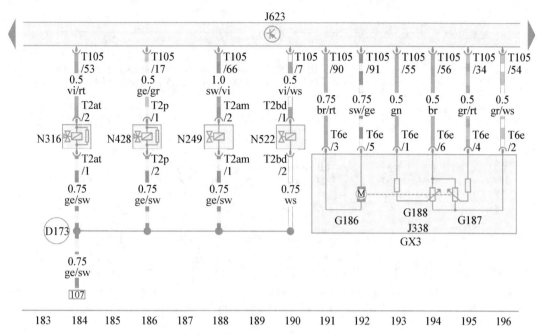

图 3 - 102 - 1　空气再循环阀 N249 工作电路（大众迈腾 B8L DKX）
Fig.3 - 102 - 1　Circuit of N249（VW Magotan B8L DKX）

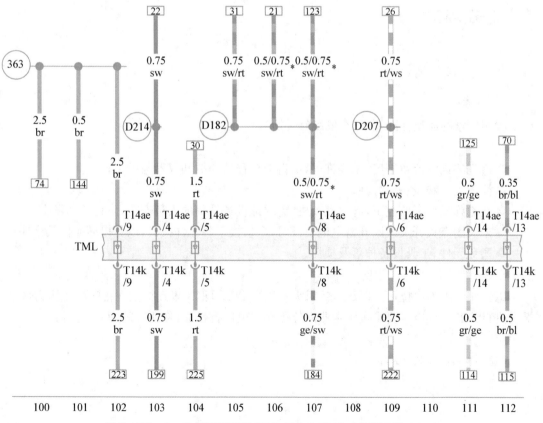

图 3 - 102 - 2　空气再循环阀 N249 工作电路（大众迈腾 B8L DKX）
Fig.3 - 102 - 2　Circuit of N249（VW Magotan B8L DKX）

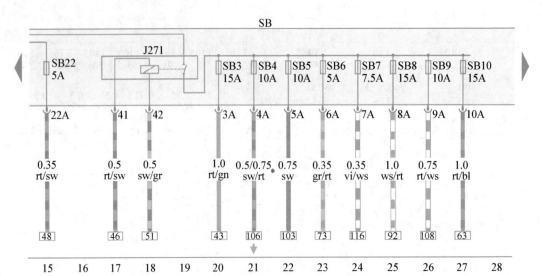

图 3 - 102 - 3　空气再循环阀 N249 工作电路（大众迈腾 B8L DKX）

Fig.3 - 102 - 3　Circuit of N249（VW Magotan B8L DKX）

 **任务实施**

一、实施方案

1. 质量要求

参照厂家的质量标准要求（车辆维修手册）。

2. 注意事项

○ 遵守实训室规章制度，未经许可，不得擅自移动和拆卸仪器与设备；

○ 注意安全和设备完好性；

○ 在教师允许和监控下，起动发动机，需保证设备周围的人员安全，防止意外发生；

○ 未关闭点火开关或断开蓄电池负极时，严禁拔下各元件接口，以免损坏元件及模块；

○ 避免元件、工具设备掉落及损坏。

3. 组织方式

以工作小组为单位，合理分工，针对大众迈腾 B8L/DKX 发动机上配备的增压压力调节装置进行诊断与维修。要求按照企业岗位操作规范进行作业，作业时间为 45 分钟。

4. 作业准备

（1）技术要求与标准；

表 3－16　增压压力调节装置技术要求与标准
Tab. 3－16　Technical requirements and standards of boost pressure regulating device

检测内容	端子号	测量条件	参考标准值
V465 控制信号	T6f/6 T6f/2	发动机转速 2 000 r/min	PWM 信号
V465 电机内阻	T6f/6 - T6f/2（元件侧）	20 ℃	2.7 Ω 左右
G581 信号	T6f/5	发动机转速 2 000 r/min	信号波形
G581 工作电压	T6f/1	点火开关 ON	5 V
G581 搭铁	T6f/3—接地	点火开关 OFF	小于 1 Ω
N249 电源	T2am/1	点火开关 ON	12～14 V
N249 内阻	T2am/1 - T2am/2（元件侧）	20 ℃	12～16 Ω
N249 搭铁控制	T2am/2	发动机转速 2 000 r/min 松油门瞬间	驱动信号波形

（2）设备器材：万用表、诊断仪、示波器、常用工具；

（3）场地设施：汽车电控发动机理实一体化教室；

（4）设备台架：大众迈腾 B8L 整车，配备 DKX 型号发动机；

（5）耗材：干净抹布。

二、操作步骤

1. 读取增压压力的数据流

（1）将故障诊断仪连接到汽车的诊断接口，起动发动机，并打开故障检测仪；

（2）暖机之后，使发动机以 2 000 r/min 运转；

（3）操作解码器，读取解码器上增压压力的数据流，记录并与下表进行比对。

2. 检测 V465 控制信号

（1）点火开关 OFF，断开增压压力定位器 V465 插接器，用背插针将插接器的 T6f/2、T6f/6 端子引出，验证导通情况，并恢复插接器连接；

（2）起动发动机，充分预热，冷却液温度上升至 60 ℃ 以上；

（3）打开并调整示波器，结合空气再循环阀的工作条件，检测 V465 的 T6f/6 端子与搭铁之间的控制信号波形；

（4）对比正常波形，如图 3－103 所示，分析实测波形。若无控制信号波形或波形不正确，则进一步检测连接线束，否则说明 ECM 故障。

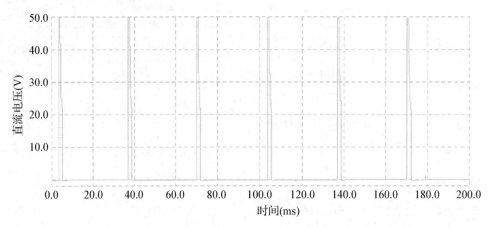

图3－103　检测增压压力定位器 V465 控制信号波形（大众迈腾 B8L DKX）
Fig.3－103　Test the control signal of V465（VW Magotan B8L DKX）

3. 检测 V465 伺服电机

（1）点火开关 OFF，断开增压压力定位器插接器；

（2）将万用表调至欧姆（Ω）挡，测量元件侧插接器的 T6f/2 与 T6f/6 端子之间的阻值，如图 3－104 所示，20 ℃时约为 2.7 Ω 左右，若阻值不符，则说明元件故障，需更换元件。

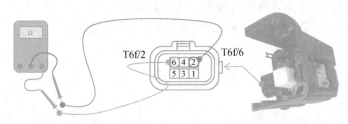

图3－104　检测 V465 伺服电机线圈阻值（大众迈腾 B8L DKX）
Fig.3－104　Test the resistance of the V465（VW Magotan B8L DKX）

4. 检测 V465 线束

（1）点火开关 OFF，断开蓄电池负极桩头，静置 2 min 以上，脱开 V465 及 ECM 插接器；

（2）将万用表调至欧姆（Ω）挡，检测以下端子间电阻，如图 3－105 所示；

（3）记录实测数据并与标准数据进行比对，测量值应该小于 1 Ω。若阻值不在规定范围内，则说明该线路存在故障，需要更换相应导线。

检测内容	端子号	测量条件	参考标准值
V465 与 ECM 之间线束	T6f/2 - T105/88	点火开关 OFF 断开蓄电池负极桩头 脱开线束两端插接器	小于 1 Ω
	T6f/6 - T105/89		

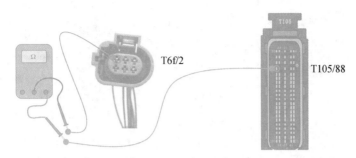

图 3 - 105　检测 V465 与 ECM 之间线束(大众迈腾 B8L DKX)

Fig.3 - 105　Test the wire between the V465 and ECM(VW Magotan B8L DKX)

5. 检测 G581 信号

(1) 点火开关 OFF,断开增压压力定位器的插接器,用背插针将插接器线束侧的 T6f/5 端子引出,并验证探针导通情况,恢复插接器连接;

(2) 起动发动机,打开并调整示波器,示波器测量表笔与引出探针连接,并进行有效接地连接;

(3) 观察示波器测量波形,若检测结果不符,则进一步检测传感器工作电压及搭铁。

6. 检测 G581 工作电压

(1) 点火开关 OFF,断开增压压力定位器插接器;

(2) 点火开关 ON,将万用表调至直流电压挡,测量插接器线束侧的 T6f/1 端子和搭铁之间的电压,如图 3 - 106 所示,标准值应为 5 V,否则进一步检测 T6f/1 端子与 ECM 之间的线束,若线束无故障,则说明 ECM 内部供电电路故障。

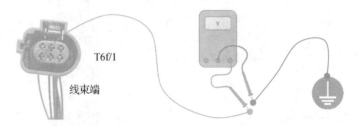

图 3 - 106　检测 G581 工作电压(大众迈腾 B8L DKX)

Fig.3 - 106　Test the working voltage of G581(VW Magotan B8L DKX)

7. 检测 G581 搭铁

(1) 点火开关 OFF,脱开蓄电池负极桩头,脱开增压压力定位器插接器;

(2) 将万用表调至欧姆(Ω)挡,测量插接器线束侧的 T6f/3 端子与搭铁之间的阻值,如图 3 - 107 所示。

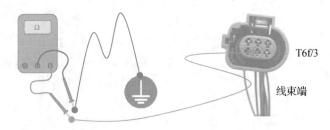

图 3‑107　检测 G581 搭铁(大众迈腾 B8L DKX)
Fig.3‑107　Test the ground of the G581(VW Magotan B8L DKX)

8. 检测 G581 线束

(1) 点火开关 OFF,断开蓄电池负极桩头,静置 2 min 以上,脱开 G581 及 ECM 插接器;

(2) 将万用表调至欧姆(Ω)挡,检测以下端子间电阻,如图 3‑108 所示;

(3) 记录实测数据并与标准数据进行比对,测量值应该小于 1 Ω。若阻值不在规定范围内,则说明该线路存在故障,需要更换相应导线。

检测内容	端子号	测量条件	参考标准值
G581 与 ECM 之间线束	T6f/1 - T105/61	点火开关 OFF 断开蓄电池负极桩头 脱开线束两端插接器	小于 1 Ω
	T6f/3 - T105/20		
	T6f/5 - T105/41		

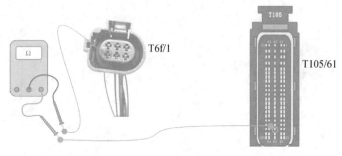

图 3‑108　检测 G581 与 ECM 之间线束(大众迈腾 B8L DKX)
Fig.3‑108　Test the wire between the G581 and ECM(VW Magotan B8L DKX)

9. 检测 N249 供电

(1) 点火开关 OFF,脱开空气再循环阀插接器,再将点火开关置于 ON 挡位置;

(2) 万用表调至直流电压挡,测量插头线束端 T2am/1 端子和搭铁之间的电压,如图 3‑109所示,正常值应为 12~14 V。否则进一步检测供电线路内的元件及线束。

T2am/1

图 3 – 109　检测空气再循环阀 N249 电源电压（大众迈腾 B8L DKX）
Fig.3 – 109　Test the operating voltage of N249（VW Magotan B8L DKX）

10. 检测 N249 控制信号

（1）点火开关 OFF，断开空气再循环阀 N249 插接器，用背插针将插接器的 T2am/2 端子引出，验证导通情况，并恢复插接器连接；

（2）起动发动机，充分预热，冷却液温度上升至 60 ℃以上；

（3）打开并调整示波器，结合空气再循环阀的工作条件，检测 T2am/2 端子与接地之间的控制信号波形；

（4）对比正常波形，分析实测波形。若无控制信号波形或波形不正确，则进一步检测连接线束，否则说明 ECM 故障。

11. 检测 N249 线束

（1）点火开关 OFF，断开蓄电池负极，静置 2 min 以上，断开 N249 及 ECM 插接器；

（2）万用表调至欧姆（Ω）挡，检测下列线束的电阻，如图 3 – 110 所示。若不符，则修理或者更换线束。

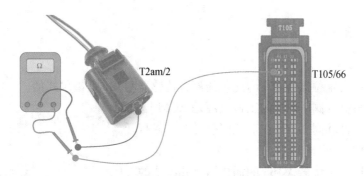

T2am/2　T105　T105/66

图 3 – 110　检测 N249 与 ECM 之间线束（大众迈腾 B8L DKX）
Fig.3 – 110　Test the wire between the N249 and ECM（VW Magotan B8L DKX）

检测内容	端子号	测量条件	参考标准值
N249 与 ECM 之间线束	T2am/2 - T105/66	点火开关 OFF 断开蓄电池负极桩头	小于 1 Ω
N249 与 SB$_4$ 之间线束	T2am/1 - SB$_4$ 下游触点		

12. 检测 N249 本体

（1）点火开关 OFF，断开空气再循环阀连接器；

（2）将万用表置于欧姆（Ω）挡，检测元件侧 T2am/1 与 T2am/2 端子之间的阻值，即为内部的线圈电阻，如图 3-111 所示。

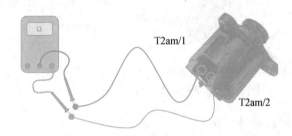

图 3-111 检测空气再循环阀线圈阻值（大众迈腾 B8L DKX）
Fig.3-111 Test the resistance of the N249（VW Magotan B8L DKX）

（3）记录检测数据，并与参考标准值进行比对，若检测电阻值不在规定范围内，则需要更换空气再循环阀。

13. 检查复位

连接执行器及 ECM 插接器，恢复蓄电池负极接线柱连接，使用解码器读取故障码，检查车辆故障是否消失。设备、仪器复位，场地清洁。

 任务评价

一、知识巩固

1. 判断题

（1）增压压力定位器 V465 内配置的位置传感器 G581 是霍尔式的。　　（　　）

（2）空气再循环阀 N249 的工作电源是 ECM 提供的。　　（　　）

（3）空气再循环阀 N249 在节气门打开的时候打开。　　（　　）

2. 单选题

（1）增压压力定位器 V465 的插接器是几线式的？（　　）

A. 3　　　　　　　　　　　　B. 4

C. 5　　　　　　　　　　　　D. 6

（2）空气再循环阀 N249 的工作电源是多少 V？（　　）

A. 5 V　　　　　　　　　　　B. 12 V

C. 3 V　　　　　　　　　　　D. 9 V

二、技能测评

表 3-17　涡轮增压调节装置诊断与维修技能评价表
Tab. 3-17　Skills assessment for boost pressure regulating device

序号	内容	分值	得分
1	能正确选用工具进行增压压力调节装置相关数据的测量	10	
2	能读取增压系统相关数据流	10	
3	能正确读取 V465 控制波形	10	
4	能正确测量 V465 内阻	10	
5	能检测 G581 信号	20	
6	能检测 G581 工作电压	10	
7	能检测 G581 接地	10	
8	能检测元件与 ECM 之间的线束	10	
9	检查复位	10	
总分		100	

任务 9　发动机温度调节伺服元件诊断与维修

学习目标

- ⊙ 能识别发动机温度调节伺服元件的安装位置；
- ⊙ 掌握发动机温度调节伺服元件的结构；
- ⊙ 理解发动机温度调节伺服元件的工作原理；
- ⊙ 能分析发动机温度调节伺服元件的工作电路；
- ⊙ 能熟练运用工具仪器对发动机温度调节伺服元件进行检测；
- ⊙ 树立正确的劳动观，注重质量意识，践行工匠精神。

故障案例

　　一辆行驶里程约 6.2 万千米，配置 DKX 2.0T 发动机的一汽大众迈腾 B8L。该车发动机排放灯点亮。经用诊断仪检查发动机控制模块的故障码为"P268100 冷却液旁通阀启动—断路"，如图 3-112 所示。根据故障码含义，指向的是发动机冷却液系统，而该车冷却液系统的控制核心是发动机温度调节伺服元件 N493。

图 3-112　发动机温度调节伺服器故障码
Fig.3-112　DTC of engine temperature control actuator

知识链接

　　1. 功用及失效影响

　　大众汽车在第三代 EA888 发动机上推出了创新型发动机热能管理系统（ITM），如图 3-113所示。在传统节温器控制大、小循环的基础上全新开发出运用电控旋转阀组件的创新型热量管理系统。创新型热量管理系统是针对发动机和变速器的一项智能冷起动和暖机

程序,它可实现全可变发动机温度调节,对冷却液液流进行目标控制。通过不同模式的切换,让发动机快速预热,使得发动机内部机械摩擦变小,提升燃油经济性,还可让发动机温度在 85 ℃~107 ℃之间变动。

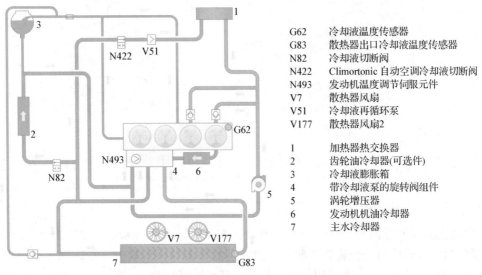

G62	冷却液温度传感器
G83	散热器出口冷却液温度传感器
N82	冷却液切断阀
N422	Climortonic 自动空调冷却液切断阀
N493	发动机温度调节伺服元件
V7	散热器风扇
V51	冷却液再循环泵
V177	散热器风扇2
1	加热器热交换器
2	齿轮油冷却器(可选件)
3	冷却液膨胀箱
4	带冷却液泵的旋转阀组件
5	涡轮增压器
6	发动机机油冷却器
7	主水冷却器

图 3‑113　智能热管理系统(大众迈腾 B8L DKX)
Fig.3‑113　ITM system(VW Magotan B8L DKX)

如果直流电机损坏或者旋转滑阀卡死,那么根据旋转滑阀位置情况,会激活转速限制和扭矩限制功能。

(1) 仪表显示故障信息,发动机转速限制在 4 000 rpm,同时发出警告音,EPC 灯亮起;

(2) 组合仪表内以数字形式显示实际冷却液温度;

(3) 冷却液切断阀 N422 打开;

(4) 冷却液再循环泵 V51 起动以确保气缸盖冷却;

(5) 发动机控制模块的故障存储器中存储一条故障记录。

如果来自转向角度传感器的位置信号发生故障,发动机控制单元会驱动旋转阀到安全侧,以便达到最大的冷却功效。

如果旋转滑阀内的温度超过 113 ℃,那么旋转滑阀内的膨胀式节温器就会打开通向主散热器的一个旁通支路,使冷却液可以流经主散热器。确保故障时车辆也可以继续行驶。

2. 安装位置及外观

创新型热量管理系统(ITM)是针对发动机和变速箱的一项智能冷起动和暖机程序。它可实现全可变发动机温度调节,对冷却液液流进行目标控制。核心元件是发动机温度调节伺服元件 N493,其与冷却水泵集成安装,通过螺栓固定在发动机进气侧偏后端的气缸体侧壁上,如图 3‑114 所示。N493 是由 ECM 控制的执行器,水泵是由发动机平衡轴后端的齿轮通过齿形皮带驱动的机械元件。

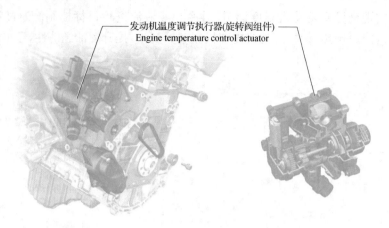

图 3‐114　发动机温度调节伺服元件安装位置（大众迈腾 B8L DKX）
Fig.3‐114　Position of N493（VW Magotan B8L DKX）

3. 结构及工作原理

发动机温度调节伺服元件的结构如图 3‐115 所示，包含：冷却液泵、2 个旋转阀、恒温器、带转向角度传感器的齿轮以及驱动冷却液泵的平衡轴齿形皮带。旋转阀 1 通过涡轮蜗杆机构由发动机温度调节执行器 N493 内的伺服电机直接驱动，旋转阀 2 通过一个中间齿轮（针齿轮）在旋转阀 1 上齿形门的作用力下运转，旋转阀 1 和 2 是通过机械方式联动的，在运转时会互相影响，旋转滑阀 2 在特定角度位置会与旋转滑阀 1 联上和脱开。另一恒温器带有扩张元件，其功能是作为一项安全装置（紧急恒温器），发生故障时在 113 ℃ 的温度下启动。

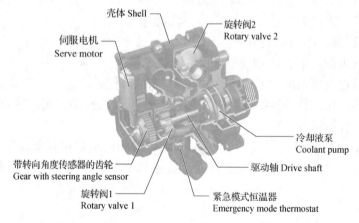

图 3‐115‐1　发动机温度调节伺服元件（大众迈腾 B8L DKX）
Fig.3‐115‐1　Structure of N493（VW Magotan B8L DKX）

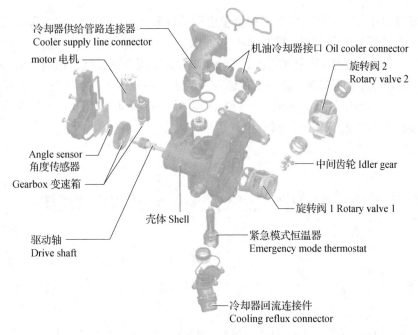

图 3 - 115 - 2 发动机温度调节伺服元件(大众迈腾 B8L DKX)
Fig.3 - 115 - 2 Structure of N493(VW Magotan B8L DKX)

热管理系统的控制逻辑如图 3 - 116 所示,旋转阀 1 控制冷却液在机油冷却器、发动机和主水冷却器之间流动。发动机越热,执行器电机驱动旋转阀 1 旋转的驱动力更大。旋转阀 2 通过一个中间齿轮由旋转阀 1 上的齿形门驱动。控制板上的转向角传感器(霍尔传感器)将旋转阀位置发送至发动机控制单元。发动机停机且接续运行模式结束后,旋转阀角度自动设置为 40°。如果系统中有故障,发动机可通过紧急恒温器在此角度范围内运行。如果没有故障,且发动机起动,旋转阀角度被设置为 160°。

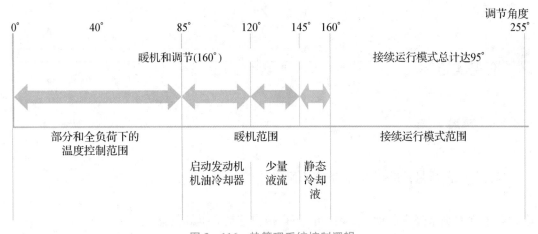

图 3 - 116 热管理系统控制逻辑
Fig.3 - 116 Control logic of ITM

4. 工作电路

大众迈腾 B8L/DKX 发动机的发动机温度调节伺服元件 N493 总成内部集成了伺服电机和角度传感器两个电子元件,其工作电路如图 3 - 117 所示。N493 通过一个 5 芯插头 T5bn 与 ECM(J623)相连,其中 T5bn/4、T5bn/5 为温度调节伺服电机控制负极、正极端子,T5bn/3 为发动机温度调节执行器角度传感器 5 V 工作电压端子,由 ECM 的参考电压 A 电路提供,T5bn/1 为角度传感器接地端子,通过 ECM 进行接地连接,T5bn/2 为角度传感器信号端子,向 ECM 实时提供旋转阀的位置信号。

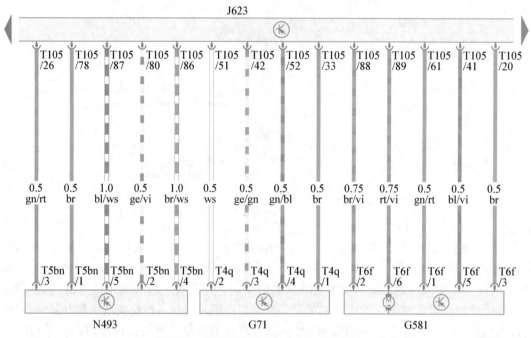

图 3 - 117　发动机温度调节伺服元件工作电路(大众迈腾 B8L DKX)
Fig.3 - 117　Circuit of N493(VW Magotan B8L DKX)

 **任务实施**

一、实施方案

1. 质量要求

参照厂家的质量标准要求(车辆维修手册)。

2. 注意事项

◉ 遵守实训室规章制度,未经许可,不得擅自移动和拆卸仪器与设备;

◉ 注意安全和设备完好性;

◉ 在教师允许和监控下,起动发动机,需保证设备周围的人员安全,防止意外发生;

◉ 未关闭点火开关或断开蓄电池负极时,严禁拔下各元件接口,以免损坏元件及模块;

○ 避免元件、工具设备掉落及损坏。

3. 组织方式

以工作小组为单位,合理分工,针对迈腾 B8L/DKX 发动机上配置的发动机温度调节进行诊断与维修。要求按照企业岗位操作规范进行作业,作业时间为 30 分钟。

4. 作业准备

(1) 技术要求与标准:

表 3-18 发动机温度调节伺服元件技术要求与标准
Tab. 3-18 Technical requirements and standards for actuator

检测内容	端子号	测量条件	参考标准值
N493 伺服电机供电	T5bn/5	起动发动机	12 V
控制信号	T5bn/4		PWM 信号(12 V)
伺服电机线圈内阻	T5bn/4 - T5bn/5(元件侧)	点火开关 OFF 脱开执行器插接器	2.8 Ω 左右
旋转阀转角传感器接地	T5bn/1	点火开关 OFF 脱开蓄电池负极 脱开执行器插接器	小于 1 Ω
旋转阀转角传感器信号	T5bn/2	起动发动机	方波信号
旋转阀转角传感器工作电压	T5bn/3	点火开关 OFF	5 V

(2) 设备器材:万用表、解码器、示波器、常用工具;

(3) 场地设施:汽车电控发动机理实一体化教室;

(4) 设备设施:大众迈腾 B8L 整车,配置 DKX 型号发动机;

(5) 耗材:干净抹布。

二、操作步骤

1. 检测 N493 伺服电机控制信号

(1) 点火开关 OFF,断开温度调节执行器 N493 的插接器,用背插针将线束侧 T5bn/4、T5bn/5 端子引出,并验证背插针导通情况,恢复执行器插接器连接;

(2) 将示波器通道线与引出的背插针连接,并做好示波器接地连接,起动发动机,检测执行器的控制信号波形;

(3) 将实测控制波形与标准波形进行比对分析。若波形不符,则进一步检测相关线束。

2. 检测 N493 伺服电机

(1) 点火开关 OFF,断开温度调节执行器的插接器。

(2) 将万用表调至欧姆挡,检测执行器元件侧插接器的 T5bn/4 与 T5bn/5 端子之间的电阻,如图 3-118 所示。检查结果如不符合,则说明伺服电机故障,需更换伺服电机或者执行器总成。

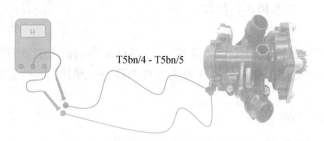

图 3‐118　检测旋转阀伺服电机线圈阻值（大众迈腾 B8L DKX）

Fig.3‐118　Test the resistance of N493（VW Magotan B8L DKX）

3. 检测旋转阀角度传感器信号

（1）点火开关 OFF，断开 N493 插接器，用背插针将插接器的 T5bn/2 端子引出，验证导通情况，并恢复插接器连接；

（2）起动发动机，打开并调整示波器，结合 N493 的工作条件，检测 N493 旋转滑阀转角传感器的 T5bn/2 引出端子与搭铁之间的信号波形；

（3）对比正常波形，分析实测波形。若无控制信号波形或波形不正确，则进一步检测连接线束，否则说明 ECM 故障。

4. 检测旋转阀角度传感器工作电压

（1）点火开关 OFF，断开温度调节伺服元件插接器；

（2）点火开关 ON，将万用表调至直流电压（V）挡，测量执行器线束侧插接器的 T5bn/3 端子和搭铁之间的电压，如图 3‐119 所示，记录检测数据并与标准数据进行比对，否则进一步检测执行器的 T5bn/3 端子与 ECM 之间的线束。

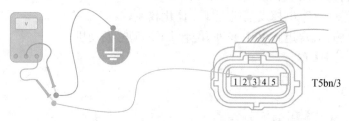

图 3‐119　检测旋转阀角度传感器工作电压（大众迈腾 B8L DKX）

Fig.3‐119　Test the working voltage of rotary valve angle sensor（VW Magotan B8L DKX）

5. 检测旋转阀角度传感器搭铁

（1）点火开关 OFF，断开蓄电池负极桩头，脱开 N493 插接器；

（2）将万用表置于欧姆（Ω）挡，测量执行器线束侧插接器的 T5bn/1 端子和搭铁之间的电阻，如图 3‐120 所示，记录检测数据与标准数据进行比对，标准值应小于 1 Ω。若不在规定范围内，说明搭铁回路存在故障，进一步检测线束。

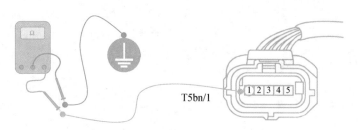

图 3-120　检测旋转阀转角传感器搭铁（大众迈腾 B8L DKX）
Fig.3-120　Test the ground of rotary valve angle sensor（VW Magotan B8L DKX）

6. 检测线束

（1）点火开关 OFF，断开蓄电池负极桩头，分别脱开 N493 和 ECM 的插接器；

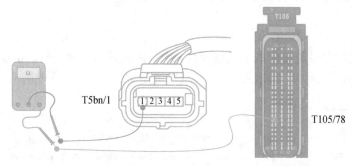

图 3-121　检测 N249 与 ECM 之间线束（大众迈腾 B8L DKX）
Fig.3-121　Test the wire between the N249 and ECM（VW Magotan B8L DKX）

（2）将万用表置于欧姆（Ω）挡，检测以下端子之间的电阻，如图 3-121 所示，标准值应小于 1 Ω。若不符，则说明该线路存在故障，需更换相应导线。

检测内容	端子号	测量条件	参考标准值
N493—ECM 之间线束	T5bn/1 - T105/78	点火开关 OFF 脱开蓄电池负极桩头	小于 1 Ω
	T5bn/2 - T105/80		
	T5bn/3 - T105/26		
	T5bn/4 - T105/86		
	T5bn/5 - T105/87		

7. 检查复位

连接温度调节伺服元件以及 ECM 的插接器，恢复蓄电池负极接线柱连接，使用解码器读取故障码，验证故障是否清除，设备仪器复位，场地清洁。

任务评价

一、知识巩固

1. 判断题

(1) 智能热管理系统温度调节伺服元件 N493 内的旋转阀之间是相互独立的。（　　）

(2) N493 的控制信号是 5 V 的 PWM 信号。（　　）

2. 单选题

(1) 大众 DKX 发动机智能热管理系统配备的温度调节伺服元件 N493 内有（　　）个旋转阀。

A. 4　　　　　　　　B. 1　　　　　　　　C. 2　　　　　　　　D. 3

(2) 智能热管理系统温度调节伺服元件 N493 内设置的角度传感器的类型是（　　）。

A. 磁感应式　　　B. 霍尔式　　　　C. 光电式　　　　D. 电涡流式

二、技能测评

表 3-19　发动机温度调节伺服元件诊断与维修技能评价表

Tab. 3-19　Skills assessment for engine temperature control actuator

序号	内容	分值	得分
1	能正确选用工具进行相关数据的测量	10	
2	能检测伺服元件控制信号波形	20	
3	能检查伺服元件线圈内阻	20	
4	能检查伺服元件与 ECM 之间电路	20	
5	能检测旋转阀角度传感器	20	
6	检查复位	10	
	总分	100	

扫描可见本项目微课

ECM 检修及控制策略分析

项目四

项目导入

发动机控制模块(ECM:Engine Control Module),也称之为 ECU(Electronic Control Unit),即电子控制单元,俗称"行车电脑""电脑板""车载电脑"等(如图 4-1)。各汽车制造厂家对发动机控制模块的命名也不尽相同,美国通用汽车公司称为 ECM(Engine Control Module);福特汽车公司称为 MCU(Microprocessor Control Unit),后又被称为 EEC(Engine Electronic Control);本田公司在 1995 年度车型上也称为 ECM,但是 1996 年车型上将发动机控制模块和变速器控制模块(TCM:Transmission Control Module)集成在一个模块上,称为动力控制模块 PCM(Power Train Control Module),现已成为 SAE 规定的标准语。

发动机控制模块(ECM)是发动机管理系统的处理与控制中心,在发动机出厂前会预储存一系列经过计算和大量实验取得的基础数据和控制策略,我们称之为"MAP",对传感器输入的信号进行处理,并以这些信号为基础计算得到控制信号,通过驱动级直接将控制信号输送给相应的执行器,控制发动机机械系统的运转。

本项目将结合具体车型对 ECM 的功用及失效影响、安装位置与外观、结构原理、工作电路及检测方法等进行说明,并重点结合具体车型对其控制策略进行说明。

图 4-1　发动机控制模块
Fig.4-1　Engine Control Module(ECM)

任务 1 ECM 诊断与维修

 学习目标

- 能识别各车型发动机 ECM 的安装位置；
- 掌握 ECM 工作原理及内部、外部电路组成；
- 能对 ECM 总成进行拆装，并对其外部电路进行检测与分析；
- 树立正确的劳动观，注重质量意识，锤炼工匠精神。

 故障案例

一辆行驶 4.3 万千米的 2013 年款日产轩逸轿车，停放在停车场后，第二天无法着车。点火开关打开时，电子风扇常转，按下一键启动按钮时，起动机没有任何反应。

根据以上现象确认为电器部分出现故障，其可能原因有：

（1）此车电源、地线、保险丝是否正常；

（2）用诊断仪进行故障诊断，根据故障码指引进行诊断；

（3）电气控制器出现故障。

对此车电源、接铁线路、保险丝进行检查。蓄电池电压为 12.6 V，插接器及搭铁无异常，保险丝无烧断现象。

利用 CONSULT-Ⅲ 检测仪诊断到如下故障代码：

（1）ABS，BCM，CVT，EPS，IBDM，仪表，SRS 系统故障码都为 U1000：CAN 通信故障，而且为当前故障；

（2）没有检测到 ECM 系统；

（3）CAN 系统诊断：ECM 及其线路显示为红色。

根据以上发现，诊断仪无法检测到 ECM 系统，CAN 网络图与 ECM 控制器出现异常，因此按照如下步骤进行检测：

（1）检查 ECM 电源与接地。根据维修手册 ECM 诊断信息中 ECM 参考值表：（81，89，121号电源检测正常）。12，16，52，123，128 号地线检测正常。

（2）CAN 系统检测：拆下蓄电池负极，用万用表测诊断接头（诊断座 6 号与 14 号 CAN 线电阻），测量阻值为 61.9 欧姆，正常，拆下 ECM 插头，测量阻值变为 121.9 欧姆，正常。

经过如上检查，排除 CAN 系统线路，ECM 电源，地线线路故障；再加上诊断仪无法检测 ECM，从而分析判定为 ECM 内部故障。更换 ECM 进行数据写入和配置后，故障排除。

知识链接

一、功用及失效影响

发动机控制模块(ECM；Engine Control Module)，具有连续监测并控制发动机正常工作运转的功能。在发动机管理系统中，ECM是核心控制元件，其接收传感器及其他开关信号，根据发动机的不同工况，产生相应的控制信号输出到功率驱动电路，比如向发动机提供最佳空燃比的混合气和最佳点火时刻，使发动机动力性、经济型、排放性等达到最佳状态。另外ECM还可以给各传感器或开关提供5 V、12 V甚至更高的电压。

如果ECM出现故障，可能会导致发动机性能下降或者完全失效。具体情况如下：

(1) 动力不足：ECM负责控制燃油喷射、点火时机等，如果ECM出现故障，可能导致发动机输出功率下降，车辆加速无力；

(2) 发动机起动困难；

(3) 发动机抖动：ECM故障可能导致发动机运转不平稳，出现抖动现象；

(4) 发动机故障灯亮起。

二、安装位置及外观

发动机控制模块一般位于发动机舱内，有的车型会置于副驾驶手套箱下方。如图4－2所示，丰田86/FA20发动机的ECM及诊断口的安装位置。

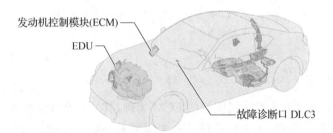

图4－2　ECM安装位置(丰田86 FA20)

Fig.4－2　Position of ECM(Toyota 86 FA20)

大众迈腾B8L的ECM安装在车辆前舱左侧电器控制盒与低压蓄电池之间的支架上，故障诊断口安装在方向盘柱下方，如图4－3所示。

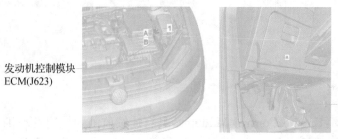

发动机控制模块
ECM(J623)

故障诊断口
Fault diagnosis interrface

图 4 - 3　ECM 安装位置(大众迈腾 B8L)
Fig.4 - 3　Position of ECM(VW Magotan B8L)

丰田 RAV4 配置的 ECM 安装在车辆前舱左侧电器控制盒旁的支架上,紧临发动机,如图4 - 4所示。

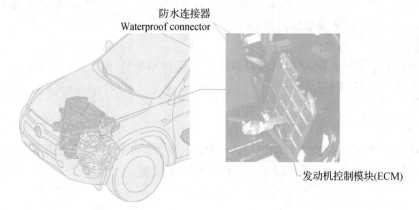

防水连接器
Waterproof connector

发动机控制模块(ECM)

图 4 - 4　ECM 安装位置(丰田 RAV4 2AZ-FE)
Fig.4 - 4　Position of ECM(Toyota RAV4 2AZ-FE)

三、结构及工作原理

以大众迈腾 B8L/DKX 发动机配置的 ECM 为例,其外观及线束插头如图 4 - 5 所示,其配置有两组插接器,分别是 91 个针脚的 T91 插接器和 105 个针脚的 T105 插接器。

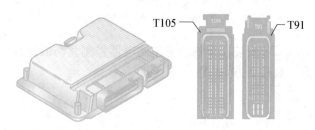

T105　　　T91

图 4 - 5　ECM 外观及插接器
Fig.4 - 5　Appearance and connectors of ECM

ECM 的内部由微处理器(CPU)、存储器(ROM、RAM)、输入/输出接口(I/O)、模数转换器(A/D)以及整形、驱动等大规模集成电路组成,如图 4-6 所示。

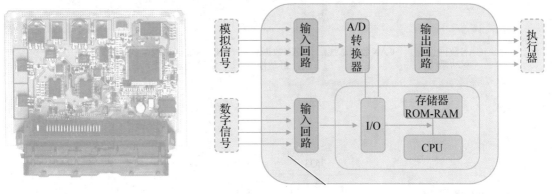

图 4-6　发动机控制模块的内部构成
Fig.4-6　Components of ECM

在输入电路中,ECM 的输入信号主要有模拟信号、数字信号(包括开关信号)、脉冲信号三种形式。模拟信号通过 A/D 转换器转换为数字信号提供给微处理器。控制系统要求模数信号转换具有较高的分辨率和精度。为了保证测控系统的实时性,采样间隔一般要求小于 4 ms。数字信号需要通过电平转换,得到计算机接收的信号。对超过电源电压、电压在正负之间变化、带有较高的振荡或噪声、带有波动电压等输入信号,输入电路也对其进行转换处理。微处理器首先完成传感器信号的 A/D 转换、周期脉冲信号测量和其他有关汽车行驶状态信号的输入处理,然后计算并控制所需的输出值,按要求适时地向执行机构发送控制信号。

在输出电路中,微处理器输出的信号往往用作控制电磁阀、指示灯、步进电机等执行件。微处理器输出信号功率小,使用+5 V 的电压,汽车上执行机构的电源大多数是蓄电池提供,需要将微处理器的控制信号通过输出处理电路处理后再驱动执行机构。

电源电路中,ECM 一般带有电池和内置电源电路,以保证微处理器及其接口电路工作在+5 V 的电压下。即使在发动机起动工况等使汽车蓄电池电压有较大波动时,也能提供+5 V 的稳定电压,从而保证系统的正常工作。

在软件方面,ECM 的控制程序有计算、控制、监测与诊断、管理、监控等几个方面的控制模式。

ECM 是汽车上的控制模块之一,模块之间需要完成相应信息的交换,多个控制模块之间的信息传递采用一种称为多路复用通信网络技术,将整车的控制模块形成一个网络系统,也就是 CAN 数据总线系统,如图 4-7 所示。

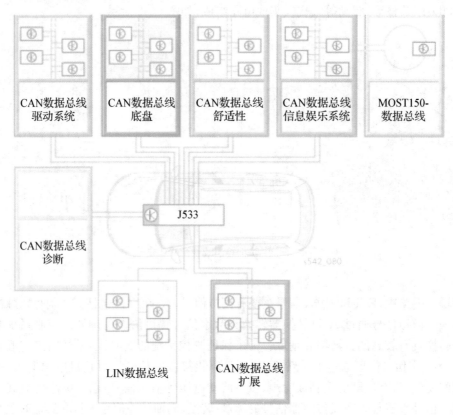

图 4-7　车载电网系统（大众 MQB 平台）
Fig.4-7　CAN-BUS system（VW MQB）

四、工作电路

1. ECM 外部电源电路

以大众迈腾 B8L/CUGA 发动机为例，30 电由蓄电池（A）正极出发，经 SB_{17}（7.5 A）保险丝，再经 D78 正极线束分配至 ECM（J623）的 T91/86 端子进入 ECM 内部，为 ECM 供电。ECM 控制主继电器 J271 闭合，87a 电从蓄电池（A）正极出发，经 J271 触点，经 SB_3（15 A）保险丝，再经 E7 正极线束分配至 ECM 的 T91/5 和 T91/6 端子，如图 4-8-1、图 4-8-2、图 4-8-3 所示。合法钥匙在车内，起动开关 ON，进入及起动许可控制单元 J965 唤醒车载电网控制单元 J519，J519 向 ECM（J623）T91/50 端子提供 12 V 的 15 电，如图 4-8-4、图 4-8-5 所示。

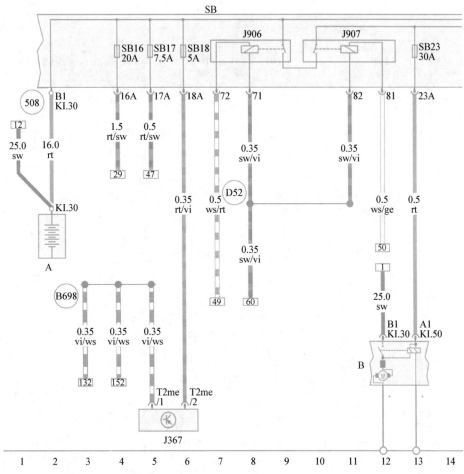

图 4 - 8 - 1　发动机控制模块电路(大众迈腾 B8L CUGA)
Fig.4 - 8 - 1　Circuit of ECM(VW Magotan B8L CUGA)

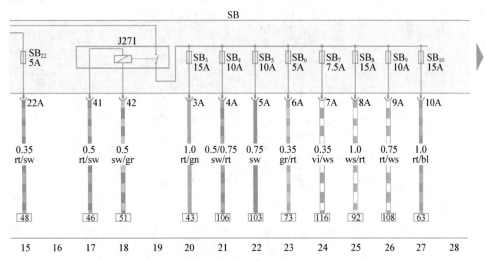

图 4 - 8 - 2　发动机控制模块工作电路(大众迈腾 B8L CUGA)
Fig.4 - 8 - 2　Circuit of ECM(VW Magotan B8L CUGA)

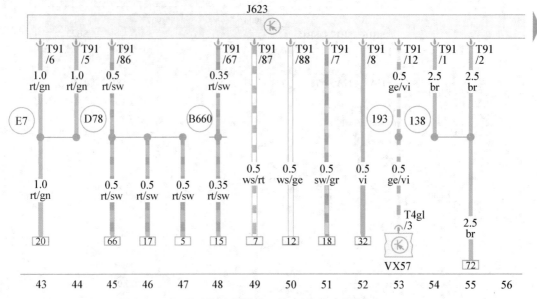

图 4 - 8 - 3　发动机控制模块工作电路（大众迈腾 B8L CUGA）

Fig.4 - 8 - 3　Circuit of ECM（VW Magotan B8L CUGA）

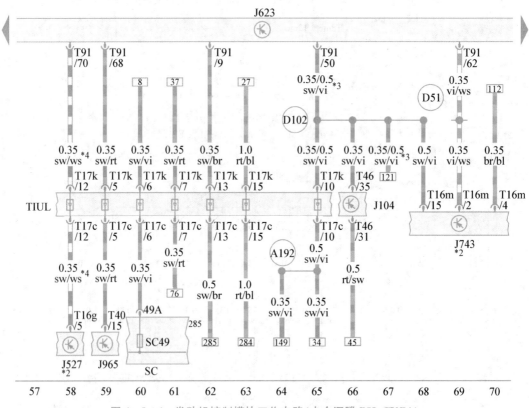

图 4 - 8 - 4　发动机控制模块工作电路（大众迈腾 B8L CUGA）

Fig.4 - 8 - 4　Circuit of ECM（VW Magotan B8L CUGA）

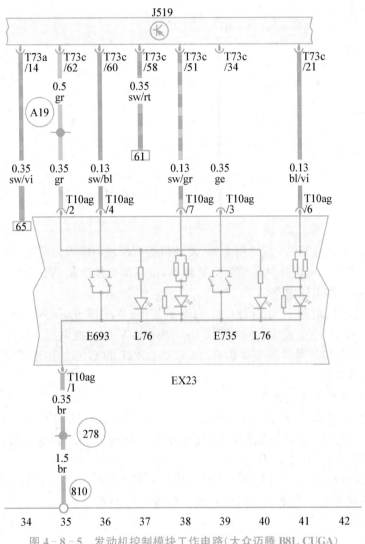

图 4-8-5　发动机控制模块工作电路(大众迈腾 B8L CUGA)

Fig.4-8-5　Circuit of ECM(VW Magotan B8L CUGA)

2. ECM 接地电路

ECM(J623)通过 T91/1、T91/2 端子,经位于线束中的 138 号接地连接,再经位于车辆左前纵梁上的 671 号接地点进行接地连接,工作电路如图 4-8-3 及图 4-8-6 所示。

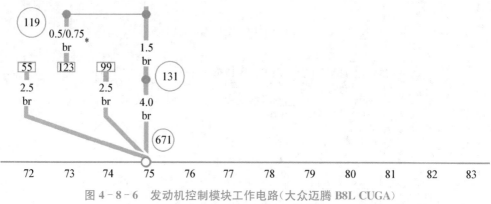

图 4 - 8 - 6　发动机控制模块工作电路（大众迈腾 B8L CUGA）
Fig.4 - 8 - 6　Circuit of ECM（VW Magotan B8L CUGA）

3. ECM 内部电源电路

以大众迈腾 B8L/CUGA 发动机为例，发动机控制模块（J623）向多个传感器提供 5 V 基准电压，也称为 5 V 参考电压或传感器 5 V 供电，由基准电压电路 A、B、D 和 E 组成。

（1）传感器基准电压电路 A

传感器基准电压电路 A 分别向 G31 的端子 T4bo/3、G28 的端子 T3m/1、GX3 的端子 T6e/2、G247 的端子 T3n/3、G40 的端子 T3o/1 提供 5 V 的基准电压。其中 G31 的传感器基准电压电路连接 J623 的连接器 T91；G28、GX3、G247 和 G40 的传感器基准电压电路连接 J623 的连接器 T105。

（2）传感器基准电压电路 B

传感器基准电压电路 B 分别向 GX9 的端子 T4q/3、G300 的端子 T3t/1、G336 的端子 T3fd/1 提供 5 V 的基准电压，传感器基准电压电路 B 均连接 J623 的连接器 T105。

（3）传感器基准电压电路 D 与 E

传感器基准电压电路 D 只向加速踏板位置传感器 G185 的端子 T6bf/1 提供 5 V 的基准电压；传感器基准电压电路 E 只向加速踏板位置传感器 G79 的端子 T6bf/2 提供 5 V 的基准电压。

4. 控制电路

ECM 作为发动机管理系统的控制核心，与系统中的传感器、执行器以及开关等元件之间有信号传输及控制电路，具体电路可参考各传感器及执行器的工作电路。

5. 通信电路

ECM 作为车载网络系统中的一个模块，通过 CAN 网络的通信回路与其他模块进行信息交换。ECM（J623）通过 T91/79（CAN—H）、T91/80（CAN—L）经 TIUL 转接头与网关控制模块 J533 连接，与整车控制网络进行数据交换，如图 4 - 8 - 7 所示。

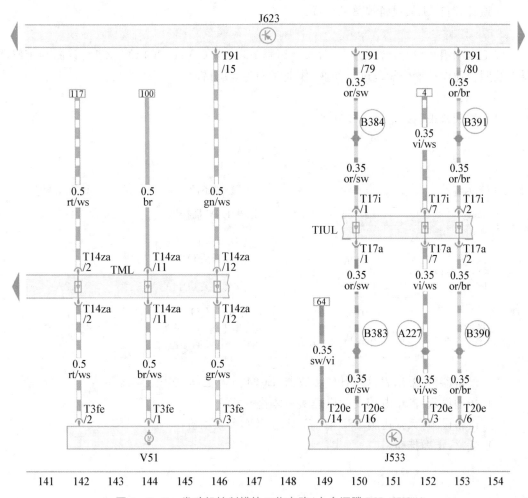

图4－8－7 发动机控制模块工作电路（大众迈腾 B8L CUGA）
Fig.4－8－7 Circuit of ECM（VW Magotan B8L CUGA）

任务实施

一、实施方案

1. 质量要求

参照厂家的质量标准要求（车辆维修手册）。

2. 注意事项

◎ 遵守实训室规章制度，未经许可，不得擅自移动和拆卸仪器与设备；

◎ 注意安全和设备完好性；

◎ 在教师允许和监控下，起动发动机，需保证设备周围的人员安全，防止意外发生；

◎ 未关闭点火开关或断开蓄电池负极时，严禁拔下各元件接口，以免损坏元件及模块；

◎ 避免元件、工具设备掉落及损坏。

3. 组织方式

以工作小组为单位,合理分工,对大众迈腾 B8L/CUGA 配置的 ECM 进行诊断与维修。要求按照企业岗位操作规范进行作业,作业时间为 30 分钟。

4. 作业准备

（1）技术要求与标准：

表 4-1　ECM 工作电路技术要求与标准
Tab. 4-1　Technical requirements and standards for ECM

检测内容	端子号	测量条件	参考标准值
30 电	T91/86	断开 ECM 插接器	12 V
87a 电	T91/5	三通工具引出 ECM 端子 点火开关 ON	12 V
	T91/6		
15 电	T91/50	点火开关 ON	12 V
搭铁	T91/1	点火开关 OFF 脱开蓄电池负极桩头 断开 ECM 插接器	小于 1 Ω
	T91/2		

（2）设备器材：万用表、诊断仪、示波器、ECM 三通工具、常用工具；

（3）场地设施：汽车电控发动机理实一体化教室；

（4）设备设施：大众迈腾 B8L 整车,配置 CUGA 发动机；

（5）耗材：干净抹布。

二、操作步骤

1. 检测 ECM 电源电路

（1）点火开关 OFF,断开蓄电池负极桩头,车辆静置 2 min 以上,断开 ECM 插接器；

（2）将万用表调至直流电压（V）挡,测量 ECM 线束侧插接器 T91/86 端子的对地电压,应为 12 V,即为 ECM 的 30 常电,如图 4-9 所示,若无电源,则进一步检查 SB$_{17}$（7.5 A）保险丝及相关线路；

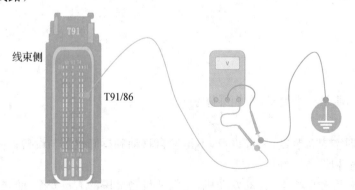

图 4-9　检测 ECM 的 30 电源
Fig.4-9　Test the voltage of ECM

（3）用 ECM 专用三通接头将 ECM 端子引出；

（4）点火开关 ON,用万用表分别测量 T91/5、T91/6、T91/50 的对地电压,正常应该为 12 V,若无电压或者电压不正常,则进一步结合工作电路检测相关线路及元件。

2. 检测 ECM 搭铁

（1）点火开关 OFF,断开蓄电池负极桩头,车辆静置 2 min 以上,断开 ECM 的 T91 插接器；

（2）将万用表调至欧姆（Ω）挡,分别检测线束侧插接器的 T91/1、T91/2 端子的对地电阻（如图 4 - 10）。正常值应小于 1 Ω,否则说明 ECM 搭铁回路有故障,需要进一步检测 ECM 与搭铁点之间的线束,以进一步诊断故障点。

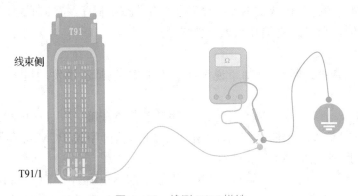

图 4 - 10　检测 ECM 搭铁

Fig.4 - 10　Test the ground of ECM

3. 检测线束

（1）点火开关 OFF,断开蓄电池负极桩头,车辆静置 2 min 以上,断开 ECM 插接器；

（2）将万用表调至欧姆（Ω）挡,分别检测线束。

检测内容	端子号	测量条件	参考标准值
搭铁线束	T91/1 - 671 搭铁点	点火开关 OFF 脱开蓄电池负极桩头 断开 ECM 插接器	小于 1 Ω
	T91/2 - 671 搭铁点		
供电线束	T91/86 - SB$_{17}$ 下游		
	T91/5、T91/6 - SB$_3$ 下游		

GET! 任务评价

一、知识巩固

1. 判断题

(1) 在使用过程中如果蓄电池断电,发动机控制模块的 ROM 存储信息也不会丢失。

（　　）

(2) 发动机动力控制模块的 RAM 常存放所有的控制程序、特性曲线和特性数据,例如喷油和点火等的控制程序、喷油和点火三维图等。　　　　　　　　（　　）

2. 单选题

(1) ECM 的常火线断路,技师甲说发动机不工作,技师乙说发动机 ECM 丢失一些记忆。（　　）

A. 甲正确　　　　B. 乙正确　　　　C. 甲和乙都不正确　　　D. 甲和乙都正确

(2) 当冷却液温度传感器电路断路,信号失效时,技师甲说 PCM 会存储故障码,技师乙说 PCM 会采用替代值。（　　）

A. 甲正确　　　　B. 乙正确　　　　C. 甲和乙都不正确　　　D. 甲和乙都正确

(3) 发动机控制模块具有（　　）功能,可以对各传感器和执行器的工作情况进行监测。

A. 自修复　　　　B. 自诊断　　　　C. 自动驾驶

(4) 读取和清除发动机电控系统的故障码时,维修人员必须通过（　　）设备来完成。

A. 万用表　　　B. 专用诊断设备　C. 四轮定位仪　　　D. 发动机测功仪

3. 填空题

(1) 检修 ECM 电路,必须使用_____万用表。

(2) ECM 有故障,应先检查_____,主要是_____和_____。

二、技能测评

表 4－2　ECM 检测技能评价表

Tab. 4－2　Skills assessment for ECM

序号	内容	分值	得分
1	能正确选用工具进行相关数据的测量	10	
2	能结合具体车型准确、快速地定位 ECM 位置	10	
3	能结合具体车型准确分析 ECM 工作电路	20	
4	能规范检测 ECM 电源电路	30	
5	能检测 ECM 的搭铁电路	20	
6	安全与防护	10	
	总分	100	

任务 2　ECM 控制策略分析

学习目标

- ◎ 能识别各型号电控汽油发动机 ECM 的安装位置；
- ◎ 掌握 ECM 工作原理；
- ◎ 能结合具体型号发动机对其 ECM 的控制策略进行分析；
- ◎ 树立正确的劳动观，注重质量意识，锤炼工匠精神。

知识链接

一、进入及起动许可控制逻辑

以大众迈腾 B8L 配置的进入及起动许可控制系统为例，对其控制策略进行说明，如图 4 - 11 所示。

1. 解锁车门

无钥匙进入车辆时，车钥匙必须在车辆的 1.5 米范围内。用手触摸车门把手时，车门把手内的传感器（G415）被激活，唤醒 J965，J965 通过天线（如 R134、R135、R165、R166、R136）搜索 1.5 米范围内是否有合法的钥匙，钥匙收到天线的低频信号后，判断正确，短闪一下并发送位置信息（低频信号），J965 收到钥匙信号，进行定位判断钥匙距车门是否小于 1.5 米，如果在范围内，则 J965 唤醒 J519，J519 唤醒 CAN 总线系统。J519 内的中央门锁内部天线 R47 发送询问信息（高频信号），钥匙收到询问信号长闪一次发送解锁信号（高频信号，相当于按下了解锁按钮），J519 判断钥匙信息是否正确，如果正确就解除车身防盗系统，进行如下操作：J519 发出车门解锁指令，通过舒适 CAN 发布指令，驾驶员侧车门控制单元 J386 根据此信号，控制驾驶员车门中央门锁电机 V56 解锁左前门锁、闪烁驾驶员侧外后视镜警告灯 L131、驱动驾驶员侧后视镜内折电机 V121 展开左侧后视镜；J386 通过 LIN 线给左后侧车门控制单元 J388 发出解锁指令，J388 控制左后车门中央门锁电机 V214 解锁左后车门锁。副驾驶员侧车门控制单元 J387 根据 J519 的解锁指令，控制 V57 解锁右前门锁、闪烁副驾驶员侧外后视镜警告灯 L132、驱动副驾驶员侧后视镜内折电机 V122 展开右侧后视镜，通过 LIN 线给右后侧车门控制单元 J389 发出解锁指令，J389 控制 V215 解锁右后门锁。

2. 进入车内

打开驾驶员侧车门，驾驶员侧车门接触开关 F2 闭合，产生信号（低电位）给 J386（其他 3 个车门同理），J519 收到开门信号，点亮相应车门打开指示灯；关闭车门，驾驶员侧车门接触开关 F2 断开，产生信号（高电位）给 J386，J386 根据这个信号判断有人进入车内，通过舒适

CAN 发送信号,J965 通过舒适 CAN 收到 J386 发出的信号,J965 通过车内天线 R138、R139、R137 搜索是否有合法的钥匙进入车内,钥匙指示灯闪烁应答,如果匹配成功,J965 控制 E378 指示灯点亮,J965 给 J519 发送 S 信号,J519 给娱乐设备供电,相当于传统大众车的点火开关一挡。

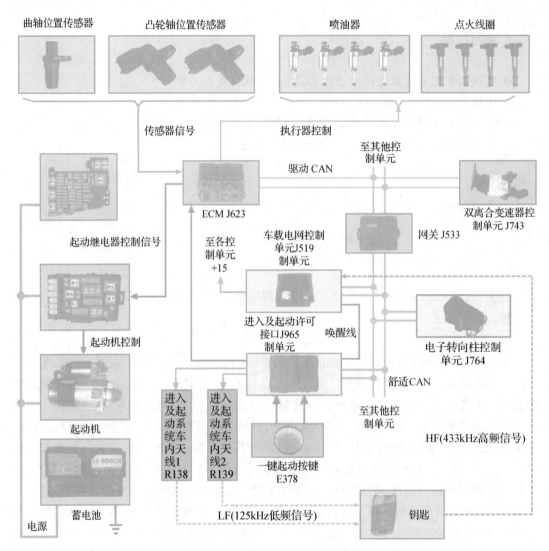

图 4‑11　进入及起动系统控制逻辑(大众迈腾 B8L CUGA)

Fig.4‑11　Entering and starting system control logic(VW Magotan B8L CUGA)

3. 自检过程

不踩制动踏板,第一次按下 E378,J965 给 J519 发出 15 信号,J519 控制 15 供电继电器 J329 工作,给仪表供电,点亮相关指示灯,唤醒仪表控制单元 J285、防盗锁止控制单元(集成在车辆中控仪表模块内)、电子转向柱锁止控制单元 J764、发动机控制单元 J623、双离合器变速器机电装置 J743,同时 R47 询问并接收钥匙传递的解锁与防盗的信息,J519 经舒适CAN 发布信息,J362 接收到信息,通过舒适 CAN 发布解锁指令,电子转向柱锁止控制单元

J764 收到信息,解锁方向盘,通过网关 J533 将信号传到驱动 CAN,J623 根据此信号解除发动机防盗系统,J743 根据此信号解除离合器变速器防盗系统,其他相应系统接收此信号解除相应的防盗系统。J623 控制主继电器 J271 工作,给油泵控制单元 J538 供电,J623 进行自检,如没有故障,熄灭相应的指示灯,同时驱动油泵工作 1～2 s 建立工作油压。如有故障,故障指示灯、EPC 灯不熄灭。

4. 起动过程

一切正常,准备启动车辆,踩下制动踏板,制动灯信号开关 F 信号传给 J623,挡位开关 E313 在 P/N 位置,换挡杆传感器控制单元 J587 经驱动 CAN 将信号传给 J623,双离合器变速器机电装置 J743,按下起动开关 E378,J965 通过 50 信号线给 J623 发出起动指令,J623 控制启动继电器 J906、J907 工作,给起动机 B 供电。J623 根据反馈信号监控是否给起动机供电,根据曲轴位置传感器信号监控发动机是否工作。

二、燃油混合喷射控制策略

以大众迈腾 B8L CUGA 发动机为例,混合喷射控制喷油器运行时执行模式的调节已在图谱中进行了标准化,如图 4-12 所示。图谱中指明了在 SRE 模式中发动机是否被驱动、何时被驱动,以及在高压模式下何时被驱动。

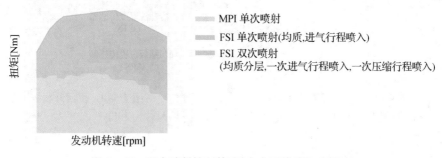

图 4-12　混合喷射控制策略(大众迈腾 B8L CUGA)
Fig.4-12　Control strategy for dual fuel injection(VW Magotan B8L CUGA)

1. 发动机起动工况

当发动机处于冷态且冷却液温度低于 45 ℃时,每次发动机起动,就在压缩循环中通过高压喷射系统进行三重直喷压缩环节中,三重直接喷射系统运行。

2. 暖机和催化转换器加热工况

进气和压缩环节中,双重直喷系统运行,点火时间略有"延迟",进气管风门关闭。

3. 部分负荷工况

如果发动机温度高于 45 ℃,并且发动机在部分负荷范围中被驱动,则发动机切换到 SRE 模式,进气歧管翻板在大多数情况下保持关闭。

4. 低转速全负荷工况

基于高性能需求,系统切换到高压单喷模式。

5. 高转速全负荷工况

基于高性能需求,系统切换到高压模式,在进气和压缩循环中进行双重直喷。

6. 应急运行功能

如果任一喷油系统发生故障,发动机使用另一系统由发动机控制单元驱动,从而确保车辆仍可继续行驶。组合仪表中的红色发动机指示灯亮起。

三、可变配气机构控制策略

1. 气门正时调节控制策略

以大众迈腾 B8L/DTH 发动机为例,ECM 利用空气流量计 G70 和发动机转速传感器 G28 的信号作为用来计算所需要调整的主信号,除此之外,作为修正信号还对冷却液温度传感器 G62 的信号进行评价,霍尔传感器 G40 的信号作为识别到进气凸轮位置的反馈信号使用,如图 4-13 所示。调节器的位置由用于凸轮轴调节的电磁阀 N205 来确定,ECM 通过一个脉冲宽度的调制信号来进行控制。在发动机的转速超过 1 800 r/min 和有负载要求的情况下,ECM 会改变进气凸轮轴的位置,因此而提前开启的时间,并且关闭阀门,以此来优化气缸的喷油。凸轮轴是根据储存在发动机控制器中的特性曲线进行调整的。

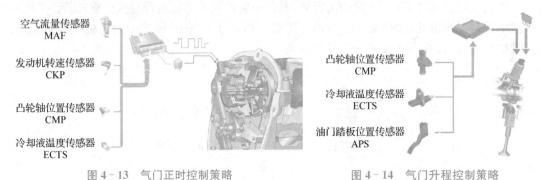

空气流量传感器 MAF
发动机转速传感器 CKP
凸轮轴位置传感器 CMP
冷却液温度传感器 ECTS

凸轮轴位置传感器 CMP
冷却液温度传感器 ECTS
油门踏板位置传感器 APS

图 4-13　气门正时控制策略
Fig.4-13　Control strategy for valve timing system

图 4-14　气门升程控制策略
Fig.4-14　Control strategy for valve lift system

2. 气门升程调节控制策略

在较低转速范围下,为了使气体交换性能更佳,发动机管理系统通过凸轮轴调节器将进气凸轮轴提前、将排气凸轮轴延迟。气门升程切换至更小的排气凸轮轮廓,右侧执行器移动金属销,它接合滑动槽,将凸轮件移至小凸轮轮廓,气门沿着较小的气门轮廓上下移动(如图 4-14)。两个小凸轮的位置在某种程度上是交错的,确保气缸两个排气门的开启时间是错开的。这两项措施会导致在废气被从气缸排到涡轮增压器时,废气气流的脉动减小,从而可在低转速范围达到较高的增压压力。

四、点火控制策略

1. 点火提前角控制

起动时点火提前角的控制。发动机起动时,由于转速很低,并且不能准确地测量出进气量,因此 ECM 不能进行最佳点火提前角的控制,只是由发动机 ECM 根据起动开关信号和发动机转速信号以固定不变的初始点火提前角点火。初始点火提前角通常为压缩上止点前 10°。

起动后点火提前角的控制。发动机运转时,ECM 首先根据发动机转速信号和发动机负荷信号(空气流量计或进气压力传感器)确定基本点火提前角,然后根据进气温度、冷却液温度、节气门开度、爆燃等信号对基本点火提前角进行修正,最后确定最佳点火提前角。最佳点火提前角＝初始点火提前角＋基本点火提前角＋修正点火提前角。

2. 闭合角控制

闭合角是指点火线圈一次绕组的通电时间对应的曲轴转角。发动机转速或电源电压变化会影响点火能量。当发动机转速升高时,点火线圈一次绕组的通电时间缩短,当蓄电池电压下降时,点火线圈一次电流减小,这都将导致点火性能降低,应增大闭合角,但闭合角过大也会导致点火线圈过热损坏。为了消除发动机转速和蓄电池电压变化对点火能量的影响,在微机控制点火系统中,ECM会根据发动机转速和蓄电池电压自动调节闭合角的大小,以改善点火性能。

五、正时链条伸长诊断功能控制策略

在发动机工作过程中,正时链条最终会随着时间而拉伸。长期看,这会对发动机造成严重损坏。诊断正时链条张紧度的目的是了解正时链条的状态,进而避免发动机受到潜在损坏。如图4-15所示,发动机控制模块利用曲轴位置传感器G28、凸轮轴位置传感器G300和G40这三个传感器的信号,通过凸轮轴与曲轴的相对位置检测链条伸长度,可以在任何给定时间获知正时链条的长度,并根据其张紧度做出两种响应:

(1)拉伸0.5%:发动机控制模块会存储一个警告事件,不需要采取任何措施;

(2)拉伸0.75%:发动机控制模块再次存储一个事件,计数如果伸出的链齿数大于或等于7,则需要更换链条。在拆装了链条机构后,必须用车辆诊断仪进行适配。另外,观察堵盖为一次性的,拆下后需要更换。

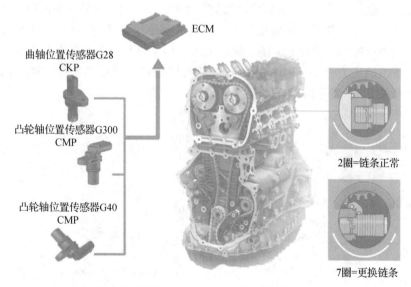

图4-15 正时链条伸长诊断功能(大众迈腾 B8L CUGA)
Fig.4-15 Control strategy for timing chain elongation diagnosis(VW Magotan B8L CUGA)

六、加速踏板位置传感器失效保护控制策略

1. 丰田车系失效保护

在丰田车系中，如果加速踏板的两个传感器电路中的一个出现故障，ECM 则使用另一电路来计算油门踏板位置，以便车辆得以继续行驶。如果两个传感器电路都出现故障，ECM 认为油门踏板处于松开状态，节气门关闭，并且发动机怠速，失效保护模式一直运行，直到检测到通过条件并且点火开关随之关闭。

2. 大众车系失效保护

在大众车系中，一个或两个加速踏板位置传感器失效后，系统会有故障记忆，同时仪表上的 EPC 故障警报灯也会亮起，车辆的一些便捷功能，如定速巡航或发动机制动辅助控制功能也将会失效。一个传感器信号失真或中断，如果另一个传感器处于怠速位置，则发动机进入怠速工况，如果是负荷工况，则发动机转速上升缓慢。若两个传感器同时出现故障，则发动机以高怠速(1 500 r/min)进行运转。

七、可切换冷却喷嘴控制策略

活塞冷却喷嘴控制阀 N522 通过 87a 接线柱来获得供电，通过发动机控制模块来实现接地，闭合电路。这时，N522 打开机械切换阀的控制通道，压力机油从两面加载到机械切换阀的控制活塞上，弹簧推动机械切换阀，这样就关闭了通往活塞冷却喷嘴机油通道的管路，压力机油这时只在单面加载到机械切换阀的控制活塞上，于是活塞发生移动，这样就打开了去往活塞冷却喷嘴机油通道的管路。

发动机控制模块使用发动机扭矩、发动机转速和机油温度来控制喷嘴的开闭，如图 4-16 所示。如果机油温度低于 50 ℃，活塞冷却喷嘴在 1 000～6 600 rpm 的范围内和约 30 N·m 的负载下保持关闭状态。如果机油温度高于 50 ℃，活塞冷却喷嘴在 1 000～3 000 rpm 的转速范围内和 30～100 N·m 的负载范围下保持关闭。活塞冷却喷嘴在所有其他范围内保持开启状态。基于机油压力开关 F447 的信号，发动机控制模块确定活塞冷却喷嘴已关闭。如果机油压力开关 F447 发生故障，活塞冷却功能会一直开启。

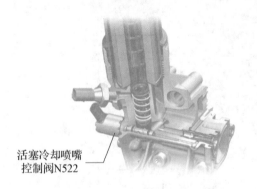
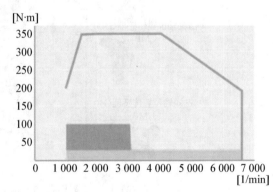

图 4-16　冷却活塞喷嘴控制策略(大众迈腾 **B8L CUGA**)

Fig.4-16　**Control strategy for cooling piston nozzle**(VW Magotan B8L CUGA)

活塞冷却喷嘴
控制阀N522

八、智能热管理系统控制策略

智能热管理系统能最大程度地优化冷却水的温度调节，实现摩擦最小且热力效率最大。转速低和负载低的情况下，冷却液调节至 107 ℃，以尽量减小发动机摩擦。随着负载和转速值的增加，冷却水温度降低至 85 ℃，在减少摩擦和优化燃烧效率（或降低引爆可能性）之间达到最佳折衷效果。滑阀控制速度高，温度迅速下降，从而过渡至高发动机负荷，这能避免温度快速波动。智能温度管理系统配备了特殊的发动机惯性运行功能，发动机停止时功能启用。电动加热泵和滑阀的特殊位置用于发动机惯性运行功能，让液流经由主水冷却器，并定向穿过气缸盖和涡轮鼓风机，迅速消除存储在设备部件中的热量。此功能大大减少了发动机的惯性运行时间。即使在一般操作过程中，ITM 系统也能确保提高燃烧效率。

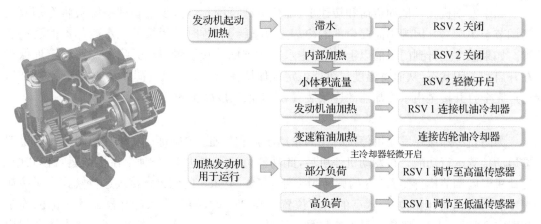

图 4-17　发动机智能热管理系统控制策略（大众迈腾 B8L CUGA）
Fig.4-17　Control strategy for ITM(VW Magotan B8L CUGA)

1. 暖机（静态冷却液）

为保持发动机内燃烧产生的热量，旋转阀 2 关闭。这会中断冷却液泵的供给液流流向发动机气缸体。旋转阀 1 阻止来自发动机机油冷却器的回流以及来自主水冷却器的回流。Climatronic 自动空调冷却液切断阀 N422 中断流向制暖和空调系统的冷却液液流。电动冷却液继续循环泵 V51 关闭。

2. 暖机（少量液流）

暖机范围中的控制阶段旨在通过排气歧管的静态冷却液来防止气缸盖和涡轮增压器过热。当旋转阀 1 的角度为 145°时，旋转阀 2 接合，并轻微开启，让冷却液液流流向气缸体。现在，少量冷却液液流流经气缸体、气缸盖和涡轮增压器，流回旋转阀组件和冷却液泵，从而防止热量聚集以及气缸盖、涡轮增压器过热。

3. 暖机（少量液流）以及车内制暖

如果在此阶段需要对车内制暖，Climatronic 自动空调冷却液切断阀 N422 开启，且冷却液继续循环泵 V51 开始输送液体。旋转阀 2 暂时中断，冷却液流向气缸体。冷却液被导向气缸盖、涡轮增压器和加热器交换器。这会让发动机的暖机阶段更长。Climatronic 自动空调冷却液切断阀 N422 和冷却液再循环泵 V51 的激活总是符合后续控制范围的需求。流到发动机气缸体的冷却液液流减少,或在需要时被旋转阀 2 阻止。

4. 暖机(开启由图谱控制的发动机冷却功能)

在发动机暖机过程中开启发动机机油冷却器。旋转阀移至 120°角位置,相关连接装置打开,让冷却液流至机油冷却器。因为旋转阀 2 仍然接合,该阀进一步旋转,从而增加流经气缸体的冷却液液流。发动机气缸体内分布大量热量,余热通过机油冷却器释放出去。

5. 温度控制范围

创新型热量管理系统以无缝方式从暖机范围过渡到温度控制范围。旋转阀组件调节是动态的,而且根据发动机负荷而定。为了释放余热,接至旋转阀组件的主水冷却器连接件打开。为此,发动机温度调节执行器 N493,根据需要释放的热量的多少,将旋转阀 1 置于 0°至85°的角度位置。当旋转阀 1 处于 0°角位置时,接至主水冷却器的连接件完全开启。

如果发动机在较低的负荷和转速下(部分负载范围)运行,热量管理系统会将冷却液温度调节至 107 ℃。因为不需要全部的冷却力,旋转阀 1 暂时关闭接至主水冷却器的连接装置。如果温度上升到门限值以上,接至主水冷却器的连接装置再次开启。需要稳定地保持在开启和关闭状态,从而将温度尽可能恒定地保持在 107 ℃。当负荷和发动机转速提升时,通过完全打开接至主水冷却器的连接装置,冷却液温度减至 85 ℃(满负荷范围)。

6. 关闭发动机时的接续运行模式范围

为防止冷却液在发动机停机时在涡轮增压器和气缸盖中沸腾,发动机控制单元通过图谱启动接续运行功能。在发动机停机后,此功能可运行多达 15 分钟。在接续运行模式中,发动机温度调节执行器 N493 的旋转阀 1 处于 160°至 255°的位置。接续运行模式中对冷却程度的需求越高,则阀处于越高的角度位置。在 255°时,接至主水冷却器回流管路的连接装置完全打开,因此,能传递最大的热量。旋转阀 2 处于接续运行模式位置,并未接合到旋转阀 1 中。冷却液再循环泵 V51 供给的冷却液分为两股支流,流入冷却液回路。一条支流流过气缸盖,然后流回冷却液继续循环泵 V51。第二条支流通过旋转阀 1 流经涡轮增压器,流至主水冷却器,同样流回冷却液继续循环泵 V51。当处于接续运行模式位置时,不会向气缸体供给冷却液。

7. 紧急模式

如果旋转阀组件的温度超过 113 ℃,紧急恒温器打开通向主水冷却器的旁通阀。如果旋转阀组件发生故障,这一设计使得车辆能够继续行驶有限的距离。如果发动机控制单元没有从发动机温度调节执行器 N493 接收到任何位置反馈,则它会驱动旋转阀,这样,无论当前的发动机负荷和运行温度如何,可确保最佳的发动机冷却效果。

 **任务实施**

一、实施方案

1. 质量要求

参照厂家的质量标准要求(车辆维修手册)。

2. 注意事项

- 遵守实训室规章制度,未经许可,不得擅自移动和拆卸仪器与设备;
- 注意安全和设备完好性;
- 在教师允许和监控下,起动发动机,需保证设备周围的人员安全,防止意外发生;
- 未关闭点火开关或断开蓄电池负极时,严禁拔下各元件接口,以免损坏元件及模块;
- 避免元件、工具设备掉落及损坏。

3. 组织方式

以工作小组为单位,合理分工,对迈腾B8L的进入及起动控制逻辑及相关参数进行验证。要求按照企业岗位操作规范进行作业,作业时间为30分钟。

4. 作业准备

(1) 设备器材:万用表、诊断仪、示波器、常用工具;

(2) 场地设施:汽车电控发动机理实一体化教室;

(3) 设备设施:大众迈腾B8L整车,配置DKX发动机;

(4) 耗材:干净抹布等。

二、操作步骤

1. 舒适系统防盗解除

(1) 车钥匙解锁车辆门锁

① 用遥控钥匙开锁,钥匙发高频信号给J519的内置天线R47,J519通过舒适CAN与J533通信,J533再由舒适CAN控制门锁单元J386、J388,最后由LIN总线控制J387、J389解锁;

② 如车门全未解锁,先关闭点火开关,用万用表对J519、J533模块的电源及总线进行检测,记录并与下表进行比对。

检测内容	端子号	测量条件	参考标准值
J519的电源	T73c/1	点火开关OFF	12 V
	T73c/73		12 V
	T73a/66		12 V
	T73a/73		12 V
	T73c/63		小于1 Ω
	T73a/12		小于1 Ω
J519的CAN-H总线	T73a/16	遥控钥匙开锁	2.5～3.5 V方波
J519的CAN-L总线	T73a/17		1.5～2.5 V方波
J533的电源	T20e/1	点火开关OFF	12 V
	T20e/11		小于1 Ω
	T20e/12		小于1 Ω
J533的总线	CAN-H总线 T20e/15	遥控钥匙开锁	2.5～3.5 V方波
	CAN-L总线 T20e/5		1.5～2.5 V方波

（2）无钥匙进入解锁车辆门锁

① 手插入车门把手内,G415 单线唤醒 J965,J965 再单线唤醒 J519,J965 通过低频天线 R134 询问钥匙是否在车外 1.5 米内,钥匙高频告诉 J519 合法 ID,J519 通过 CAN 开锁,J285 通过 CAN 接收车门状态信号,显示车门状态;

② 如果车辆无法解锁或锁车,检查 J965 的电源及总线信号,然后手插入门把手内,检查 G415 唤醒信号电压以及 J965 唤醒 J519 信号电压,可记录并与下表进行比对;

③ 如果仪表无车门状态显示,检查 J285 电源及总线信号,可记录并与下表进行比对。

检测内容	端子号	测量条件	参考标准值
J965 的电源	T40/30	点火开关 OFF	12 V
	T40/17		小于 1 Ω
J965 的总线	CAN - H 线 T40/6	手插入车门把手内	2.5～3.5 V 方波
	CAN - L 线 T40/5		1.5～2.5 V 方波
G415 唤醒 J965	J965 的 T40/11	手插入车门把手内	电压变化
J965 唤醒 J519	J519 的 T73c/14	手插入车门把手内	12 V - 0 V - 12 V
J285 的电源	T18/1	点火开关 OFF	12 V
	T18/10		小于 1 Ω
J285 的 CAN 总线	CAN - H 线 T18/18	手插入车门把手内	2.5～3.5 V 方波
	CAN - L 线 T18/17		1.5～2.5 V 方波

（3）方向盘解锁,仪表点亮

① 按一键启动开关,钥匙短闪后,J965 通过唤醒线唤醒 J519,J519(R47)与钥匙验证通过后,钥匙长闪,J764 解锁,J965 通过三个 15 电信号,使 J519 提供 15 电,J329、E313、J743、J623、J533、J500 上 15 电,仪表点亮;

② 如钥匙没有闪,检查 E378 元件及相关电路信号;如 J764 未解锁,检查 J764 电源及总线相关电路;如仪表不点亮,检查 J965 给 J519 的三个 15 电,记录并与下表进行比对。

检测内容	端子号	测量条件	参考标准值
E378 开关信号	T40/7	按一键启动开关	0 V
	T40/19		0 V
J965 唤醒线	J519 的 T73c/14	按一键启动开关	12 V - 0 V - 12 V
J764 的电源	T4dg/3	点火开关 ON	12 V
	T4dg/4		小于 1 Ω
J764 的 CAN 总线	T4dg/1	按一键启动开关	2.5～3.5 V 方波
	T4dg/2		1.5～2.5 V 方波

检测内容	端子号	测量条件	参考标准值
J965 给 J519 的三个 15 电	15 电 1# J519 的 T73a/44	按一键启动开关	12 V
	15－2# J519 的 T73a/47		12 V
	S 触点 J519 的 T73a/54		12 V
J519 给出 15 电	J519 的 T73a/14	按一键启动开关	12 V

2. 动力系统防盗解除

（1）J623 上 15 电,J623 本体与供电回路正常,J271 吸合,动力 CAN 被唤醒。J533 上 15 电,与 J623 通信正常,J623 完成自检,EPC 正常灯亮。如 EPC 灯不亮,检查 J623 电源及总线信号,J533 的电源及总线信号,记录并与下表进行比对;

（2）E313、J743 上 15 电,通过动力 CAN 总线,经过 J533 后由舒适 CAN 总线上传仪表显示挡位信息;

（3）如仪表无挡位信号,可检查 E313、J743 电源及总线信号,记录并与下表进行比对。

检测内容	端子号	测量条件	参考标准值
J623 的电源	常火 T91/86	点火开关 OFF	12 V
	搭铁 T91/1、2、4		小于 1 Ω
	85a 电 T91/3、5、6	点火开关 ON	12 V
	15 电 T91/50		12 V
J623 的总线	CAN－H 线 T91/79	点火开关 ON	2.5～3.5 V 方波
	CAN－L 线 T91/80		1.5～2.5 V 方波
J533 的 15 电	15 电 T20e/14	点火开关 ON	12 V
J533 的总线	CAN－H 线 T20e/16	点火开关 ON	2.5～3.5 V 方波
	CAN－L 线 T20e/6		1.5～2.5 V 方波
J743 的电源	常电 T25/9	点火开关 OFF	12 V
	搭铁 T25/16		小于 1 Ω
	15 电 T25/15	点火开关 ON	12 V
J743 的总线	CAN－H 线 T25/6	点火开关 ON	2.5～3.5 V 方波
	CAN－L 线 T25/7		1.5～2.5 V 方波
E313 的电源	常电 T10ah/10	点火开关 OFF	12 V
	搭铁 T10ah/1		小于 1 Ω
	15 电 T10ah/9	点火开关 ON	12 V
E313 的总线	CAN－H 线 T10ah/7	点火开关 ON	2.5～3.5 V 方波
	CAN－L 线 T10ah/8		1.5～2.5 V 方波

 任务评价

一、知识巩固

1. 判断题

（1）以迈腾 B8L/CUGA 发动机为例，在发动机起动时，需要用合法钥匙解锁车辆，且钥匙在车内有效距离，同时驾驶员需要注意换挡杆在 P/N 位置，按下一键起动按钮，车辆才能正常起动。（　　）

（2）钥匙发送低频信号给 J519，J519 再判断钥匙信号是否正确。（　　）

（3）大众车系，若油门踏板位置传感器均失效，则发动机将以高怠速运行。（　　）

2. 单选题

（1）以大众迈腾 B8L/CUGA 发动机为例，在部分负荷工况下，其歧管喷射和缸内喷射切换的冷却液温度条件是冷却液温度应高于（　　）。

A. 40 ℃　　　　　B. 45 ℃　　　　　C. 50 ℃　　　　　D. 60 ℃

（2）以迈腾 B8L/CUGA 发动机为例，其一键起动开关的信号是发送给哪个部件的？（　　）

A. J623　　　　　B. J965　　　　　C. J519　　　　　D. J743

3. 填空题

（1）ECM 根据_____和_____信号来确定基本喷油量。

（2）若怀疑 ECM 有故障，应先检查_____，主要是_____和_____。

二、技能测评

表 4-3　ECM 控制策略分析评价表

Tab. 4-3　Skills assessment for ECM control strategy

序号	内容	分值	得分
1	能正确验证进入及起动控制策略	20	
2	能正确验证喷油控制策略	20	
3	能正确验证点火控制策略	20	
4	能正确验证可变气门正时及升程控制策略	10	
5	能正确验证传感器失效保护模式	20	
6	安全与防护	10	
总分		100	

扫描可见本项目微课

发动机管理系统
综合排故

项目
五

项目导入

　　在前面的章节中我们针对发动机管理系统各组件的功用及失效影响、安装位置及外观、结构及工作原理、电路分析、元件诊断与维修进行了充分的说明。在实际作业过程中,发动机起动故障和运行故障是发动机常见的综合故障。针对电控发动机的综合故障,我们需要综合运用系统各组件的知识,通过故障现象观察及原因分析,按相应的故障诊断流程进行诊断,从而排除故障(如图5-1)。

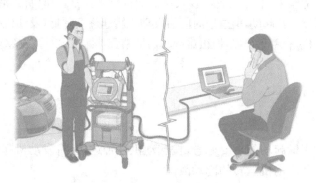

图 5-1　发动机综合故障诊断
Fig.5-1　Engine comprehensive fault diagnosis

259

任务 1　起动故障诊断与维修

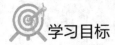学习目标

- 能充分结合具体车型掌握发动机正常起动的条件；
- 能够根据实际情况，对发动机无法起动的故障进行分析；
- 能熟练运用工具设备，规范完成发动机起动故障的诊断与维修；
- 树立正确的劳动观，注重质量意识，锤炼工匠精神。

故障案例

一辆迈腾 B8L 轿车，打开点火开关，仪表汽油液位显示异常，没有听到油泵运转的声音。起动发动机，发动机可以正常起动，但过段时间后发动机转速逐渐降低，发动机抖动逐渐加重，直至熄火，重新起动发动机，有着车征兆，但很难起动。请结合具体情况对该故障进行诊断与排除。

故障分析

起动机运转是车辆起动的重要标志，按起动机是否运转，将发动机起动故障分为起动机不转的起动故障以及起动机运转的起动故障。

一、起动故障（起动机不转）

起动发动机时，发动机无法起动，且起动机不运转。结合具体车型的起动控制逻辑对故障原因进行分析。

1. 防盗控制

防盗系统一般是由舒适系统防盗和动力系统防盗组成。舒适系统控制无钥匙进入，防止非法进入，动力系统控制起动，防止非法起动。

起动机运行的首要条件是需先经过内部防盗系统确认当前钥匙是否为已授权，如果钥匙为已授权，将解除防盗并接通 15 电源，同时发动机控制模块 J623 将解除点火和燃油限制。按下一键起动按钮 E378，进入及起动许可控制单元 J965 开始处理信号，一方面通过单线唤醒 J519，另外一方面唤醒舒适 CAN 总线系统，同时查询防盗系统是否允许接通 15 电源，系统确定车内是否有授权钥匙（只有确认车内有合法钥匙，才允许接通 15 电源），J965 通过车内天线发送一个查询码（125 kHz 低频信号）给已匹配的钥匙，授权钥匙识别到该信号后进行编码，指示灯会闪烁并向 J519 返回一个应答器数据（433 MHz 高频信号），J519 将该数据转发给其内部的防盗系统控制单元，防盗系统控制单元通过比对确认是否为已授权钥匙。如果为授权钥匙，

则防盗系统控制单元通过舒适系统 CAN 总线向电子转向柱锁止控制模块 J764 发送一个解锁命令,以打开电子转向柱(转向盘可以转动),同时系统通过 CAN 总线向 J965 发送消息,J965 向 J519 输出两个 15♯和一个 S 信号。J519 在接收到信号后,一方面唤醒舒适总线,进而点亮仪表,同时向 J329 继电器电磁线圈提供电源,使 J329 继电器工作,为部分用电设备提供电源;另一方面向网关 J533、J623、J743(双离合变速器机械电子单元)等动力系统单元提供 15 信号,以便唤醒整个动力总线系统,动力总线系统的每个控制单元都会通过总线和 J285 进行身份信息交换和验证,所有验证均通过后,动力系统就会进入工作状态。

2. 起动条件

发动机控制模块没有同时接收到变速杆的 P 位或 N 位信号、制动踏板"F"信号、"50"起动请求信号和 15 电这四个信号,起动机便不工作。

3. 常规起动电路

在成功完成发动机控制单元和仪表控制单元的数据比较后,防盗系统将颁发起动许可指令。当变速杆处于 P 位或 N 位,踩制动踏板,按下一键起动按钮,点火开关信号传输给进入和起动许可控制单元 J965,J965 将起动允许信号通过 T40/15 端子传至发动机控制单元 J623 的 T91/68 端子,J623 则接通起动继电器 1(J906)和 2(J907)线圈接地回路,线圈工作、触点闭合。电源+30 通过起动继电器 1(J906)触点进入起动继电器 2(J907)触点,再通过 SB$_{23}$(30 A)熔丝将电源供给起动机电磁线圈端子,起动机电磁线圈工作,离合器甩出,起动机电磁继电器触点闭合,+B 进入起动机转子和定子,起动机运转,带动飞轮旋转进而起动发动机。

常规起动电路故障一般是由蓄电池亏电、电压不足,无法提供足够电量,起动继电器元件不工作,起动机损坏或相关线路故障所引起。

二、起动故障(起动机运转)

起动发动机时,起动机能带动发动机转动,但无初始燃烧,无排气声,无起动征兆。从发动机正常运转的条件以及发动机管理系统各组件的功能出发对故障原因进行分析。

1. 传感器故障

导致发动机起动的传感器主要为影响点火系统点火的曲轴位置传感器、凸轮轴位置传感器。曲轴位置传感器采集曲轴位置信号,输入到 ECM,用以确定点火时刻和喷油时刻。如果传感器出现故障,ECM 将因为没有参考信息而无法做出计算和判断,也无法控制点火线圈工作。凸轮轴位置传感器是点火控制的主控信号。凸轮轴位置传感器采集凸轮轴位置信号,输入 ECM 作为判缸信号,从而控制喷油顺序和点火时刻等。

2. 执行器故障

针对多缸发动机,一般所有缸无供油或者无点火才会导致发动机无法起动。造成无点火的执行器方面的故障点通常有:点火线圈及其控制电路故障、火花塞故障,且应重点考虑影响各缸均不点火的点火工作电路中供电或者搭铁方面的故障点;造成无供油的执行器通常有:油泵、喷油器等,同样也应该结合具体车型的喷油控制逻辑,重点考虑导致各缸均不喷油的喷油器供电等方面的故障点。

3. 机械故障

供给系统中的燃油系统和进、排气系统,为发动机提供基本的动力原料。供给系统正常工作是保证发动机良好运行的关键。燃油系统不供油和进气系统不供气,均会造成发动机无法起动。燃油系统相关的油箱无油、输油管路泄漏;进、排气系统中进、排气管路、空气滤清器严重堵塞,均会造成发动机无法起动。同样,排气不畅也会造成发动机无法起动。

　　气缸压力低应从密封和正时两个方面考虑。气缸内,活塞、气门、气缸盖共同组成燃烧室,保证气缸的密封性。如果活塞环折断或磨损严重,气门损坏或有积碳,气缸盖变形和气缸垫破损,均会造成气缸密封不良。配气正时就是进、排气门的实际开闭时刻。在活塞运动到一定位置时,进排气门不能正常打开或关闭,就会造成气缸压力低或无压力,使发动机功率下降,甚至不能起动。

诊断流程

　　基于故障原因的分析,制定出发动机起动故障诊断与排除流程,如图5－2、5－3所示。

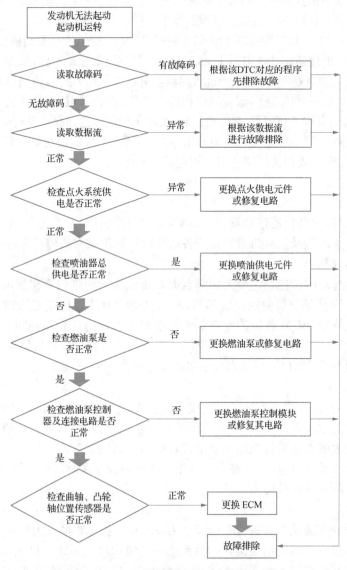

图5－2　起动故障诊断流程(起动机运转)

Fig.5－2　Diagnostic procedure to diagnose the engine's failure start(The starter rotate)

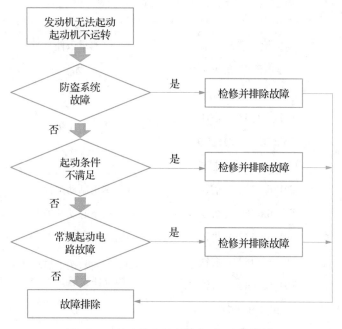

图 5-3 起动故障诊断流程(起动机不转)

Fig.5-3 Diagnostic procedure to diagnose the engine's failure start(The starter does not rotate)

任务实施

请按规范进行发动机(大众迈腾 B8L/DKX)起动故障的诊断与排除。

一、实施方案

1. 质量要求

参照厂家的质量标准要求(车辆维修手册)。

2. 注意事项

◎ 遵守实训室规章制度,未经许可,不得擅自移动和拆卸仪器与设备;

◎ 注意安全和设备完好性;

◎ 在教师允许和监控下,起动发动机,需保证设备周围的人员安全,防止意外发生;

◎ 未关闭点火开关或断开蓄电池负极时,严禁拔下各元件接口,以免损坏元件及模块;

◎ 避免元件、工具设备掉落及损坏。

3. 组织方式

每四位同学一组,每组作业时间 45 分钟。

4. 作业准备

(1) 技术要求与标准:

表 5-1 起动故障(起动机不转)技术要求与标准

Tab. 5-1 Technical requirements and standards for starting fault diagnosis(The starter does not rotate)

检测内容		检测端子	测量条件	参考标准值
蓄电池电压		蓄电池正、负极	无	12～14 V
15电		T73a/14(J519)-搭铁	点火开关 ON	12 V
		T91/50(J623)-搭铁		
		T16m/15(J743)-搭铁		
		T10ah/9(J313)-搭铁		
起动信号	制动信号 F47	T91/60(J623)-搭铁	踩下制动踏板	0 V
	50 请求信号	T91/68(J623)-搭铁	按下起动开关	0 V
	P/N 信号	T91/62(J623)-搭铁	档位杆放在 P/N 挡	0 V
起动控制(J906，J907 控制信号)		T91/87(J623)-搭铁	踩下制动踏板、按下启动开关、挡位杆放至 P/N 挡	0 V
		T91/88(J623)-搭铁		
起动机电源		30 端子-搭铁	无	12 V
		搭铁端子-搭铁	无	小于 1 Ω
		50 端子-搭铁	踩下制动踏板、按下起动开关、挡位杆放于 P/N 挡	12 V

表 5-2 起动故障(起动机运转)技术要求与标准

Tab. 5-2 Technical requirements and standards for starting fault diagnosis(The starter rotate)

检测内容	检测端子	测量条件	参考标准值
点火线圈电源电压	N70：T4u/1(+B)—T4u/4	点火开关 ON	12～14 V
	N127：T4t/1(+B)—T4t/4		
	N291：T4s/1(+B)—T4s/4		
	N292：T4r/1(+B)—T4r/4		
燃油泵控制模块 J538	T5ax/5 与 T5ax/4(GND)	点火开关 ON 开启车门 起动发动机	12 V 脉冲波形
燃油泵 G6	T5aw/1 与 T5aw/5(GND)	点火开关 ON 开启车门 起动发动机	12 V 脉冲波形
曲轴位置传感器 G28	2# 与 3#(GND)	起动发动机	5 V 方波
凸轮轴位置传感器 G300	2# 与 3#(GND)		

(2) 设备器材:万用表、诊断仪、示波器、常用工具;

（3）场地设施：汽车电控发动机理实一体化教室；

（4）设备设施：迈腾 B8L，配置 DKX 发动机；

（5）耗材：干净抹布、泡沫清洁剂等。

二、操作步骤（起动故障——起动机不转）

1. 检测蓄电池

用数字万用表，检查蓄电池电压是否满足起动需求，实测 12.6 V，正常。

2. 读取故障码

故障代码为 12372，故障定义为起动机不能转动，机械卡死或线路电气故障，该故障代码是在发动机控制单元接收到正常的反馈信号而发动机没有转动的情况下形成的故障记忆，可能的故障原因有：

（1）起动机本体故障；

（2）起动机接地及电源（正极）线路故障；

（3）继电器 J907 的触点与起动机 50 端子之间的线路故障。

3. 验证故障代码

（1）读取起动数据组。

1 区：50 请求正常；2 区：50 反馈正常；3 区：J906 接通；4 区：J907 接通。

根据上述数据可知，J623 已经接收到了 50 请求信号，并且发出了针对 J906 和 J907 的控制信号，反馈信号也正常，说明故障应该出在继电器、起动机及其相关线路上。

（2）测量 J623 的 T91/67 端子、起动机的 50 端子对地电压。

在正常情况下，起动机的 50 端子、SB_{23}、J907 继电器的 87♯是同一电位，测量任何一点对地电压都可以测量起动机的 50 端子对地电压。基于测量方便的原则，建议从 SB_{23} 熔丝着手进行测试。

在起动发动机的过程中，用万用表测量 J623 的 T91/67 端子的对地电压，在正常情况下该端子电压应从打开点火开关时的 0 V 切换到起动状态时的＋B，实测正常。在起动发动机的过程中，用万用表测量 SB_3 熔丝两端对地电压，在正常情况下熔丝两端对地电压应从打开点火开关时的 0 V 切换到起动状态时的＋B，否则说明系统存在故障。

如果熔丝两端对地电压始终维持为 J623 发出的悬空电压，说明 SB_{23} 熔丝与 J907 的 87♯端子之间、SB_{23} 熔丝与起动机及其接地点之间同时存在断路，应进行线路检查。

如果熔丝两端对地电压始终维持为 0 V，说明 SB_{23} 熔丝与 J907 的 87♯端子之间线路存在断路，应进行线路检查。

如果熔丝两端对地电压均为从 0 V 跳跃到部分＋B，说明 SB_{23} 熔丝与 J907 的 87♯端子之间线路存在虚接，应进行线路检查。

如果熔丝两端对地电压均为从 0 V 跳跃到＋B，说明 SB_{23} 熔丝与起动机之间、起动机自身存在故障，应进一步测量起动机的 50 端子对地电压。

实测结果为：熔丝两端对地电压均为从监测电压跳跃到＋B。

4. 检测起动机的 50 端子电压

在起动发动机的过程中，用万用表测量起动机上的 50 端子的对地电压时，一定要测量起动机上的接线端子，而不是线束上的接线端子，可以用跨接线辅助进行测量，也可以用背插或无损探针进行测量。在正常情况下,该端子电压应从打开点火开关时的 0 V 切换到起动状态时的 +B,否则都说明系统存在故障。

如果该端子的电压始终维持在 0 V,则说明起动机的 50 端子到 SB23 熔丝之间的线路存在断路故障。

如果该端子电压从打开点火开关时的 0 V 切换到起动状态时的 X(介于 0~3 V 之间的电压值,该数值与虚接电阻有关),而起动机不运转,则可能是起动机的 50 端子到 J907 继电器的 5♯ 之间的线路存在虚接故障。

如果该端子电压正常,而起动机不运转,则故障可能是:

(1) 起动机自身故障;

(2) 起动机正极电源线路故障;

(3) 起动机接地电源线路故障。

实测结果为起动机的 50 端子对地电压始终为 0 V。

5. 检测起动机的 50 端子相关线路

关闭点火开关,拔下 SB23 熔丝,用万用表测量起动机的 50 端子与 SB23 熔丝之间的线路电阻。实测结果为电阻无穷大,检查后发现 50 端子与线束间断开。检修后排除故障,系统恢复正常。

6. 任务检查

路试检查起动机是否正常运转、车辆驾驶是否正常。

三、操作步骤(起动故障——起动机运转)

1. 读取故障码

读取故障码,发现没有相关故障记忆,加之在开启车门、打开点火开关和起动发动机时均没有听到汽油泵运转的声音。因此,怀疑发动机不能正常起动是由于汽油泵不运转引起的。

2. 燃油泵工作测试

打开点火开关,用解码器执行元件驱动功能来测试燃油泵运行,但没有燃油泵运行的声音,说明油泵及其控制存在故障。

注意:这种测试方法只是为了区分燃油泵不能运转是否是由控制条件引起,如果在发动机起动时油泵不运转,而执行元件测试时可以正常运转,说明 J623、J538、G6 工作正常,故障可能在 J623 及其相关信号输入上,例如转速等;如果测试时同样不能运转,说明 J623、J538、G6 工作异常。

3. 检测燃油泵

检测燃油泵电机两端的电压波形

打开点火开关时、开启车门时或起动发动机的过程中,用示波器测量燃油泵电动机两端之间的电压波形,正常情况下为 0 V 到 +B 的方波,测量结果为 0 V 的直线(异常),说明燃油泵内没有电流,可能原因为 J538 及相关电路存在故障。

4. 检测油泵控制模块(J538)

(1) 检测 J538 输出信号

打开点火开关、开启车门或起动发动机过程中,用示波器测量 J538 对油泵电动机的输出电压波形,正常情况下一个端子的信号为 0 V 到+B 的方波,另一个为 0 V。测量结果为 0 V 的直线(异常),说明 J538 没有输出工作电压,可能原因为 J538 及相关电路存在故障。

(2) 检测 J538 电源

打开点火开关,用万用表测量 J538 的供电及搭铁电路,在正常情况下,T5ax/3 端子对地电压为+B,T5ax/4 端子对地电压为 0 V,实测结果为 T5ax/3 端子对地电压为+B,T5ax/4 端子对地电压为 7.8 V,说明 J538 搭铁线路异常。

(3) 检测 J538 搭铁

断开 J538 插头,用万用表测量 J538 的 T5ax/4 端子与搭铁之间的电阻,在正常情况下测试值几乎为 0 Ω,实测为 1 kΩ,说明搭铁电路虚接。检修故障后,J538 供电恢复正常,但打开点火开关,听不到油泵运转的声音;说明故障可能位于 J538 与 J623 之间的信号电路上,具体表现在以下 3 个方面:

① 发动机控制模块 J623 故障;

② 发动机控制模块 J623 与油泵控制单元 J538 之间电路故障;

③ 油泵控制模块 J538 故障。

由于发动机控制模块 J623 与油泵控制模块 J538 之间是单向通信模式,因此,首先检测油泵控制模块 J538 端的信号是否正常。

(4) 检测 J538 输入信号

起动发动机过程中,用示波器测量 J538 的 T5ax/5 端子对地波形,在正常情况下应测得一个 0 V 到+B 之间的方波信号,随着发动机工况的变化,波形振幅不变,但占空比会发生变化,否则说明存在故障。

实测结果为一条电压为蓄电池电压的直线(异常),说明燃油泵控制模块 J538 没有接收到 J623 的控制信号,可能原因为:

① J623 自身故障;

② J623 与 J538 之间电路故障。

(5) 检测 J623 信号输出

起动发动机过程中,用示波器测量 J623 的 T91/9 端子的对地波形,在正常情况下应测得一个 0 V 到+B 之间的方波信号,随着发动机工况的变化,波形振幅不变,但占空比会发生变化,否则说明存在故障。实测结果为一条 0~3 V 之间的方波信号,说明 J538 和 J623 之间线路虚接。

(6) 检测 J538 和 J623 之间线路

实测结果为 200 Ω,说明电路虚接。修复线束后,油泵开始运转,燃油系统压力恢复正常,发动机可正常起动。

5. 任务检查

路试检查发动机是否正常运转、车辆驾驶是否正常。由于 J538 搭铁线路虚接,造成 J538 不能得到足够的工作电压,而使得无法驱动油泵运转;由于 J538 与 J623 之间通信线路虚接,造成 J538 无法知晓 J623 的控制指令,无法控制油泵的运转。

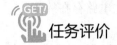 任务评价

一、知识巩固

1. 判断题

(1) 若没有高压火花,则说明点火系统有故障。 （　　）

(2) 汽车起动时,若喷油波形为一条10 V直线,说明ECM无喷油信号或信号线断路。

（　　）

(3) 当发动机不能起动时,读取的故障码,一定与发动机不能起动有关。 （　　）

2. 单选题

(1) 发动机起动困难时,不需要检查的元件是（　　）。

A. 氧传感器　　　　B. 喷油器　　　　　C. 火花塞　　　　　　D. 水温传感器

(2) 当汽油发动机排放废气中含有较高的一氧化碳和碳氢化合物时,原因是（　　）。

A. 单缸不工作　　B. 混合器过浓　　C. 混合气过稀　　　　D. 氧传感器信号断路

3. 简答题

(1) 发动机不能起动,起动机不转,一般故障出现在哪些方面?(迈腾 B8L/DKX)

(2) 发动机不能起动,起动机运转,一般故障出现在哪些方面?(迈腾 B8L/DKX)

二、技能测评

表 5-3　发动机起动故障综合排查技能评价表

Tab. 5-3　Skills assessment for comprehensive troubleshooting of engine starting faults

序号	内容	分值	得分
1	检查蓄电池电压	10	
2	检查动力总线和舒适总线	10	
3	检查15电	20	
4	检查起动信号电路	20	
5	检查起动控制电路	20	
6	检查起动机本体电路	10	
7	安全与防护	10	
总分		100	

任务 2　运行故障诊断与维修

 学习目标

- 能够根据故障现象判断故障是否为发动机运行故障；
- 能够概括导致发动机运行故障的故障原因；
- 依据汽车维修操作要求，顺利完成对发动机运行故障的检修；
- 树立正确的劳动观，注重质量意识，锤炼工匠精神。

 故障案例

一辆迈腾 B8L 轿车，发动机起动正常，怠速抖动，运行一段时间后仪表 EPC 点亮。请针对该故障对其进行故障诊断与排除。

故障分析

一、运行故障（怠速不良）

怠速不良是指发动机能起动并进入怠速运转工况，但怠速偏高，不稳，有时伴随着发动机抖动或者异响的故障现象。结合发动机正常运转的条件，具体车辆发动机机械以及管理系统的架构及工作逻辑对故障点进行分析。

1. 传感器故障

导致发动机怠速运转不良的传感器主要有冷却液温度传感器、空气流量传感器、进气温度传感器、节气门位置传感器、氧传感器等。ECM 接收错误的传感器信号，并输出错误指令至执行元件，造成运行故障。

2. 执行器故障

导致发动机怠速运转不良的执行器主要涉及喷油器、点火线圈、节气门控制部件、EGR阀、碳罐电磁阀等。单缸喷油器故障导致缺缸。点火系统中，火花塞电极烧蚀或有积碳、点火线圈故障导致单缸失火或单缸点火不良均能引起发动机怠速不稳。节气门控制部件故障导致节气门动态调节失效，进而影响进气控制，导致发动机怠速不稳。

3. 机械部分故障

导致发动机怠速不良的机械部分故障点主要是气缸密封性不良，造成气缸压力偏低；正时链条故障；油路泄漏、燃油滤清器堵塞、燃油压力调节器故障等导致的燃油压力故障；进气

系统管路泄漏,主要是指节气门体脏漏,排气不良。EGR 阀、真空软管、PCV 软管破损漏气或接口脱落及连接错误,进气歧管破损或歧管垫漏气,空气滤清器堵塞等。

二、运行故障(加速不良)

汽车加速不良指的是发动机加不上油。汽车加速时,需要的油、气都要增多,如果供油和供气不足,必然会引起加速不良,常表现为踩下加速踏板后,发动机转速不能马上升高,有迟滞现象,加速反应迟缓,或在加速过程中发动机转速有轻微的波动,或出现"回火""放炮"等现象。结合发动机正常加速所要具备的条件,结合具体车辆发动机机械以及管理系统的架构及工作逻辑对故障点进行分析,且很多导致发动机怠速不良的故障点也同样会导致发动机加速不良。

1. 传感器故障

导致发动机加速不良的传感器主要有加速踏板位置传感器、空气流量传感器、节气门位置传感器等。节气门位置传感器由节气门轴驱动,用于检测节气门的开度大小和开关的快慢,并将其转换为电信号传给 ECM,作为 ECM 判定发动机运转工况、调整喷油量和喷油正时的依据。加速踏板位置传感器用于检测驾驶员踩下油门的深度位置,安装在驾驶室内。加速踏板的位置不同时,该传感器所反馈给 ECM 的信号也不同,当加速踏板位置传感器出现故障时,其传递给 ECM 的信号就有可能有误,进而导致汽车行驶故障。空气流量计或者进气歧管压力传感器故障导致发动机计算燃油喷射量时发生偏差,导致发动机动力相应滞后或者不符,从而导致加速不良。

2. 执行器故障

导致发动机加速不良的执行器主要涉及喷油器、点火线圈、节气门控制部件、EGR 阀、碳罐电磁阀、涡轮增压调节阀等。喷油器故障导致缺缸。点火系统中,火花塞电极烧蚀或有积碳、点火线圈故障导致单缸失火或单缸点火不良均能引起发动机动力不足,进而导致发动机加速不良。节气门控制部件故障导致节气门动态调节失效,进而影响进气控制,导致发动机加速不良。涡轮增压调节阀故障导致涡轮增压效率下降,从而导致发动机加速不良。

3. 机械部分故障

机械部分故障造成发动机加速不良的主要原因是气缸压力低。由于部分车辆使用时间较长,气缸、活塞和活塞环磨损使其配合间隙过大而造成气缸压力偏低,气缸压力偏低则会引起加速不良。

诊断流程

基于故障原因的分析,制定出发动机运行故障诊断与排除流程,如图 5 - 4、图 5 - 5 所示。

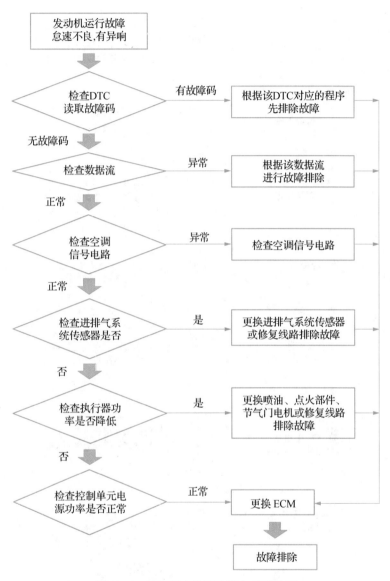

图 5‑4　怠速不良故障诊断与排除流程

Fig.5‑4　Diagnostic procedure to diagnose the idle fault

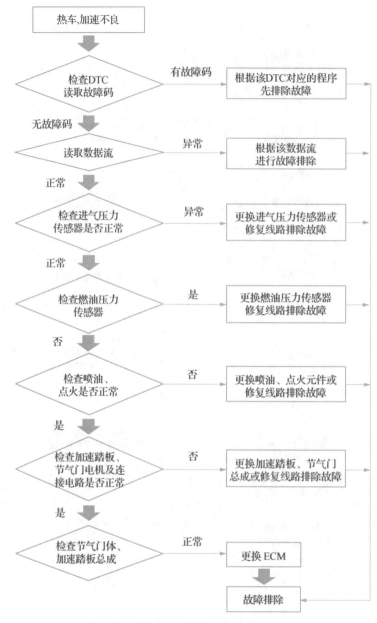

图 5–5　加速不良故障诊断与排除流程

Fig.5–5　Diagnostic procedure to diagnose the poor acceleration

 任务实施

请按发动机怠速抖动故障制定故障排除流程并排除故障。

一、实施方案

1. 质量要求

参照厂家的质量标准要求(车辆维修手册)。

2. 注意事项

- ◎ 遵守实训室规章制度,未经许可,不得擅自移动和拆卸仪器与设备;
- ◎ 注意安全和设备完好性;
- ◎ 在教师允许和监控下,起动发动机,需保证设备周围的人员安全,防止意外发生;
- ◎ 未关闭点火开关或断开蓄电池负极时,严禁拔下各元件接口,以免损坏元件及模块;
- ◎ 避免元件、工具设备掉落及损坏。

3. 组织方式

每四位同学一组,每组作业时间 30 分钟。

4. 作业准备

(1) 技术要求与标准:

表 5-4 发动机运行技术要求与标准

Tab. 5-4 Technical requirements and standards for poor idle speed

检测内容	检测端子	测量条件	参考标准值
增压压力传感器 G31	T91/55-搭铁	急速	0.8 V
进气压力传感器 G71	T105/52-搭铁	急速	0.8 V
节气门位置传感器 G187、G188	T105/54-搭铁	急速	0.8 V
	T105/55-搭铁		4.4 V
加速踏板位置传感器 G79、G185	T91/52-搭铁	急速	0.7 V
	T91/69-搭铁		0.4 V
燃油压力传感器 G247	T91/49-搭铁	急速	2.78
氧传感器 GX10	T91/44-搭铁	急速	3.3 V
水温传感器 G62	T105/40-搭铁	急速	1.3 V
喷油器 1、2、3、4 缸	T105/85-搭铁	急速	脉冲
	T105/1-搭铁		
	T105/2-搭铁		
	T105/43-搭铁		
点火线圈 1、2、3、4 缸	T105/76-搭铁	急速	脉冲信号
	T105/79-搭铁		
	T105/57-搭铁		
	T105/62-搭铁		
节气门驱动电机 G186	T105/90 - T105/91	急速	2.6 V

检测内容	检测端子	测量条件	参考标准值
燃油压力调节阀 N290	T105/93－T105/92	急速	脉冲
碳罐电磁阀 N80	T105/83－搭铁	水温 80 以上，加速	脉冲
AC 开关信号		急速	

（2）设备器材：万用表、诊断仪、示波器、常用工具；

（3）场地设施：消防设施的场地；

（4）设备设施：迈腾 B8L 整车（配置 DKX 发动机）4 辆；

（5）耗材：干净抹布、泡沫清洁剂等。

二、操作步骤（运行故障—急速不良）

1. 读取故障码

打开点火开关，用诊断仪读取故障代码。如果有相关故障代码提示，就按照故障代码的提示进行诊断；如果没有相关故障代码提示，则需要分析故障现象，读取相关的数据流和尾气排放数值，发现异常数据，实施诊断。

发现故障代码：气缸 3 检测不到发火。通过以上故障代码可以看出，是 3 缸失火造成发动机缺缸，应首先考虑点火系统故障，可能原因为：

（1）火花塞故障；

（2）点火线圈或其电路故障；

（3）点火线圈与发动机控制单元之间通信故障。

2. 检测点火线圈（N291）

（1）测量 N291 的 T4s/4 端子对地电压。

在打开点火开关或发动机运行过程中，用示波器测量点火线圈 N291 的 T4s/4 端子对地电压，测试值应为＋B，否则说明存在故障。

（2）测量 N291 的 T4s/1 端子对地电压。

在打开点火开关或发动机运行过程中，用万用表测量点火线圈 N291 的 T4s/1 端子对地电压，测试值应小于 0.1 V，否则说明故障存在。

（3）检查 N291 的 T4s/3 端子对地电压。

在打开点火开关或发动机运转过程中，用万用表测量点火线圈 N291 的 T4s/3 端子对地电压，测试值应小于 0.1 V，否则说明故障存在。

测试结果为点火线圈供电均正常。

（4）检查点火线圈的通信信号。

在起动或发动机运转过程中，用示波器检查点火线圈 T4s/2 端子对地波形，在正常情况下应检测到短时的 5 V 脉冲，否则说明故障存在。

实测结果：波形异常，考虑电路虚接。

3. 检查 ECM（J623）端的信号输出

在起动或发动机运行过程中，用示波器检查 J623 的 T105/57 端子对地波形，正常情况下应检测到短时的 5 V 脉冲,否则说明故障存在。

实测结果为波形正常,说明线路可能存在虚接,需实际测量验证。

4. 测量 N291 的 T4s/2 端子与 J623 的 T105/57 端子间线路导通性

关闭点火开关,断开 J623 的 T105 插接器、点火线圈 N291 的 T4s 插接器,用万用表测量该导线端对端电阻,应几乎为 0 Ω,否则说明故障存在。

实测结果为 30 Ω,证明确实存在虚接,排除故障后系统恢复正常。

5. 任务检查

起动发动机,让车辆热车,反复加减油门数次,检查怠速是否正常。

三、操作步骤(运行故障—加速不良)

1. 读取故障码

打开点火开关,用解码器读取故障代码,发现有以下故障代码:

05445	节气门控制功能失效
05464	节气门驱动-G186 电路电气故障
08454	节气门控制单元-J338:由于系统故障功率受限

通过以上故障代码可以看出,发动机控制模块 J623 无法控制节气门驱动电动机 G186 的运行,而这也会造成发动机无法加速,因此,可以围绕该故障码反映的故障可能进行诊断。

2. 读取数据流

打开点火开关,慢慢踩下加速踏板再松开加速踏板,多次反复操作,用诊断仪测量节气门位置传感器两个信号的输出,观察其是否能随加速踏板的动作而正常变化。

01-62/1:节气门角度(电位计 1)	16.01%→16.01%
01-62/2:节气门角度(电位计 2)	83.59%→83.59%
01-62/3:踏板值传感器角度(电位计 1)	14.84%→80.46%
01-62/4:踏板值传感器角度(电位计 2)	7.42%→40.23%

通过以上数据流可以看出,加速路板输出了正常的信号,而节气门并没有相应转动,可能故障原因为:

(1) 节气门驱动电动机 G186 故障;

(2) 发动机控制单元 J623 与节气门驱动电动机 G186 之间的电路故障;

(3) 发动机控制单元 J623 故障。

3. 检测节气门

(1) 检测节气门驱动电动机的驱动信号。

打开点火开关,慢慢踩下加速踏板,可以多次反复,用示波器测量节气门体上电气连接器 T6e/5 端子、T6e/3 端子之间的相对信号波形,在正常情况下,ECM 会发出 0 V 到 +B 之间的方波脉冲信号,否则说明存在故障。

实测结果:波形信号异常,可能原因为节气门电动机驱动线路有虚接的故障,但无法确定是哪根。

说明:ECM 输出稳定的电压信号,但由于节气门驱动电动机实质上是一个电感元件,在通电的过程中会产生反向电动势,最初阶段电路电流几乎为 0 A,虚接电阻几乎没有分压,所以电动机两端还可以检测到＋B 电压。随着时间的延长,反向电动势越来越低,电路中的电流越来越大,虚接电阻的分压也越来越高,导致电动机两端的电压逐渐下降。当反向电动势降低为 0 V,电路中的电流趋于稳定,虚接电阻的分压也固定下来,电动机两端的电压也就可以保持一个稳定的状态。当发动机控制单元中断电压输出时,电路中的电流突然降低为 0 A,电动机内的线圈会产生与之前相位相反的反向电动势,随着时间的延长,反向电动势越来越小。

(2) 检测节气门电动机 T6e/5 端子、T6e/3 端子对地波形。

打开点火开关,慢慢踩下加速踏板再松开加速踏板,多次反复操作,用示波器分别测量节气门体上电气连接器 T6e/3、T6e/5 两个端子的对地信号波形,在正常情况下,T6e/5 端子对地电压为蓄电池正极电压,T6e/3 端子应可以检测到 0 V 和蓄电池正极电压之间的方波脉冲信号。

实测结果:T6e/5 端子在打开点火开关时,有 0 V 到＋B 的方波,说明 T6e/5 端子和发动机控制单元之间线路基本正常。而 T6e/3 端子对地波形明显异常,这说明:

① 测试点到节气门体之间线路存在虚接;

② 节气门体内电动机线路存在虚接;

③ J623 的 T105/90 与节气门驱动电动机 G186 的 T6e/3 之间的电路存在虚接故障;

④ 发动机控制单元 J623 内部电路虚接。

(3) 测量 J623 的 T105/90 端子对地波形。

打开点火开关,缓慢踩下加速踏板再松开加速踏板,多次反复操作,用示波器分别测量发动机控制单元电气连接器 T105/90 端子的对地信号波形,在正常情况下,T105/90 端子可以检测到 0 V 和蓄电池正极电压之间的方波脉冲信号,否则说明存在故障。

实测结果:波形正常,结合上步测试结果,说明节气门电动机 T6e/3 端子到控制单元 T105/90 脚之间线路虚接,检修电路后故障排除。

(4) 节气门体的 T6e/3 端子和 J623 的 T105/90 端子之间线路。

关闭点火开关,拔掉 J623 的 T105 插接件、节气门电动机的 T6e 插接件,用万用表测量节气门体的 T6e/3 端子和 J623 的 T105/90 端子之间线路的电阻,应近乎为 0 Ω,否则说明存在故障。

实测结果:节气门体的 T6e/3 端子和 J623 的 T105/90 端子之间线路存在 20 Ω 的电阻,修复后故障排除。

4. 故障机理

由于节气门体的 T6e/3 端子和 J623 的 T105/90 端子之间线路存在虚接,导致节气门驱动电动机功率不足,节气门无法正常打开,出现上述故障现象。

5. 任务检查

起动发动机,让车辆热车,反复加减油门数次,检查发动机运转是否正常。

 任务评价

一、知识巩固

1. 判断题

(1) 怠速不稳的故障是指中、高速运转良好，但松开加速踏板，发动机就熄火。　（　　）

(2) 怠速不稳的特征是怠速时发动机抖动，发动机转速表上下快速抖动。　（　　）

(3) 怠速不稳故障和真空部分漏气无关。　（　　）

(4) 有些情况下，当有故障症状出现时，一定有故障，但不一定有故障码。　（　　）

(5) 车辆燃油压力读数低就说明燃油泵该更换了。　（　　）

(6) 无论是指针式万用表或数字式万用表，均可测量电阻、电压及电流。　（　　）

2. 单选题

(1) 某车不开空调怠速正常，打开空调开关，怠速明显下降并熄火，应（　　）。

　　A. 检测是否缺火　　　　　　　　　　B. 检测节气门体积碳

　　C. 检测喷油器　　　　　　　　　　　D. 检测怠速控制机构

(2) 怠速不稳的故障原因有混合气过浓或过稀、缺缸、点火能量不足以及（　　）等。

　　A. 喷油器工作不良　　B. 喷油器都不工作　　C. 无点火信号　　　　D. ECM 不工作

(3) 汽车在做检查排放测试时，CO 含量高，氧传感器电压一直都很低，但氧传感器功能却是正常的，产生这种现象的原因可能是（　　）。

　　A. 空气泵在进气处漏气　　　　　　　B. 燃油泵压力高

　　C. 空气滤清器滤芯太脏　　　　　　　D. 喷油器漏油

(4) 汽车怠速时测得燃油压力为 261.11 kPa，技术员甲说：在回油管路上燃油受到阻滞会产生这问题；技术员乙说：燃油压力调节器真空管断开可能是造成这个问题的原因。谁的说法是正确的？（　　）

　　A. 甲正确　　　　　B. 乙正确　　　　　C. 两人均正确　　　　D. 两人均不正确

二、技能测评

表 5–5　发动机运行故障综合排查技能评价表

Tab. 5–5　Skills assessment for comprehensive troubleshooting of engine operation faults

序号	内容	分值	得分
1	检查机械故障	20	
2	检查进气系统故障	20	
3	检查燃油系统故障	20	
4	检查点火系统故障	20	
5	检查控制部分故障	20	
	总分	100	

参考文献

［1］李原福,董大伟.汽车发动机电控系统诊断与修复［M］.北京:北京邮电大学出版社,2018.

［2］杨位宇,王东方,付昌星.汽车发动机电控系统检修［M］.北京:航空工业出版社,2017.

［3］王维先.汽车发动机电控系统检修［M］.北京:机械工业出版社,2016.

［4］刘庆国,朱仁学.汽车发动机电控系统检修［M］.北京:电子工业出版社,2012.

［5］散晓燕.汽车发动机电控系统检修［M］.北京:科学出版社,2015.

［6］安宗权,黄昭明,王利.汽车发动机电控系统检修［M］.合肥:中国科学技术大学出版社,2016.